Couverture (de Couverture)

GÉNÉALOGIE HISTORIQUE

DE

LA MAISON DE CUGNAC

DRESSÉE EN 1820

PAR

L'ABBÉ DE LÉPINE

PROFESSEUR À L'ÉCOLE DES CHARTES, DIRECTEUR DE LA SOCIÉTÉ DES MANUSCRITS À LA BIBLIOTHÈQUE ROYALE

ET AUGMENTÉE

PAR

LOUIS-JULES, MARQUIS DE CUGNAC

CHEF D'ESCADRON D'ARTILLERIE EN RETRAITE, OFFICIER DE LA LÉGION D'HONNEUR

PARIS-AUTEUIL

IMPRIMERIE DES APPRENTIS-ORPHELINS. — ROUSSEL

40, rue La Fontaine, 40

1894

GÉNÉALOGIE HISTORIQUE

DE LA

MAISON DE CUGNAC

Ouvrage tiré à 100 exemplaires

N°

GÉNÉALOGIE HISTORIQUE

DE

LA MAISON DE CUGNAC

DRESSÉE EN 1820

PAR

L'Abbé de LÉPINE

PROFESSEUR A L'ÉCOLE DES CHARTES, DIRECTEUR DE LA SOCIÉTÉ DES MANUSCRITS A LA BIBLIOTHÈQUE ROYALE

ET AUGMENTÉE

PAR

Louis-Jules, Marquis de CUGNAC

CHEF D'ESCADRON D'ARTILLERIE EN RETRAITE, OFFICIER DE LA LÉGION D'HONNEUR

PARIS-AUTEUIL
IMPRIMERIE DES APPRENTIS-ORPHELINS. — ROUSSEL
40, rue La Fontaine, 40

1894

PRÉFACE

Mes chers enfants, je vous lègue ce travail de mes jeunes années. Il a été composé d'après les recherches que j'ai faites, lorsque j'étais en garnison à Paris, de 1848 à 1861. Je le commençai sous l'inspiration de notre cousin le vicomte Henri de Cugnac qui habitait à la Madeleine-les-Lille, département du Nord. Cet aimable parent avait un grand goût pour l'archéologie, écrivait fort bien, et a composé quelques ouvrages très appréciés des écrivains catholiques. Il possédait à un grand degré l'amour de son nom et de sa famille. Il avait recueilli beaucoup de renseignements curieux et intéressants sur nos ancêtres. Il me les communiqua et m'excita à les compléter, tandis que j'étais à même de puiser aux sources si riches des bibliothèques de Paris. Je me livrai à ce travail pendant dix ans, durant les loisirs que me laissèrent mon service militaire, et les guerres d'Orient et d'Italie. Il n'est pas terminé, car il resterait bien des découvertes à faire, sans doute. Mais, tel qu'il est, je désire que le fruit de mes travaux ne soit pas perdu pour ma famille et que l'illustration historique de notre nom soit conservée. C'est toujours dans les ouvrages les plus sérieux que je suis allé chercher des souvenirs de nos ancêtres. Le but essentiel de mon travail était d'établir que la famille de Cugnac appartenait à la noblesse historique et l'on verra que ces notes l'établissent très clairement. Notre cousin, le vicomte de Cugnac, me disait : Il faut qu'il y ait de temps à autre, dans chaque famille, un de ces chercheurs qui établisse l'histoire de ceux qui nous ont précédés dans le monde, et qui ont sacrifié leur temps, leur fortune et leur vie pour conquérir une gloire dont nous héritons. Nous serions ingrats et maladroits de les laisser oublier.

En faisant imprimer ce petit ouvrage, je n'ai rien changé aux faits établis par l'abbé de Lépine dans la généalogie de 1820, d'accord avec tous les membres de notre maison qui existaient alors. J'ai copié littéralement cette généalogie et je l'ai enrichie en y intercalant mes découvertes.

Je désire que mes cousins de Cugnac-Giversac et mes cousins de Badts-de Cugnac accueillent avec plaisir et avec intérêt, cette nouvelle généalogie de notre famille, et par amour pour leur nom, ils ont bien des motifs pour être heureux d'en voir perpétuer l'illustration historique et militaire.

Je désire que mes enfants soient liés avec leurs cousins et que cette parenté du nom soit sacrée pour eux. Elle doit être la véritable fraternité de la noblesse. Un jour, le duc de La Force, assistant à l'appel des gardes, entendit le nom de Caumont. Il fait aussitôt sortir des rangs le jeune gentilhomme qui avait répondu à l'appel et s'étant assuré qu'il était de sa maison, il se chargea de son avancement. Mme de Sévigné, née de Rabutin-Chantal, écrivait à son cousin le comte de Bussy-Rabutin : « Je ne trouve rien de plus proche que d'être d'une même maison, « il ne faut pas s'étonner si on s'y intéresse ; cela tient dans la moëlle des os, « du moins à moi ». (Lettre 107, tome II, page 134, édition Montmerqué.)

Tous les faits sont établis sur preuves à l'appui, avec la citation des passages des livres d'où ils sont été tirés, toutes les fois que ces extraits n'ont pas été trop longs.

J'ai augmenté, il est vrai, par ces copies, le volume de mon ouvrage, mais j'ai voulu ainsi éviter à mes parents des recherches difficiles dans des ouvrages devenus fort rares, et, conserver, de plus, par l'imprimerie, des archives manuscrites qui risquent fort d'être détruites par la suite des temps et les dangers des révolutions.

MARQUIS DE CUGNAC

CHEF D'ESCADRON D'ARTILLERIE EN RETRAITE,
OFFICIER DE LA LÉGION D'HONNEUR

Château d'Epannes, 17 juin 1874.
Canton de Frontenay-Rohan-Rohan, département des Deux-Sèvres.

NOTA. — Le signe + indique que le texte est copié dans la généalogie de l'abbé de Lépine, et le signe × indique les additions que j'y ai faites.

Note. — Le marquis de Cugnac étant mort le 27 novembre 1891, ses enfants ont fait imprimer ce manuscrit, conformément à la volonté exprimée dans son testament. Il leur a paru cependant nécessaire d'y relater les naissances, décès et mariages qui se sont produits depuis le 15 juin 1874, et d'y insérer des notices sur les nouvelles alliances de la famille de Cugnac.

TITRES PORTÉS PAR LA MAISON DE CUGNAC

Marquis de Cugnac, marquis de Dampierre, marquis de Giverzac,
marquis du Bourdet, marquis de Trigonan ; comtes de Cugnac, de Tourondel, de Toulongeon,
de Veuilly ; vicomtes de Cugnac, de Puycalvel ; barons de Cugnac, de Dampierre,
d'Imonville, de Jouy, d'Huisseau ; anciens seigneurs de Cugnac, Giversac,
du Bourdet, de Sermet, Peyrussel, la Ferme Saint-Pompon, la Bastide, la Tèze, la Lecune,
les Fournels, Loubezac, Montpezat, Peyrille, Castelvieil, Calès,
Trigonan, Fondelin, Dampierre, Caussade, Chabans, Vemmenières, du Bosc,
Calrigières, Puyrigaud, Chadurie, Paulhiac ou Paulhac,
Causne, Bouilhac, Saint-Avit-Senieur, Nesle, Hérouville, Belincourt.

(Nota de M. J. Noullens, directeur de la *Revue d'Aquitaine,* et auteur des *Maisons Historiques de Gascogne, Guienne, Béarn et Languedoc* .) — Armorial général des d'Hosier.

ARMES : *Gironné d'argent et de Gueule*

GÉNÉALOGIE HISTORIQUE

DE LA

MAISON DE CUGNAC

DRESSÉE EN 1820

PAR

L'Abbé de Lépine

PROFESSEUR A L'ÉCOLE DES CHARTES, DIRECTEUR DE LA SOCIÉTÉ DES MANUSCRITS A LA BIBLIOTHÈQUE ROYALE

ET AUGMENTÉE

PAR

Louis-Jules, Marquis de Cugnac

CHEF D'ESCADRON D'ARTILLERIE EN RETRAITE, OFFICIER DE LA LÉGION D'HONNEUR

✕ La maison de Cugnac, l'une des plus considérables et des plus anciennes de la province de Guyenne, par ses possessions, ses alliances et ses services, était connue dès l'an 1002, et les cartulaires des abbayes de Cluny, d'Uzerches et de Cadoin ont conservé la mémoire de ses premiers auteurs depuis le commencement du douzième siècle. Les membres de cette maison portaient déjà le titre de chevalier dès le temps de Robert-le-Pieux, fils de Hugues-Capet.

✝ Les marquis de Giverzac et du Bourdet produisirent lors de la recherche de la noblesse faite par M. Pellot, intendant de Guienne, des titres de 1297 et des années suivantes où leurs ancêtres prenaient la qualité de damoiseau et de chevalier. Ils produisirent aussi un acte portant que deux seigneurs de Cugnac avaient partagé entre eux, cent vingt juridictions ou fiefs avec les honneurs des églises et deux cents vassaux. Cette fortune, déjà si considérable, reçut dès la fin du même siècle un nouvel accroissement par la riche succession de la maison de Vigier de Caussade dont Heuri de Cugnac épousa l'héritière.

✕ On trouve des preuves des services militaires des seigneurs de Cugnac depuis les premiers temps de la chevalerie. On les voit assister aux croisades, aux tournois, aux carrousels, au pas d'armes du sire de Sandricourt. On les trouve sur les champs de bataille à Orléans avec Jeanne d'Arc, à Ivry avec Henri IV, et à Fontenoy, où la valeur de la noblesse française sauva la monarchie.

Bertrand de Cugnac prit part à la troisième croisade en 1192. Pierre et Raymond de Cugnac, écuyers, servaient en qualité d'arbalétriers dans l'armée de Gascogne, sous le commandement du comte d'Artois, lieutenant pour le roi en Guienne en 1297.

Bernard du Cugnac, écuyer, capitaine de Saint–Avit–Sénieur, dans les années 1353 et 1356, scellait ses quittances du sceau de ses armes, et avait, en 1368, sept écuyers servant sous ses ordres.

Dans les temps plus modernes, cette maison a donné :

8 officiers généraux.

3 capitaines de cinquante hommes d'armes des ordonnances du roi.

1 capitaine aux gardes françaises 1640 — rang de colonel.

1 capitaine-exempt des gardes du corps.

1 enseigne des gardes du corps — rang de lieutenant-colonel.

2 mestres de camp de cavalerie.

3 colonels d'infanterie.

2 capitaines de vaisseau.

3 lieutenants-colonels.

1 chef d'escadron d'artillerie.

23 capitaines de cavalerie, ou d'infanterie.

4 enseignes de vaisseau.

. Cette maison a fourni aussi :

1 chevalier de l'ordre du roi — Saint-Michel — 1568.

1 chevalier des ordres du roi — Saint-Esprit — 1595 — 3me promotion.

12 chevaliers de l'ordre royal et militaire de Saint-Louis.

6 chevaliers de Malte et de Saint-Jean de Jérusalem, dont 1 grand bailli.

1 officier de l'ordre impérial de la Légion d'honneur.

Il faut citer encore :

1 sénéchal du Bazadois .

1 gouverneur d'Arras.

2 conseillers d'état d'Epée.

1 évêque.

Plusieurs abbés et dignitaires de chapitre, ·

Des gentilhommes ordinaires de la chambre de nos rois.

Plusieurs chambellans de nos rois.

+ Le nom de Cugnac est écrit dans les titres et mémoires domestiques : Cunhac, Cunhiac, Cugniac et Cugnac; quelquefois, mais très rarement : Cougnac, Coignac et Cuihac : en latin : de Cunaco, de Cuniæco, et de Cunhaco.

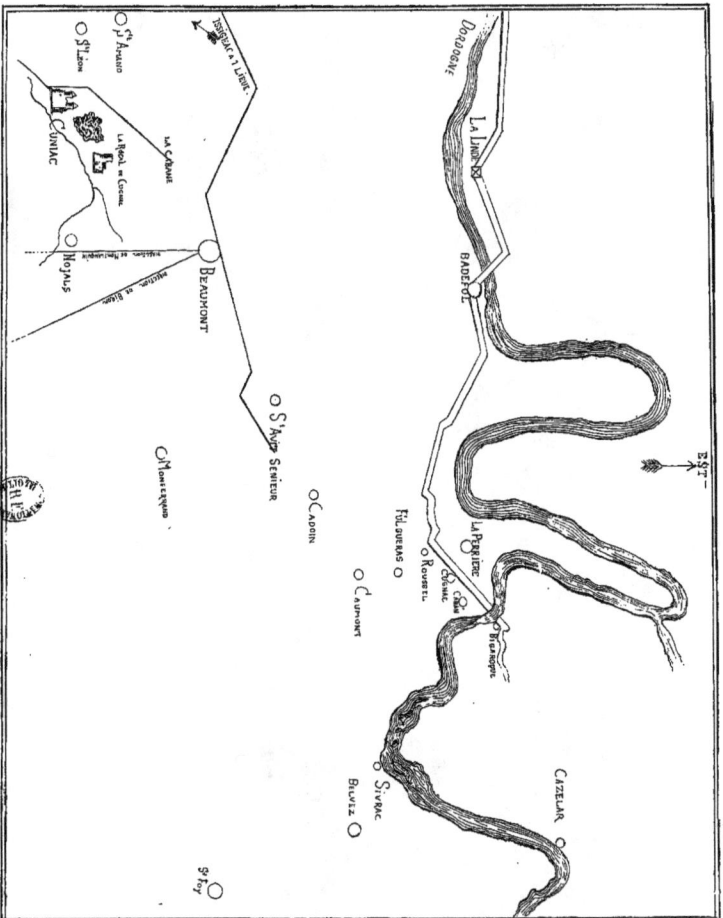

CARTE TOPOGRAPHIQUE DES RUINES DES DEUX CHATEAUX DE CUGNAC

(Extrait des cartes de Cassini).

NOTICE SUR LES CHATEAUX DE CUGNAC

+ La maison de Cugnac paraît avoir pris son nom de la tour du château de Cugnac, situé dans la paroisse de Cabans, près de la Dordogne, dans l'ancien diocèse de Sarlat. Ce château, dont la forme et le style de l'architecture indiquent une construction du dixième ou onzième siècle, a subsisté jusqu'à nos jours; il passa, avant le milieu du quinzième siècle, ainsi que la plus grande partie des biens de la branche aînée de la maison de Cugnac, dans celle de Saintours. Il est possédé aujourd'hui (1820) par M. d'Autressal de la Filolie.

✕ Il existe un autre château de Cugnac en Périgord. Il est situé près de la route de Bergerac à Cahors, non loin de Beaumont, de Biron et de la Linde; d'après les renseignements de mon frère Paul de Cugnac qui l'a visité en 1856, il serait en ruine. Il indique sa position dans le canton d'Issigeac, dans l'arrondissement de Bergerac à 30 kilomètres de cette dernière ville. Un voyageur, qui l'avait visité quelques années plus tôt, m'a dit que ses restes attestaient la grandeur de ses anciens seigneurs et qu'il y avait encore une écurie voûtée pouvant contenir plus de cent chevaux.

Ces deux châteaux de Cugnac sont indiqués sur la carte de Cassini, comme on le voit sur l'extrait que j'en ai fait, page ci-contre. Le premier, dont il est parlé ici, est celui qui est situé près de la Dordogne; le second est celui près et au-dessous de Beaumont. Ils doivent avoir été habités autrefois par deux branches de la famille de Cugnac.

Nous voyons, en effet, au temps où vivait Arnaud de Cugnac, époux d'Hélène de Biron, en 1380, que Pierre ou Jean son fils appartenait à la branche aînée, était seigneur de Cugnac, et en même temps cet Arnaud, suivant son portrait qui a été conservé, était seigneur de Cugnac. Mais il faut admettre aussi que peu de temps après cette époque, ces deux châteaux passèrent entre les mains de familles étrangères. Pour le premier, nous avons dit comme il pessa dans la famille de Saintours, et quant au second, nous allons voir qu'il a appartenu aux Caumont La Force. Mais je n'ai pu découvrir si c'était pas vente ou par alliance.

Ce château appartenait, en effet, aux Caumont La Force, vers 1600, car nous en avons la preuve dans les mémoires du maréchal de La Force publiés en 1843 par le marquis de La Grange. Les Caumont en ont même pris le nom pendant plusieurs générations, et sont cités dans l'histoire sous les noms de baron et marquis de Cugnac, comme on le voit:

1° Dans les *Mémoires* de Mme de Motteville, tome II. « M. de Cugnac demande son « régiment. C'était Pierre Nompar de Caumont la Force. »

2° Dans l'*Histoire des grands officiers de la Couronne*, par le père Anselme, volume 4, pages 473 et 474.

3° Dans l'*Histoire de l'ancienne infanterie française*, par Suzanne, capitaine d'artillerie, volume IV, pages 371 et 380. « Régiment d'Aquitaine, marquis de Cugnac, (Pierre Nom- « par de Caumont La Force) 27 janvier 1647. Mestre de camp. Le régiment portait son nom. « En 1649 le marquis de Cugnac prit parti contre Mazarin et se vit privé de son régiment. »

4° Dans les *Mémoires* de Mlle de Montpensier. On y voit qu'après le combat de Charenton, le marquis de Cugnac entra à Paris en descendant la Seine sur un glaçon. Mes recherches m'ont conduit à croire que c'est Pierre Nompar de Caumont, petit-fils du maréchal de La Force.

Je vais, maintenant, donner des extraits des *Mémoires* du maréchal, duc de La Force, qui se rapportent au temps où cette famille habitait le château de Cugnac et en portait le nom. Ces souvenirs m'ont semblé assez curieux et assez intéressants pour être conservés dans notre généalogie. Ils sont un peu longs, mais, outre leur intérêt propre, ils serviraient de guide et de repère, si, un jour, quelque membre de la famille entreprenait un pèlerinage vers les ruines de ce vieux château, situé près du dolmen de Cugnac qui bravera les injures du temps et la main destructive de l'homme plus longtemps que les donjons et les tourelles de l'ancien castel.

Mémoires du maréchal de La Force 1er volume. Introduction, page CIV. « La paix « conclue, en 1751, fut bientôt rompue par Condé.... Les marquis de Castelnaut et de « Castelnoron, fils du maréchal, les marquis de Monpouillan, de Boisse et de Cugnac, ses « petits-enfants, se déclarèrent contre la cour et prirent une part très active à cette lutte qui « se prolongea trois années. »

Premier volume, page 445. Lettre de M. de la Force à Mme de La Force. A Paris, 21 décembre 1606.

« Votre dernière m'a été rendue par M. de La Fourcade, écrite de Cugnac. Il me tarde « d'apprendre l'heureux accouchement de notre fille de Castelnaut. »

Deuxième volume, chapitre XV, page 205.

« Le lendemain, Sa Majesté partit pour monterau long de la Garonne. A la même « heure, la fièvre prit au sieur de La Force; il se rendit à La Force, de là à Cugnac chez « son fils de Castelnaut, prit là une litière et tout ce qu'il put faire fut d'aller à Castelnaut où « était sa femme. »

Troisième volume, page 85.

« Il avait auprès de lui trois de ses enfants ayant charge et deux de ses petits-enfants « fils de son puîné (1) qui se trouvaient continuellement à l'occasion et dont l'aîné « commandait sa compagnie de chevau-légers en qualité de lieutenant. »

Troisième volume, page 249. Lettre du marquis de La Force à la marquise.

« J'ai reçu deux billets de vous par la voie de Cugnac. »

Troisième volume, page 264. Lettre datée de Cugnac du 3 novembre 1622.

Page 284.

---

(1) Les marquis de Boisse et de Cugnac, fils du marquis de Castelnaut.

« C'est par notre porteur d'eau, qui s'en veut aller jusqu'à Cugnac, que je vous fais
« ce mot. »

Page 430. Lettre du maréchal de La Force, à la marquise de La Force (sa belle–fille,
de Sayeille) 9 août 1635, au camp de Charmes. (Il s'agit d'une blessure que reçut le
baron de Boisse et dont il mourut.)

« Nous le fîmes porter à Mirecourt.... Votre frère de Castelnaut ne le quitte point.
« Cugnac a fait une partie de chemin avec lui. »

Quatrième volume. *Mémoires* du marquis de Castelnaut, page 155.

« Tous partent néanmoins, le matin même, de Bergerac et prennent même route du
« côté de Cugnac, maison de M. de Castelnaut. »

— Idem page 409. (Il s'agit d'une attaque sur Bergerac. M. de La Force part de
Montflanquin.)

« Le lendemain, M. de La Force prend le chemin, comme s'il allait à Beaumont et ayant
« passé à Cugnac, maison de M. de Castelnaut, il prend sa route droit à Lanquais, port sur
« la rivière. »

— Idem, pages 328, 329, 330 et 331.

(C'est après le siège de Montauban, le maréchal de La Force et ses enfants se
rendent en Guienne ; ils arrivent à Castelnaut en passant par l'Hopital, bourgade de la
Vicomté et par Carlux. De là, M. de Castelnaut passe par Belvez, évite Montferrand pour aller
à Cugnac).

« Il arrive à Cugnac à deux ou trois heures après minuit et ne se voulant pas donner à
« connaître, il eut quelque difficulté à se faire ouvrir la porte. Qui fut bien surpris et étonné ?
« Ce fut les dames du lieu.... »

« Les catholiques romains..... dès le lendemain..... eurent donné connaissance à
« Bergerac, comme quoi M. de Castelnaut était arrivé à Cugnac..... »

« M. de La Force..... se résout de partir et d'aller à Sainte–Foy. Pour cet effet, il vient
« passer à Cugnac... Il part donc de bon matin de Cugnac ayant six grandes lieues de
« chemin à faire. »

(M. d'Espalungue va proposer à M. de La Force de s'emparer de Montflanquin. Il est
tué en revenant de Sainte–Foy.) « Ceux qui étaient avec lui, de retour à Cugnac, rapportent..... »

Page 468.....

«... Jour que le roi entre dans Sainte–Foy, M. de La Force y tombe malade et se trouve
« contraint le lendemain de se retirer à Cugnac. »

On peut présumer que ce château de Cugnac appartenait à M. de Castelnaut par son
mariage avec Marguerite d'Excodéca de Boisse et qu'il était passé dans cette dernière famille
par une ou plusieurs alliances en sortant de la maison de Cugnac.

Près de ce château on trouve la forêt de Cugnac et le dolmen de Cugnac, comme on
peut le voir par les extraits suivants.

Histoire nationale des départemeuts de la France. Guienne, tome Ier, page 7, publiée en
1845 par M. Ducourneau.

« On trouve un autre dolmen dans la forêt de Cugnac entre la Roqualle et le château
« de Cugnac (voir la carte page 12) ; sept blocs de silex molaires la composent, l'un sert de

« toit et les autres de support. Des six blocs de soutènement, les deux opposés à l'ouverture
« se rapprochent et font muraille, ainsi l'intérieur forme comme une chambre entièrement
« ouverte à l'est. Les paysans donnent à ce dolmen le nom de cabane du loup. Ils ont vu
« rôder autour du monument un animal monstrueux dont les yeux lancent des flammes. Ils
« comptent avec anxiété et terreur l'empreinte de ses pas sur le sol. » (Traditions populai-
« res. (Voir ci-après la planche représentant ce dolmen.)

— *Périgord illustré* de M. Audierne, page 538.

« De Biron à la Linde en passant par Beaumont, dans la direction de Bergerac à
« Cahors ; cette courte étendue traversée jadis par une voie romaine offre aux voyageurs
« de nombreux sujets d'observation.... on peut visiter le château de Cugnac avec ses tours
« et ses créneaux, ses ponts-levis, sa salle d'armes et ses vastes écuries, dans la forêt qui
« entoure cet édifice du treizième siècle un dolmen d'une grande dimension, servant
« maintenant d'abri aux bergers quoique nommé par eux : la cabane du loup, et qu'un
« monstre formidable lançant de ses yeux des flammes éclatantes, vienne souvent, disent-
« ils, rôder autour de lui. »

Voici tous les renseignements que j'ai pu recueillir sur les châteaux de Cugnac. Quoique encore incomplets, ils établissent clairement l'existence simultanée de ces deux châteaux
et leur position. Ils donnent, de plus, des détails curieux sur le second.

J'ai placé, ci-après, un dessin des ruines du château de Cugnac qui est situé dans
la commune de Cabans.

Je vais maintenant ajouter d'autres extraits du même ouvrage de l'abbé Audierne qui
parlent de trois autres châteaux qui ont été habités par la famille de Cugnac. Cet abbé
Audierne vivait encore, il y a quelques années, il habitait le Périgord et le plus souvent le
château de Saint-Alvère, dans la famille de Lostanges.

Le Périgord illustré, page 489.

« Au delà de Sept-Fonds, à un kilomètre de la route, le château qu'on aperçoit au
« milieu des bois et dont l'aspect annonce un petit fort, est Caussade. On se demande, en
« le voyant, quelle intention eurent ses maîtres en le plaçant dans un lieu dont la rudesse
« n'est compensée par aucun agrément. »

« Il est au milieu d'une enceinte murale octogone défendue par quatre tours carrées. La
« famille de Cugnac qui le possédait fut pendant plus d'un siècle en guerre avec Périgueux,
« au sujet de la juridiction ordinaire qu'elle contestait à cette ville. Caussade est aujourd'hui
« la propriété de M. de Bardes. »

« Ce château avait appartenu à la maison de Vigier-de-Périgueux, l'une des plus anciennes
« et autrefois des plus considérables du Périgord. Une particularité le rendra toujours remar-
« quable. Il fut le berceau d'Imberge, femme de Bertrand de Born. »

La branche de la famille de Cugnac qui habitait ce château en a porté le nom.

On lit dans le même ouvrage, page 613.

« A Loubezac, on voit le château de Sermet, jadis la propriété des chevaliers du Temple ;
« mais ce château n'a conservé de l'époque de ces religieux qu'une tour — le corps de logis

RUINES DU CHATEAU DE CUGNAC, VERS 1870

DOLMEN DE CUGNAC

« ayant été refait en 1616 par le même architecte qui construisit le pavillon d'entrée de
« celui de Besse — et les ruines d'un couvent de bénédictins dont l'église très remarquable
« a échappé aux ravages du temps et des révolutions. »

Ce château était habité, en 1751, par Antoine-François deuxième du nom, marquis de
Cugnac.

On lit encore dans *Le Périgord illustré*, page 645 :

« Trélissac a un édifice du treizième siècle et une habitation nouvellement restaurée et
« embellie par M. Magne, jurisconsulte distingué et aujourd'hui Ministre des Travaux
« publics... Sur une colline se trouve le château de Trigonant, monument du quinzième
« siècle ayant appartenu à la maison de Cugnac, possédé aujourd'hui par la famille Margat,
« et qu'un badigeon à l'eau de chaux a rendu blanc comme un cygne. Le point de vue
« qu'offre la terrasse de ce gothique édifice est admirable. »

ALLIANCES

Je vais donner la liste des principales alliances disposées en tableau alphabétique, afin qu'il soit facile d'y faire des recherches. Mon expérience m'a montré dans les nombreuses circonstances où j'ai eu besoin de me réclamer d'une alliance, et d'en donner des preuves, combien il était laborieux de les retrouver dans une volumineuse généalogie. Ce travail a, de plus, l'avantage, sur une simple liste, de donner pour plusieurs alliances des ascendants ou des descendants qui nous établissent des affinités intéressantes. La seconde colonne contient les noms des membres de la famille de Cugnac qui ont contracté l'alliance avec les familles citées dans la première colonne et la page de cet ouvrage où se trouve cette alliance. J'ai suivi la liste donnée par la généalogie de Lépine. Je l'ai seulement augmentée de quelques alliances contemporaines. Je n'ai pas pu retrouver les preuves de quelques-unes des alliances indiquées par l'abbé de Lépine, et je me suis contenté de les signaler.

TABLEAU ALPHABÉTIQUE

DES

PRINCIPALES ALLIANCES ET DE LEURS AFFINITÉS

AVEC LES

ÉCUSSONS DES PRINCIPALES FAMILLES

---

1. D'ABZAC,	1º Marie, Son père, Charles seigneur de Cazenac et de la Douze, contre-amiral.	Henri de Cugnac (page 91).	D'argent à une bande d'azur chargée au milieu d'un besant d'or et une bordure, chargée de neuf besants, aussi d'or.
	2º Pierre, seigneur de la Serre.	Jeanne de Cugnac (page 81).	
2. D'AIGNAN,	Henri,	Alix de Cugnac (page 87).	D'azur au chevron d'or, avec un agneau en pointe, au chef d'argent, chargé de trois croisettes d'azur.
3. D'ARPAJON,	Alliance inconnue. Voir à d'Ebrard une affinité. Il y avait sous Louis XIV une famille ducale qui portait ce nom (lettres de Mme de Sévigné).		De gueules à la harpe d'or.
4. DE BADTS,	Jean Alfred,	Clémence de Cugnac (page 96).	D'azur au chevron d'or, accompagné de trois trèfles de même.
5. DE BEAUPOIL DE SAINTE-AULAIRE,	1º François, seigneur de Pesthillac. Sa fille épousa J. de Durfort.	Marguerite de Cugnac (page 68).	De gueules à trois couples de chiens d'argent en pal, les liens d'azur deux à deux.
	2º Marie-Anne, Son père, R. de Beaupoil de Sainte-Aulaire, marquis de Lanmary, premier écuyer du prince de Condé. Sa mère Anne de la Roche-Aymon, fille de Jacqueline d'Aubusson.	Louis de Cugnac (page 80).	

	3° Julie, Son père N. de B., marquis de Lanmary, grand échanson de France.	Emmanuel de Cugnac (page 80).	
	4° Affinité par le mariage de Marie de Tricard de Rognac à Elle était fille de Françoise de Beaupoil de Sainte-Aulaire.	Jean de Cugnac (page 89).	
6. DE BEAUVOIR LE LOUP,	Anne, Sa sœur épousa François de La Roche-Aymon, chevalier des ordres du roi en 1595. Son frère Blain de Beauvoir, épousa Charlotte de Bellenave dont Claude qui épousa 1° Madeleine de Hostun, épousa François de Rochechouart marquis de Chandenier, capitaine des gardes du corps. 2° Marie de Guénégaud dont Marie, épouse d'Alexandre de Choiseul (tué d'un coup de canon en 1672), fils de César de Choiseul, pair et maréchal de France, duc du Plessis-Praslin.	François de Cugnac (page 172).	D'azur à deux loups passant d'or.
7. DE BÉON LUXEMBOURG,	Jean Louis, comte de... Son aïeule maternelle Louise de Luxembourg.	Marie de Cugnac (page 196).	Ecartelé aux un et quatre, de gueules à quatre otelles d'argent aux deux et trois à deux vaches de gueules accornées, accolées, clarinées, onglées d'azur.
8. DE BIRON-DE-GONTAUT,	1° Dauphine de Gontaut, Fille du seigneur Seguin de Gontaut, seigneur de Badefol.	Pierre de Cugnac (page 62).	Un écu en bannière écartelé d'or et de gueules.

	2º Hélène de Biron, Fille de Jean, seigneur de Belvez.	Arnaud de Cugnac (page 156).	
	3º Henri de Gontaut de Saint-Geniez, Sa mère nièce du baron d'Auberoche.	Peyrot de Cugnac (page 91).	
	4º Madeleine de Gontaut de Lauzerte et de Saint-Geniez.	Charles de Cugnac (page 91).	
9. BIZEMONT DE BIZE-MONT,	Vespasien, marquis de...	Antoinette de Cugnac (page 203).	D'azur au chevron d'or accompagné en pointe d'une molette de même et en chef de deux croissants d'argent.
10. BONY DE LA VER-GNE,	Magdelaine,	Jean-Louis de Cugnac (page 141).	De gueules à trois fasces d'argent, la bande d'azur brochant sur le tout.
11. DE BOSC,	1º Jacquette,	Geoffroy de Cugnac (page 107).	D'argent à une tour crénelée d'azur sommée d'une colonne de même et surmontée d'un soleil d'or.
	2º Jean, seigneur d'Epinay.	Louise de Cugnac (page 205).	
12. DE BOCARD OU BOUCARD,	1º Gasparde, 2º François,	François II de Cugnac (page 172). Marguerite de Cugnac (page 170).	
13. DE BOSREDON,	Pierre,	Isabeau de Cugnac (page 64).	D'azur au lion d'argent armé et lampassé de gueules aux deux et trois, vairé d'argent et de sinople de quatre traits.
14. DU BOUZET DE MARIN,	Marie, Fille de François comte de Marin, seigneur de Fondelin.	Arnaud de Cugnac (page 86).	D'or au lion de sable.
15. DU BOURDET-ACARIE,	Catherine, Son aïeul ou bisaïeul Mery Acarie, époux en	Charles de Cugnac (page 111).	D'azur à trois chevrons d'or.

	1508 d'Andrée de Rochechouart. Son oncle René Acarie, maréchal de camp, épousa N. de la Rochefoucaud. Sa mère, N. Acarie épousa N. de Durfort de Civrac.		
16. LE BRUN DE TRASEGNIES,	Jeanne, dame de Palaisau.	Antoine de Cugnac (page 159).	Bandé d'or et d'azur de six pièces à l'ombre du lion brochante, à la bordure enpelée de gueules.
17. DE BUSSY RABUTIN,	Léonor, comte de..... Ses cousines, Marie de Rabutin Chantal, marquise de Sévigné, Madeleine de Sévigné, marquise de Grignan, Jeanne Frémyot, comtesse de Rabutin Chantal, connue sous le nom de Sainte Chantal.	Marie-Diane de Cugnac (page 191).	Cinq points d'or équipolés à quatre de gueules.
18. DE CALONNE,	Mathilde,	Albert de Badta de Cugnac (page 97).	D'argent au léopard de gueules en chef.
19. DE CARBONNIÈRES,	Jeanne,	Forton de Cugnac (page 145).	D'argent à trois bandes d'azur accompagnées de huit charbons de sable ardents de gueules posés entre les bandes 1, 3, 3 et 1.
20. DE CHANTREAU,	Frédéric,	Adine de Cugnac (page 131).	De gueules à trois merlettes d'argent, 2 et 1, au chef cousu d'azur chargé de trois étoiles aussi d'argent.
21. CHAPT DE RASTIGNAC,	Voir Hautefort,		D'azur au lion d'argent, lampassé et couronné d'or.
22. DE CHATON,	Anne-Françoise,	Henry de Cugnac (page 95).	D'azur au pin déraciné de sinople, chargé de trois pommes de pin.
23. LA CHATRE,	Edme, Sa fille épousa le duc d'Humières, maréchal de France dont la fille fut	Françoise de Cugnac (page 188).	De gueules à la croix ancrée de vair.

femme de Vilain XIV prince d'Issenghien.

24. DE CHATEAU-NEUF,	Jeanne-Marie, Cousins: Polignac et Ste-Hermine, par ses sœurs, il y a parenté avec les La Rochejaquelein, avec N. de Caylus, époux de la nièce de Mme de Maintenon, marquis Le Valois de Villette, époux de d'Aubigné.	Jean-Louis de Cugnac (page 119). et pour les affinités (page 118).	D'argent à deux lions affrontés de sable, couronnés, lampassés et armés de gueules, et tenant une épée d'argent la pointe en bas.
25. DE CHATILLON DE COLIGNY,	Voir du Lac,		De gueules à l'aigle d'argent couronnée, becquée, languée et membrée d'azur.
26. DES COLLARDS DES HÔMES,	Herminie, Sa tante Ernestine des Collards épousa le baron Marcelin de la Châtre, aïeuls : Em. de Grimouard et N. du Petit-Thouars.	Jules de Cugnac (page 132).	D'azur au sautoir d'argent chargé d'un chaînon de sable, accompagné d'une étoile et de trois épis d'or.
27. DE COMARQUE,	1° Jeanne, 2° Louis,	Jean de Cugnac (page 64). Blanche de Cugnac (page 87).	D'azur, à l'arche d'alliance d'or.
28. DE COSNAC,	Inconnu,		D'argent semé de molettes de sable, au lion de même, armé, lampassé et couronné de gueules brochant sur le tout.
29. DE COURCILLON, DE DANGEAU,	Geoffroi,	Marie de Cugnac (page 165).	D'argent à la bande fuselée de gueules, au lion d'azur à senestre.
30. DE COURS,	François-Charles de Cours de Saint-Gervasy.	Françoise de Cugnac (page 87).	D'argent au pin de sinople, au lion de gueules grimpant couronné et lampassé de même.
31. DAVY DE SAINT-PERAVY,	Jeanne, Sa mère Jeanne de La Ferté,	François de Cugnac (page 171).	D'azur au chevron d'or accompagné en chef de deux étoiles et en

			pointe d'une épée de même.
32. DURFORT, DE DURAS, DE LORGE,	1° Marc-Antoine, Sa mère N. de Clermont Piles. 2° Policiane,	Françoise de Cugnac (page 72). Marc de Cugnac (page 77).	D'argent à la bande d'azur.
33. D'EBRARD DE SAINT-SULPICE,	Anne, Affinités d'Estaing, d'Aubusson, de Lévis-Caylus, de Lauzières-Thémines.	Mathieu de Cugnac (page 79).	D'argent au lion de sable, l'écu semé de croisettes de même, écartelé d'or, à la bande de gueules, sur le tout, partie d'argent et de gueules.
34. DE SAINT-EXUPÈRY,	Jean,	Anne de Cugnac (page 212).	Écartelé aux un et quatre d'or au lion de gueules, aux deux et trois d'azur à l'épée d'or, en pal; la pointe en haut, qui est de Fraisse.
35. DE FUMEL,	Marguerite,	Emmanuel de Cugnac (page 80).	D'or à trois pointes ou fumées d'azur montantes et ondoyantes.
36. DE GALARD, DE BÉARN DE BRASSAC,	Voir Rançonnet,		D'or, à trois corneilles de sable, becquées et membrées de gueules.
37. DE GOULARD OU GALARD DE TOUVERAC,	Isabeau,	Jean de Cugnac (page 105).	D'azur à un lion d'or.
38. DE GIRONDE,	Jeanne, Affinités Champagne-la-Suze, Montgomery-Lorge.	Jacques de Cugnac (page 67).	D'or à trois hirondelles de sable, les deux premières affrontées, la troisième en pointe, regardant les autres.
39. DE GENNIS,	Charles,	Louise-Elisa de Cugnac (page 87).	D'azur, à la bande d'argent, chargée de trois besants de gueules.
40. DE HAUTEFORT,	Antoinette, Parenté, Chapt de Rastignac, La Rochefoucaud-	Jean de Cugnac (page 72).	D'or à trois forces hautes.

	Chabannes, La Tour d'Auvergne. Ascendants : Les Valois, Les Bourbons, Les Médicis.		
41. DE HURAULT-DE-VIBRAYE,	1° Anne de Bois-Taillé, 2° Affinités par Madeleine du Tixier, fille de Françoise de Hurault de Marais.	Paul de Cugnac (page 206).	D'or à la croix d'azur, cantonnée de quatre ombres de soleil de gueules.
42. DE LAAGE DE MEUX,	Louise,	Guy de Cugnac (page 130).	D'azur au chevron d'or accompagné en chef de deux roses tigées et feuillées, et en pointe d'une main fermée soutenant un faucon aussi d'or.
43. DU LAC,	1° Paul de la Pérède, 2° Marie de Chamerolles, Sa mère Louise de Coligny, sœur de Gaspard de Chatillon Coligny, maréchal de France.	Brandelis de Cugnac (page 78). Antoine de Cugnac (page 171).	De gueules à l'écu d'argent ; ou d'azur au chevron d'or, accompagné de deux roses d'argent en chef, et en pointe d'un lys de même au pied de sinople.
44. DE LANGHEAC,	Françoise, Affinités, La Guiche, d'Alès, Bourbon-Verneuil, Toulongeon, Rabutin-Chantal, Châtillon-Coligny-Dandelot.	Jean-Baptiste de Cugnac (page 200).	D'or à trois pals de vair.
45. DE LESTRADES,	Jeanne,	Jacques de Cugnac (page 67) .	De gueules au lion d'argent, couché sur une terrasse de sinople sous un palmier d'or.
46. DE LOSTANGES,	Suzanne,	Antoine de Cugnac	D'argent au lion de gueules couronné, armé et lampassé d'azur et accompagné de cinq étoiles en orle.
47. DE LAROCQUE-LA TOUR,	Henri,	Alice de Cugnac (page 131).	Écartelées aux un et quatre de gueules à la

4

			tour, crénelée de trois pins d'argent, maçonnée de sable, aux deux et trois d'azur à trois bandes d'or.
48. DE LARROUX,	Marie Dominique,	Ludovic de Cugnac, (page 88).	D'azur à la rose d'argent sur un terrain d'or.
49. DE LAVAUR-DE-STE FORTUNADE,	Albert,	Louise de Cugnac, (page 88).	Au premier d'azur, aux trois rocs d'échiquier-d'or, deux et un, au deuxième d'or au lion rampant de sable couronné de même arme et lampassé de gueules.
50. DE LA MARTHONIE,	Armand,	Suzanne de Cugnac, (page 108).	De gueules au lion d'or, armé et lampassé de sable.
51. DE MEYNARD,	1° Aglaé,	Jules de Cugnac, (page 129).	D'azur à la main appaumée d'or.
	2° Aglaé,	Joseph de Cugnac (page 131).	
52. DE MORANVILLE,	Élisabeth,	Philippe de Cugnac, (page 209).	
53. DE NEUCHAISE.	Henri,	Antonine de Cugnac, (page 131)	D'azur à la tour d'argent, surmontée d'un croissant, de gueules entre deux croix de St-André d'azur sur une bande d'argent.
54. DU PLESSIS-DE-MORNAY,	Madeleine,	Antoine de Cugnac, (page 166).	Fascé de huit pièces d'argent et de gueules, au lion morné de sable, couronné d'or, brochant sur le tout.
55. DE PATHAY,	Claude,	Aimée de Cugnac, (page 193).	D'hermine à l'écu de gueules.
56. DE LA PÉRARÈDE,	Magne,	Bernard de Cugnac, (page 156).	
57. DE PÉRUSSE-DES-CARS,	Philippe de Salignac-Fénélon, petite-fille de L. de Pérusse des Cars.	Jean de Cugnac page 104).	De gueules à six pals de vair.

S: DE PRIE,	Antoinette,	Paul de Cugnac (page 206).	De gueules à trois tierces feuilles d'or au chef chargé d'une aiglette de sable.
59. DE PRUNELÉ,	Mathie,	Louis de Cugnac (page 205).	Écartelé aux un et trois de gueules à six annelets d'or posés trois, deux et un et aux deux et quatre d'or à six annelets de gueules posés de même.
60. DE RANÇONNET,	Catherine, Sa sœur Marie épousa Louis de Galard de Béarn.	Charles de Cugnac (page 107).	De gueules à une fasce d'argent surmontée d'un taureau furieux d'or.
61. DE RAZES-D'AU-ZANCES,	Marie-Magdelaine, Sa mère, Magdelaine de Villebois.	Louis-Philippe de Cugnac (page 127).	D'argent à trois pals d'azur, chargé de trois arbres verts de sinople.
62. DE Rochechouart-MORTEMART,	Louis, seigneur de Montigny. Parentés : Louise de Paviot, fille de Marie de Rochechouart épouse de.... Acarie du Bourdet époux de Andrée de Rochechouart.	Elisabeth de Cugnac (page 209). François de Cugnac (page 207). (page 113).	Fascé, ondé, enté d'argent et de gueules de six pièces.
63. DE ROLIN-DE-SA-VOISY,	Marie-Jean, seigneur de Beauchamp.	Marie de Cugnac (page 170).	D'azur aux trois clefs d'or, posées deux et un.
64. DE LA ROQUE,	1° Marguerite, 2° Armand de La Roque-Ordan.	Jean de Cugnac (page 66). Adélaïde de Cugnac (pge 86).	De gueules au lion d'or, posé sur un mont à six buttes de sinople.
65. DE SAINTOURS,	Arnaud,	Louise de Cugnac (page 64).	D'or à l'ours de sable.
66. DE SALIGNAC-FÉ-NELON,	Philippe,	Antoine de Cugnac (page 201).	Écartelé d'argent et de sable.
67. SAVARY DE LAN-COSME-BRÈVES,	Louise,	Jean de Cugnac (page 103).	D'or à trois bandes de sinople.
68. DE SOLAGES,	Élisabeth,	Philibert de Cugnac (page 87).	D'azur au soleil d'or.
69. DE SAINT-LÉGIER DE LA SAUZAIE,	Aurélie.	Paul de Cugnac (page 129).	D'azur à la croix mi-partie d'argent et de

			gueules, accompagné de quatre fleurs de lys d'or.
70. DE SAVIGNAC,	Camille,	Charles de Cugnac (page 131).	D'azur à la face d'argent accompagné de trois étoiles d'or deux en chef et une en pointe.
71. DE SUFFREN,	Geneviève,	Amalric de Cugnac (page 88).	D'azur au sautoir d'argent cantonné de quatre têtes de léopard d'or.
72. DE TIMBRUNE-VALENCE,	Éléonore, Sa mère de Balzac d'Entragues.	Isaac de Cugnac (page 145).	D'azur à la bande d'or, accostée de deux fleurs de lys de même. Balzac. — D'azur à trois sautoirs d'argent, au chef d'or à trois sautoirs d'azur.
73. DE TORCY-DE-BLOSSET,	Jean, Affinités, Monbernon, Bourbon - Longueville,	Anne de Cugnac (page 165).	D'or à quatre pals de sinople.
74. DE LA TRÉMOUILLE,	François, baron de Bournezeau, Son père, Louis, duc de Thouars, prince de Talmont et de Tarente,	Jeanne de Cugnac (page 205).	D'or au chevron de gueules accompagné de trois aiglettes d'azur, membrées et becquées de gueules.
75. DE TRUCHI,	Marie-Louise,	François de Cugnac (page 133).	D'azur, à deux lions affrontés d'or, rampant contre un pin du même.
76. DE VALLÉE,	Marthe,	Maurice de Cugnac (page 130).	De sable au lion d'or couronné d'argent.
77. DE VAULGRENANT,	Marguerite,	Jean de Cugnac (page 132).	D'azur au chevron d'or, accompagné de trois roses de mêmes, au chef cousu de gueules chargé de trois étoiles d'argent.
78. DU VIGIER-DE-CAUSSADE-DE-PÉRIGUEUX,	Jeanne, Affinité, Bertrand de Born.	Henri de Cugnac (page 101).	D'argent à trois fasces de gueules.

79. DE VILLENEUVE-DE VENCE-DE-TRANS.	N., Alliée aux Bourbons.	Emmanuel de Cugnac. (page 93).	De gueules fretté de six lances d'or, accompagnées dans les claire-voies de petits écussons de même, et en cœur, un écu d'azur chargé d'une fleur de lys d'or.

Je vais maintenant donner la filiation de quelques affinités et consanguinités qu'il est bon de conserver par écrit ; car les unes ne m'ont été connues que par tradition et les autres que par des recherches difficiles.

Consanguinité avec la MAISON ROYALE DE FRANCE
et avec les maisons princières de MÉDICIS et de LA TOUR

AUTEUR COMMUN : *Bertrand de la Tour*, comte d'Auvergne, épousa en 1444 Louise de la Trémouille, dont les trois enfants qui suivent :

Jean de La Tour, comte d'Auvergne, marié en 1495 à Jeanne de Bourbon-Vendôme.	*Françoise de La Tour* d'Auvergne, mariée en 1469 à Gilbert de Chabane Curton.	*Jeanne de La Tour*, mariée en 1472 avec Aymar de Poitiers, seigneur de Saint-Vallier.
Magdeleine de La Tour d'Auvergne, mariée en 1518 à Laurent de Médicis, duc d'Urbin.	*Jean de Chabannes*, baron de Curton, marié en 1495 avec Françoise de Blanchefort.	*Jean de Poitiers*, épousa en 1489 Jeanne de Batarnay.
Catherine de Médicis, épouse en 1533 de Henri II de France.	*Catherine de Chabannes*, épouse en 1519 Jean de Hautefort, gouverneur du Périgord.	*Diane de Poitiers*, duchesse de Valentinois, épouse en 1514 Jacques de Maillé Brézé.
Élisabeth de France, mariée en 1559 à Philippe II, roi d'Espagne.	*Antoinette de Hautefort*, épouse en 1555 Jean de Cugnac, seigneur de Giversac, chevalier de l'ordre du roi, sénéchal du Bazadois.	*Louise de Brézé*, épouse en 1547 Claude de Lorraine, duc d'Aumale.

Catherine d'Autriche, mariée en 1585 à Charles-Emmanuel, duc de Savoie.	*Marc de Cugnac*, seigneur de Giversac, épouse en 1598 Polixène de Durfort.	*Charles de Lorraine*, marié en 1576 à Marie de Lorraine-Elbœuf.
Victor-Amédé de Savoie, épouse en 1619, Catherine de France, fille de Henri IV.	*Pierre de Cugnac*, épouse en 1613, Hélie de Gontant Saint-Géniez.	*Anne de Lorraine*, épouse en 1618 Henri de Savoie, duc de Nemours.
Charles-Emmanuel duc de Savoie, épouse en 1665, Marie-Jeanne de Savoie-Nemours.	*Henri de Cugnac*, épouse en 1658 Marie d'Abzac de la Douze.	*Charles de Savoie*, épouse en 1643 Elisabeth de Vendôme.
Victor-Amédé de Savoie, roi de Sardaigne, épouse en 1648 M. d'Orléans, nièce de Louis XIV.	*Charles de Cugnac*, épouse en 1794 Magdeleine de Gontaut-Lauzerte.	*Marie de Savoie*, épouse en 1665 Charles duc de Savoie.
Marie Adélaïde de Savoie, épouse en 1697 Louis de France, duc de Bourgogne, petit-fils de Louis XIV.	*Antoine de Cugnac*, épouse en 1736 Marie de Pons.	*Victor-Amédé*, roi de Sardaigne, épouse en 1686 Anne-Marie d'Orléans.
Louis XV, roi de France, épouse en 1725 Marie de Leczinska, fille de Stanislas roi de Pologne.	*Pierre de Cugnac*, épouse en 1782, Marie-Thérèse-Josephe du Toict.	*Marie de Savoie*, épouse en 1697 Louis de Bourgogne.
Louis dauphin de France, épouse en 1747, Marie de Saxe.	*Henri de Cugnac*, épouse en 1813 Anne de Chatton.	*Louis XV*, roi de France.
Louis XVI, Louis XVIII Charles X.		

Sur la généalogie, il est facile de substituer la branche du marquis Ludovic de Cugnac, à celle du vicomte Henri de Cugnac dont la séparation a lieu aux enfants de Polixène de Durfort.

Il résulte de ce tableau que Jean de Cugnac, mari d'Antoinette de Hautefort était cousin au troisième degré de Françoise de la Tour d'Auvergne et cousin issu de germain des enfants de Henri II et de Catherine de Médicis.

Consanguinité avec les maisons de RASTIGNAC et de LA ROCHEFOUCAUD

AUTEUR COMMUN : *Jean de Hautefort* épouse Catherine de Chabanne, dont il a deux filles :

Antoinette de Hautefort, mariée à Jean de Cugnac en 1555.	*Jeanne de Hautefort,* mariée à Adrien de Chapt de Rastignac.
Ludovic marquis de Cugnac, marié en 1845 à Marie de Larroux dont il a trois filles et un fils Amalric.	*Zénaïde de Rastignac,* épouse vers 1810 du duc de La Rochefoucaud dont elle a deux fils, François et Alfred.

Parenté avec les BEAUHARNAIS

AUTEUR COMMUN : *N. de Bonneau,* d'une famille noble de la Rochelle.

N. de Bonneau, épouse de N. Mouchard de La Garde, fermier général à La Rochelle.	*N. de Bonneau,* épouse de N. Harouard du Beugnon.
N. Mouchard de La Garde, épouse du comte de Beauharnais (1).	*N. Harouard de Saint-Sornin,* épouse Fanny de Sainte-Estève.
Le comte de Beauharnais, épouse de N. de Lezai Marnézia.	*Henriette de Saint-Sornin,* épouse le comte de Meynard.
S. A. impériale et royale Stéphanie de Beauharnais, épouse S. A. royale le grand duc de Bade.	*Aglaé de Meynard,* épouse Jules marquis de Cugnac.
S. A. sérénissime la princesse Marie de Bade, épouse lord Douglas, duc d'Hamilton.	*Louis-Jules marquis de Cugnac,* épouse Herminie des Collards des Hômes.

(1) La famille de Beauharnais portait autrefois le nom de Bauvit. Elle fut autorisée, sous le règne de Louis XIV, à changer de nom de Bauvit pour celui de Beauharnais *(a)*. La Branche aînée dont fut le prince Eugène de Beauharnais, beau-fils de de Napoléon 1er, est représentée aujourd'hui par les princes de Leuchtenberg, ses petits-enfants qui sont membres de la famille impériale de Russie par le mariage de Maximilien duc de Leuttchenberg avec le grande duchesse Marie de Russie le 14 juillet 1839.

(a) Voir les *Mémoires* du duc de Saint-Simon.

Parenté avec les LAROCHEJACQUELEIN

AUTEUR COMMUN : *N. de Chateauneuf*, gouverneur du Poitou, a trois filles.

Anne de Châteauneuf, épouse Philippe de Valois, marquis de Villète (cousin germain de Mme de Maintenon) seigneur de Murcay.	*J. M. Antoinette de Châteauneuf*, épouse Jean de Cugnac, marquis du Bourdet en 1680.	*Marguerite de Châteauneuf* épouse N. de Goussé de La Rocheallard, commandant des vaisseaux du roi.
Marguerite de Valois-de-Villèle, épouse Jean de Lévis, comte de Caylus et fut la célèbre comtesse de Caylus, auteur des *Mémoires* (1).	*Paul-Philippe de Cugnac*, épouse en 1736 Marie-Angélique de Ranques.	*N. de La Rocheallard*, épouse son cousin N. de La Rocheallard, seigneur de Dillay, lieutenant général des armées navales, commandant de l'ordre de Saint-Louis et commandant du port de Rochefort en 1732.
	Louis-Philippe, marquis de Cugnac, épouse Madeleine de Razes d'Auzance.	*N. de Goussé de La Rocheallard*, épouse le comte de Caumont d Adde.
	Jules, marquis de Cugnac, épouse Aglaé de Meynard.	*N. de Caumont d'Adde* (2), épouse N. du Vergier de La Rochejaquelein.
	Louis-Jules, marquis de Cugnac, épouse Herminie des Collards des Hômes.	*Louis, marquis de La Rochejaquelein*, épouse Victoire de Donissan, veuve du marquis de Lescure.

Affinité avec les ROUHAULT-GAMACHES

Paul-Philippe de Cugnac, vicomte du Bourdet, épouse en 1736 Marie de Ranques qui était sœur, par sa mère Mlle de Boëxoun, du marquis de Rouhault, maréchal de camp. Louis-Philippe, marquis de Cugnac, était cousin germain du comte de Rouhault, seul fils du général, et qui est mort sans postérité.

(1) Sans connaître la suite de cette filiation on sait qu'elle est représentée par la maison d'Aubigny en Normandie.

(2) Le comte de Caumont avait une autre fille qui avait épousé N. de Suzannet. Ces Caumont ne sont pas de la famille des Caumont La Force.

Parenté avec les SUARES D'AULAN et les MAC-CARTHY
ducs de Monthcashel et princes de Carbery

AUTEUR COMMUN : *Étienne-Henry Harouard du Beugnon de la Jarne* épousa Louise de Bonneau.

Henry - François Harouard de Saint-Sornin, épouse en 1761 Françoise de Sainte-Estève.	*Suzanne Harouard du Beugnon de la Jarne*, épouse Jean de Suarès, marquis d'Aulan.	
Henriette de Saint-Sornin, épouse en 1785, Côme de Meynard.	*N. de Suarès*, épouse le comte de Brassac.	*N. de Suarès d'Aulan*, épouse N. Harouard.
Aglaé de Meynard, épouse Jules Emilien, marquis de Cugnac, en 1813.	*N. de Brassac*, épouse le comte de Mac-Carthy.	*Louis Harouard d'Aulan*, épouse Philippine de La Bonardière (1).

Parenté avec la famille de CHASSIRON

AUTEUR COMMUN : N. de Reignier.

Mlle de Reignier, épouse M. de la Tremblaye.	*Mlle de Reignier*, épouse M. de Meynard.
Mlle de la Tremblaye, épouse en 1785 le baron de Chassiron.	*M. de Meynard*, épouse Mlle de Maziéres du Passage.
Le baron de Chassiron, député, épouse Mlle Cossin.	*M. de Meynard*, épouse Mlle de Saint-Sornin.
Le baron Charles de Chassiron, épouse en 1849 la princesse Caroline Murat.	*Aglaé de Meynard*, épouse le marquis Jules de Cugnac, en 1813.

Parenté avec les familles de VILLEBOIS, de LUSIGNAN et de BEAUREPAIRE

AUTEUR COMMUN : *M. de Razes,* comte d'Auzance, épouse Mlle de Choupes.

Le vicomte de Razes d'Auzance, épouse Mlle de Feydeau.	*Le comte de Razes d'Auzance*, épouse Mlle de Morel de Saint-Léger, de Chabanes.
Mlle de Feydeau, épouse M. Piet de Beaurepaire.	*Le comte de Razes d'Auzance*, épouse Madeleine de Villebois.
Mlle de Beaurepaire, épouse le comte de Lusignan.	*Alexandrine de Razes*, épouse le marquis de Cugnac, en 1775.

(1) Le grand-père de Louis Harouard avait été une des premières victimes de la Révolution de 1793. Le frère de sa mère, officier des gardes françaises, avait péri dans les prisons pour la cause du Roi. Louis XVIII lui permit de relever le nom et les armes d'Aulan. Plus tard il obtint aussi sous Napoléon III, de reprendre le nom de Suarès.

TABLEAU GENÉALOGIQUE DE LA

Je donne ici un tableau généalogique des descendants d'Agrippa d'Aubigné, l'illustre tant à cause des affinités qu'il établit avec notre famille que pour son intérêt historique. Il est

Agrippa d'Aubigné épousa en 1583 Suzanne de Lezai dame de Surimeau, fille d'Ambroise

Marie d'Aubigné, épouse N. de Caumont d'Adde.	*Constant d'Aubigné*, épouse Jeanne de Cadillac.

Louise de Caumont, épouse N. de Launay	*Marc de Caumont*, épouse Marie Le Valois de Villète sa cousine germaine.	*Artémise de Caumont*, épouse N. de Nesmond de Sansac.	*Charles d'Aubigné*, épouse Geneviève Piètre.	*Françoise d'Aubigné marquise de Maintenon.*
	Elisabeth de Caumont, épouse Armand du Vergier de La Roche-jaquelein.		*N. d'Aubigné*, épouse A. de Noailles Maréchal de France en 1698 qui fut fut duc de Noailles.	

(1) Mme de Caylus, l'auteur des mémoires, était, comme on le voit, dans le tableau précédent, nièce à la

(2) Jean de Caylus fut menin de Mgr le Dauphin et lieutenant-général : Il eut pour fils, le marquis de Caylus

(3) Philippe fut lieutenant-général et grand'Croix de Saint-Louis.

(4) Anne-Marie-Françoise de Sainte-Hermine était dame d'atours de la duchesse de Bourgogne et Louis des Louis de Mailly eut une fille : Françoise de Mailly qui épousa en 1705 Arnaud de Polignac.

(5) Jean-Louis de Cugnac, beau-frère de Marie-Anne de Châteauneuf, était, comme on le voit dans le tableau,

DESCENDANCE D'AGRIPPA D'AUBIGNÉ

guerrier et le célèbre écrivain qui fut l'ami d'Henri IV et le grand-père de Mme de Maintenon, en partie extrait de l'histoire de Mme de Maintenon par le duc de Noailles.

de Lezai, seigneur de Surimeau et de Renée de Vivonne dont il a eu un fils et deux filles.

		Louise d'Aubigné de Mursay, épouse en 1610, Benjamin Le Valois de Villete.		
	Philippe de Villèie, épouse en 1660, Marie-Anne de Châteauneuf.	Anne Madeleine de Villète, épouse Hélie de Sainte-Hermine, seigneur de la Laigne.	Marie Le Valois de Villète	Jeanne-Marie de Châteauneuf, épouse en 1680, Jean Louis de Cugnac marquis du Bourdet (5).
Marthe (1). Marguerite de Valois-Mursay de Villète, épouse en 1686 Jean de Tubière-Grimoard de Pestels de Lévis de Caylus (2).	Philippe et Henri de Villète morts sans postérité (3).	Anne-Marie Françoise de Sainte-Hermine, épouse en 1687, Louis de Mailly Nesle (4).		Gaspard de Cugnac, marquis du Bourdet, lieutenant des gardes, maréchal de camp.

mode de Bretagne de Mme de Maintenon. Elle fut mariée le 14 mars 1686 (dit Dangeau) à l'âge de 13 ans (dit Noailles). chef d'escadre et le comte de Caylus, savant antiquaire.

Mailly menin de Mgr le Dauphin.

oncle de Mme de Caylus.

Ces renseignements en outre de l'ouvrage du duc de Noailles sont tirés d'un contrat qui se trouve dans les preuves de page de Gaspard de Cugnac et d'une note qui m'a été communiquée par le vicomte Henri de Cugnac.

Suivant d'autres renseignements Jeanne–Marie de Châteauneuf était nièce, et non pas sœur, de Marie–Anne de Chateauneuf.

Je vais ajouter, ici, quelques extraits de l'ouvrage du duc de Noailles : voir l'édition Cormon et Cie 1848 — on y lit : chapitre I, page IV :

« Agrippa d'Aubigné, l'illustre compagnon de Henri IV eut un fils et deux filles. »

Idem, chapitre III, page 73 : « Mme de Villète, sœur de Constant d'Aubigné.... se chargea « de ses trois enfants et les emmena au château de Murçay, qui était dans le voisinage de « Niort et donna à la petite Françoise qui venait de naître la même nourrice qu'à sa fille « Mlle de Villète qui fut depuis Mme de Sainte-Hermine. »

Idem, tome III, page 410 :

« Le comte de Mailly, menin de Monseigneur, avait épousé en 1687 Mlle de « Sainte-Hermine, parente de Mme de Maintenon et nouvelle convertie. Le roi lui donna « 100,000 livres en mariage et 50,000 livres de boucles d'oreilles. »

Mémoires d'Agrippa d'Aubigné : « Louise d'Aubigné, sa fille cadette, avait épousé en « 1613 Benjamain de Valois, seigneur de Villète. »

Parenté avec SAINTE CHANTAL et affinité avec MADAME DE SÉVIGNÉ

Cette filiation est établie d'après une notice sur Mme de Sévigné, de M. de Montmerqué et une autre de M. de Saint–Surin qui précèdent une édition de lettres de la célèbre marquise, et d'après l'ouvrage de l'abbé Bougaut sur Sainte Chantal.

AUTEUR COMMUN : *Christophe de Rabutin*, né en 1500.

Guy de Rabutin-Chantal, épouse N. de.......	*François de Rabutin de Bussy* épouse N. de.......
Christophe de Rabutin, baron de Chantal épouse Jeanne Frémyot. (en 1592) qui fut depuis Sainte Chantal.	*Léonor de Rabutin*, comte de *Bussy*, épouse en 1609 Diane de Cugnac Dampierre.

Françoise de Rabutin, épouse en 1622 Antoine comte de Toulongeon.	*Celse Bénigne de Rabutin*, baron de Chantal, tué à l'île de Rhé, le 22 juillet 1627 avait épousé Marie de Coulanges.	*Roger de Rabutin*, comte de Bussy, le célèbre écrivain épouse en premières noces, Gabrielle de Toulongeon et en deuxièmes noces, N. de Rouville.

Gabrielle de Toulongeon, épouse Roger de Rabutin, comte de Bussy.	*Marie de Rabutin Chantal,* (la célèbre marquise de Sévigné), épouse en 1644 Henri, marquis de Sévigné.

Louise-Françoise de Rabutin-Bussy, épouse Gilbert de Langheac, marquis de Coligny.

Marie Roger de Langheac, marquis de Coligny et d'Andelot, épouse en 1700 Jeanne-Baptiste-Palatine de Dio.

Françoise-Charlotte de Langheac, épouse en 1732 Jean-Baptiste de Cugnac, marquis de Dampierre.	*Marie - Louise - Eléonore de Langheac,* épouse Charles-Elzéar de la Guiche, comte de Sivignon.
Antoine de Cugnac, marquis de Dampierre, épouse en 1773 Louise-Angélique Savary de Lancôsme-Brèves.	*Jean, comte de La Guiche,* épouse en 1740 Henriette de Bourbon, fille légitimée du prince de Condé.

Ainsi, l'on voit, par ce tableau, qu'Antoine de Cugnac descendait directement de Sainte Chantal et que Diane de Cugnac était cousine germaine de Sainte Chantal. On y voit aussi que cette même Diane de Cugnac était la grande tante de Mme de Sévigné et qu'Antoine de Cugnac descendait directement de Gabrielle de Toulongeon, cousine germaine de la célèbre marquise et du comte de Bussy Rabutin, l'auteur des mémoires, qui était cousin issu de germain de son père ; enfin qu'Antoine de Cugnac était cousin germain d'Henriette de Bourbon Condé.

DEVISES ET CIMIER

Les devises de la famille de Cugnac, conservées jusqu'à nous, sont au nombre de trois :

Ingratis servire nefas.

Comme il nous plaît.

Il grandit, malgré ses blessures.

On verra dans la suite de cet ouvrage, dans quelles circonstances furent adoptées les deux premières. (Voir aux articles de François II de Cugnac-Dampierre et de son fils François de Boucard.)

La troisième m'a été communiquée par le vicomte Henri de Cugnac, dans une lettre dont je copie, ici, l'extrait suivant :

« 6 Août 1857, à la Madeleine Lez-Lille, près Lille, Nord.

« J'ai trouvé il y a bien longtemps la devise : « Il grandit malgré ses blessures » dans un « vieux livre d'emblèmes et de devises dont je ne me rappelle plus le titre. Elle était au-« dessous d'un chêne dont quelques branches étaient brisées..... Quant à notre cimier, il est « d'un armorial de chevaliers du Saint—Esprit, très ancien. »

CIMIER. — *Un cou d'autruche tenant au bec un fer à cheval.*

LISTE DES OUVRAGES HISTORIQUES

OÙ LES MEMBRES DE LA FAMILLE DE CUGNAC SONT CITÉS

La maison de Cugnac peut être mise au nombre des maisons appartenant à la noblesse historique, et, pour le constater, je donne ici la liste des ouvrages historiques où les membres de cette famille sont cités. Ils sont désignés sous les noms de Cugnac, Cuignac, Coignac, du Bourdet, de Caussade, de Dampierre, de Giversac, de Pauliac.

Histoire des grands officiers de la couronne, par le Père ANSELME. Tome I, page 224 ; tome IV, pages 4, 5, 59, 170, 473, 672 ; tome V, pages 758, 769 ; tome VI, pages 282, 370, 518 ; tome VII, pages 6, 25, 333, 369 ; tome VIII, page 592 ; tome IX, pages 59 et 110 (1).

Histoire et état de la maison du roi, par l'abbé de NEUFVILLE. Tome I, pages 250, 257, 260 et 5 et 6 des additions ; tome II, pages 416, 550, 563, 566 ; tome III, pages 2, 3, 198, 233, 274, 395, 405, 481. Valeur en librairie 80 francs.

Histoire des officiers généraux ou *chronologie historique et militaire de Pinard*. Tome VI, pages 21, 31, 357 ; tome VII, page 155 ; tome VIII, pages 115 et 529. Valeur en librairie 500 francs.

Histoire universelle d'Agrippa d'Aubigné. Tome III, livre II, chapitre XXIII. Valeur en librairie 30 francs les trois volumes.

Histoire de l'Ordre du Saint-Esprit, par SAINTE-FOY. Tome II, page 184.

Histoire de France, par LA POPELINIÈRE. Deux vol. in-8° ou quatre vol. in-8°. Valeur en librairie 25 francs.

Histoire de la maison de Montmorency, par le Père DUCHESNE. Folio 226. Valeur en librairie 80 francs.

Histoire de l'ancienne infanterie française, par le général d'artillerie SUZANNE. Tome II, pages 63, 267, 282 ; tome III, pages 16, 17, 348, 401 ; tome IV, page 31.

Histoire universelle de Sethou. Tome XIV, in-4° livre CXXVIII et suivant. Valeur en librairie 12 francs.

Histoire de la Fronde, par le marquis de SAINT-AULAIRE. Quatrième édition, in-8° de 1843, tome I, page 81.

Histoire d'Henri IV, par PÉRÉFIX.

Histoire de la Ligue et de la Fronde, par ANQUETIL.

(1) Cet ouvrage et les deux suivants sont considérés comme officiels.

Histoire de l'Ordre de Saint-Louis, par d'ASPECT. 1780, in-8°, tome III, page 3. Valeur en librairie 4 francs.

Histoire de l'Ordre de Saint-Louis, par MAZAS et THÉODORE ANNE.

Mémoires de Sully. Tome I, page 349, édition en huit volumes, ou tome II, page 351, in-4°, Amsterdam 1745 ; tome VI, page 144, (édition en dix volumes, de 1778). Valeur en librairie 10 francs. Ou sous un autre titre : *Aconomies royales de Sully.* Tome I, page 424, édition originale en huit volumes, tome II, page 51.

Mémoires de Brantôme, volume des capitaines étrangers. Page 13.

Mémoires du maréchal de La Force, publiées par le marquis de LA GRANGE. Tome I, pages 175, 179, 423.

Mémoires du cardinal de Retz. Tome I, page 312 ; tome II, page 43.

Mémoires de François de Rabutin. Tome II, page 43.

Mémoires de Bussy-Rabutin. Tome I, pages 1 et 204 ; tome II, pages 3, 16 et 38. 2 francs le volume.

Mémoires de Saint-Simon. Tome XIII, page 234 ; tome XVIII, page 89. Édition Hachette, valeur 100 francs.

Mémoires de Nevers. Tome II, page 235.

Mémoires d'Agrippa d'Aubigné (Extrait des), par LUDOVIC LALANNE. Page 541, ou édition in-12 de 1854, p. 354, prix 2 francs.

Mémoires de la Châtre. Pages 245, 252, etc. *Histoire de France* (Petitot), deuxième série, 51. Collection des mémoires relatifs à l'histoire de France, Paris, Foucault, rue de Sorbonne, n° 9, 1826.

Mémoires du marquis de Dangeau.

Mémoires du duc de Luynes, gendre du duc de Saint-Simon et continuateur de ses mémoires. Tome I, pages 107, 427 ; tome II, page 45 ; page 482 (table) renvoi de la page 45 ; page 181 et 281.

Catalogue des chevaliers de Malte, par VERTOT.

Lettres de Madame de Sévigné. Tome I, page 126, introduction de Montmerqué, édition de Blaise.

Lettres missives d'Henri IV, par BERGER DE XIVREY. Tome I, page 309 ; tome II, page 36 ; tome III, page 359 ; tome V, page 217 ; tome VI, page 514.

Lettres sur la Provence, par BÉRENGER. Édition 1778 ; tome II, page 137.

La France militaire publiée en 1812, par Monsieur V. (On croit que c'est VITON DE SAINT-ALLAIS.)

Le Martyrologe des chevaliers de Saint-Jean de Jérusalem et de Malte, imprimé à Paris en 1643, par le P. DE GOUSSENCOURT. Page 317.

Le Périgord illustré, par l'abbé AUDIERNE. Page 538.

Histoire nationale des départements de la France. Guienne, tome I, page 7, publiée en 1845, par M. DUCOURNEAU.

Mercure français. Tome I, page 12 et les années 1604 et 1605.

Souvenirs de la marquise de Créqui. Tome 10, page 107 ; édition Delloye 1840, article des personnes présentées à la cour.

Gazette de France. 17 juillet 1638, 27 juin 1643, 14 mai 1729, 16 août 1640.

Théâtre d'honneur et de chevalerie, par WULSON DE LA COLOMBIÈRE. Édition de 1846 in-folio, tome I, pages 147, 164, 180, 190, 191, 200, 208, 216, 361, 414.

Mémoires de Motteville ; valeur en librairie 2,50 le volume.

Mémoires de Montpensier, chez Aubry, rue Dauphine n° 16.

Les courriers de la Fronde, en vers burlesques, tome II, p. 294 édition elzévirienne de Jeannet, avec les notes de M. Moreau, prix : 3 francs (1).

(1) On lit dans cet ouvrage : « Le *marquis de Cugnac* demande qu'on lui rende son régiment et qu'on le « paye de ses arrérages de ses pensions. — Note. Marc de Cugnac, seigneur de Pauliac. Il combattit sous les « ordres de Turenne dans la bataille du faubourg Saint-Antoine. »

Il y a ici, je crois, confusion. Les mémoires de Motteville répètent la première phrase, mais elle veut parler, je crois, de Nonpar de Caumont La Force, marquis de Cugnac, petit-fils du maréchal et quant à Marc de Cugnac de Pauliac, il figura, en effet, dans les guerres de la Fronde, mais on ne doit pas le confondre avec ce susdit marquis de Cugnac, car, d'après la note ci-dessus, il était dans l'armée du roi. Ce fait est constaté par les mémoires de Bussy-Rabutin qui nomme ce Marc de Cugnac, seigneur de Pauliac, comme ayant combattu avec succès contre le grand Condé. Il était donc, sans doute, du parti opposé à celui où était le marquis de Cugnac.

Les personnages cités dans les deux ouvrages précédents : Mémoires de Motteville et de Montpensier sous le nom de Cugnac, sont, suivant moi, des Caumont.

LISTE DES OUVRAGES GÉNÉALOGIQUES

OÙ LE NOM DE CUGNAC EST CITÉ

Les ouvrages précédents ont une authenticité historique reconnue, et quelques-uns même sont considérés, comme officiels, en cas de revendication, contestation, ou procès pour les noms ou titres, par le ministère de la justice, par la chancellerie, par la cour du sceau des titres, et par les tribunaux. Tels sont les trois premiers ouvrages de la liste précédente (page 41). Je vais, maintenant, citer les ouvrages généalogiques où le nom de Cugnac est mentionné. J'ai eu soin de les mettre à part, car je ne puis les comparer aux ouvrages d'histoire pour l'authenticité. On peut toujours soupçonner, en effet, qu'ils contiennent des insertions faites par complaisance ou à prix d'argent.

Annuaire de l'Histoire de France (probablement par BOREL).

Annuaire de la noblesse, par BOREL — année 1858.

Archives nobiliaires, bulletin du collège héraldique, par MAGUY, 1843, in-8°, pages 62 et 69.

Armorial de Chevillard, in-8°.

Armorial de Dubuisson, in-12, deux volumes.

Calendrier des Princes et de la noblesse de France de 1765, page 96.

Courcelles, généalogie en 12 volumes in-4°.

Dictionnaire des Gaules, par l'abbé EXPILLY, en 6 volumes in-folio. Tome II, page 176.

Encyclopédie méthodique, blason, in-4°.

Dictionnaire de Moréri, 10 volumes in-folio, édition 1859, et édition de 1754 — pour les alliances — six citations dans différentes généalogies.

Gavard ou Govard, armorial, avec les planches sur le musée de Versailles et les Croisades.

Lachesnaye des Bois, articles Cugnac et Dampierre se vend de 1000 à 1500 francs.

La France chevaleresque et chapitrale, 1785, 1786, 1787 — in-12.

La noblesse de France avant et depuis 1789, par M. Edouard de BARTHÉLÉMY, page 287.

La France d'Expilly, 6 volumes in-folio. Article Dampierre.

Noms féodaux et noms de ceux qui ont tenu fiefs en France depuis le douzième siècle jusque vers le milieu du dix-huitième, chez Beaucé-Rusand, près Saint-Sulpice. Tome I page 341 et tome II page 831.

Nobiliaire universel, tome VIII, page 106.

SÉGUIN, *Mercure-Armorial*.

Saint-Allais et Lainé.

Tablettes de Chazots-de-Montigny, quatrième partie, page 99 et cinquième partie, page 9.

Revue de la noblesse, par BOREL, tome I, page 129.

Tableau généalogique ou les seize quartiers de nos rois et de plusieurs maisons de France, par MENESTRIER 1683, in-folio, pages 83, 86, 87, 90, 97.

GÉNÉALOGIE DE L'ABBÉ DE LÉPINE

La maison de Cugnac était partagée, dès le commencement du quinzième siècle, en plusieurs branches qui se sont répandues dans l'Angoumois, l'Auvergne, la Saintonge, le Poitou et l'Orléanais. Son premier auteur connu est :

David de Cugnac (de Cuniac) fut présent à la donation qu'Aimeric de Pierre-Buffière fit, l'an 1002, à l'abbaye d'Uzerches d'un *mas* ou tènement appelé *del pojoli* situé dans la paroisse de Païaz (1). On trouve ensuite :

Pierre de Cugnac (de Cunniaco) chevalier, fut témoin de la renonciation faite par Liébault de Digoine et son fils à leurs prétentions sur l'objet d'une transaction passée entre l'abbé de Cluni et Bertrand de Cacchiaco, Geberge sa femme, et Hugues son fils l'an 1105 ; indiction 13 (2).

(Gérald ou Guillaume) de Cugnac, le jeune, donna pour le salut de l'âme de son père (qu'il ne nomme pas) à l'abbaye de Cadoin, douze écus qu'il avait, sur un moulin, situé sur la Dordogne (3).

Rigon de Cugnac (de Cunaco) assista à la donation que Guillaume de Biron, Alpaïs sa femme, et ses deux fils firent en 1115 à Robert d'Arbrissel (4), de la moitié d'un mas assis en la forêt de Cadoin, au lieu appelé la vallée de Séguin et de plusieurs autres héritages (5), et, souscrivit plusieurs autres donations faites au même Robert d'Arbrissel et aux dames de Fontevrault. Son nom se lit aussi dans un acte de la même année 1115, par lequel Ebrard de Madaillan confirma le don que Robert d'Arbrissel avait fait d'une partie de la forêt de Cadoin (6), au prieur de Saint–Avit (7). Enfin il fut témoin de la donation que le même

(1) Bibliothèque du roi, extrait du cartulaire d'Urzerches fait par André Duchesne.

(2) Extrait du grand cartulaire de l'abbaye de Cluni par D. Villevieille. *Observation.* Les documents de la généalogie de l'abbé de Lépine, dont la source n'est pas indiquée, sont tirés des archives du Saint-Esprit à la bibliothèque de la rue Richelieu à Paris, autrefois bibliothèque du roi.

(3) « *G. de Cuinach, junior, pro adipiscenda æterna beatitudine et patris sui salute dedit deo XII nummos quos habere solebat in molendino de Dordonia : Testibus Hélia de salis, etc.* » extrait d'une ancienne copie d'un cartulaire de l'abbaye de Cadoin parmi les monuments de MM. Leydes et Prunis à la bibliothèque du roi.

(4) Le bienheureux Robert d'Arbrissel, fondateur du couvent de Fontevrault au douzième siècle.

(5) Cartulaire de Cadoin, fol. I voy. D. luc d'Achery, spicil. édit. in-folio tome III, page 475.

(6) On voit encore dans l'église de cette célèbre abbaye une dalle tumulaire sur laquelle sont incrustées les armes des Cugnac gironnées ainsi, et sur l'écusson est une épée qui le traverse. Notre blason se voit aussi sur plusieurs des vitraux de cette église. Cette abbaye possède l'insigne relique du saint suaire de N.-S. J.-C.

(7) Spicil, ibid. p. 476.

Ebrard de Madaillan fit, le 5, des ides de Mai 1124 à l'abbaye de Cadoin, d'une portion de terre qu'il avait à Auriol (1).

✕ Rigon de Cugnac, Bernard de Pedro Jactato et sa femme, Grimoard de Biron, Raymond et Guillaume de Bernard, ainsi que d'autres seigneurs forestiers cèderent à l'abbaye de Fontevrault tout ce qu'ils avaient dans les grands bois de Cadouin. Cette libéralité fut sanctionnée par la présence de Géraud de Limeuil, Grimoard de Agarroc et de Géraud de Nemours (2).

Il peut avoir eu pour fils :

Guillaume de Cugnac, *premier du nom*, autorisa de sa signature la donation que Guillaume de Biron, Aimeri, son frère, et Aiboline, leur mère, firent en 1147 à l'abbaye de Cadoin d'une terre appelée Peyras (3), il avait pour contemporain, peut-être pour frère :

Pons de Cugnac, *premier du nom* est rappelé dans une donation faite à l'abbaye de Cadoin, en 1167, par trois de ses fils (4), en présence de Grimoard de Loudat (de Lopdatz) chevalier et autres, ses enfants furent :

1° GUILLAUME, *deuxième du nom*, dont l'article suit :

2° GAUSBERT DE CUGNAC, dont le sort est ignoré :

3° PONS DE CUGNAC, fit une donation à l'abbaye de Cadoin entre 1154 et 1158, dans laquelle il rappelle Pons, son père, et en fit une autre, en 1167, avec Guillaume et Gausbert, ses frères.

4° GRIMOARD DE CUGNAC, fut père d'un autre Grimoard, qui est énoncé neveu de Pons dans un titre du cartulaire de Cadoin (5).

5° RAYMOND DE CUGNAC, moine de Cadoin, fit donation à cette abbaye du mas de *Jaganis*, entre les mains de l'abbé Pierre (entre 1166 et 1184) par le conseil de Guillaume de Cugnac, son frère, en présence de Raymond, prieur de Saint-Avit, et de Guillaume et Aimeri de Biron frères (6), fut présent avec Aldebert, frère du comte de Périgord, Auger de Puyagut, à une donation faite à Cadoin par Armand de Saint-Michel (7).

On présume qu'il est le même que Raymond de Cugnac prieur de Cadoin, lequel reçut au nom de son monastère le don qu'Henri de Gontaut lui fit, le 3 des nones de février 1189, (vieux style) (8).

On trouve dans le même temps :

GÉRAUD DE CUGNAC, qui fut témoin avec ARNAUD DE CUGNAC, son frère, d'une donation faite à Cadoin en 1167, par Grimoard, Gautier et Guillaume de Saint Germain (9) :

ARNAUD DE CUGNAC, chevalier, est connu par une donation que Arnaud et Olivier de Cugnac, ses fils, firent pour lui, lorsqu'il prit l'habit religieux à Cadoin (10).

(1) Cartulaire de Cadoin fol...
(2) Collection de Périgord. Vol. XXXVII. Fol. 221. Villevieille. Trésor généalogique. Vol. XXXIII. Fol. 241.
(3) Cartul. de Cadoin, fol...
(4) Ibid. fol. 55.
(5) Ibid. fol. 56.
(6) Ibid. fol. 53 et 59.
(7) Ibid. fol. 47.
(8) Cartul. cot. I, chart. 25 aux archives de Cadoin.
(9) Cart. de Cadoin fol. 53.
(10) Ibid. fol. 65.

ADÉMAR DE CUGNAC fut présent à l'acte où Géraud et P. de Ste Alvèze se déssaisirent en 1158 de 4 deniers de cens qui leur étaient dus par le mas de Suffoleriis (1).

Marie de Cugnac femme de Guillaume de Cugnac en 1122.

La filiation est suivie depuis :

I. **Guillaume de Cugnac**, *deuxième du nom*, *chevalier*, fit donation, en 1167, avec Gausbert et Pons, ses frères, à l'abbaye de Cadoin de la borderie de Larquilèse (2); fut témoin avec Adémar de Beynac des dons faits à cette abbaye par Guillaume et Aimeri de Biron frères, du consentement d'Aiboline leur mère, fit don à la même abbaye, par acte passé le huit des calendes de mars 1189 (vieux style) de tout le droit qu'il avait en la forêt de Cadoin (3), assista, le même jour, à la donation que leur fit Adémar de Beynac, est qualifié de chevalier dans un acte par lequel Algade, femme de Raymond de Puybeton, ratifia la donation que Pons de Cugnac avait faire à l'abbaye de Cadoin, du droit qu'il avait sur le mas de la Boarie, près Naussanes (4), souscrivit une charte de l'an 1207, par laquelle Martin Algais, seigneur de Bigaroque et de Biron, donna à la même abbaye le mas de la Barde situé devant Bigaroque (5), confirma en 1210 le don qu'Itier de Pestilhac fit à cette abbaye du mas de la Veigaria (6), lui fit don, lui-même, en 1211, entre les mains de l'abbé Constantin, d'un héritage nommé la Moleira, et de quatre sols de cens, en récompense desquels l'abbé lui donna un cheval du prix de trois cent sols et en outre quatre-vingt-dix sols (7), et vivait encore le 4 juillet 1222, suivant une donation qu'il fit le même jour à cette abbaye conjointement avec Marie de Cugnac, sa femme (8).

De ce mariage naquit :

HÉLIE, dont l'article suit (page 59).

On peut aussi mettre au nombre des enfants de Guillaume II :

GEOFFROI DE CUGNAC, qui fut le témoin d'une transaction passée en 1235, entre le prieur de Saint-Avit et l'abbé de Cadoin ;

AYMERY DE CUGNAC, qui fut au nombre des garants d'un accord fait, le 3 des Ides de mars en 1240 (vieux style), entre Guillaume de Biron et son fils, d'une part, et Pierre de Gontaut ;

✕ Et BERTRAND DE CUGNAC (9), qui prit la croix et fit partie de la troisième croisade commandée par Philippe-Auguste et Richard Cœur de Lion. Sa présence à cette croisade est prouvée par plusieurs chartes que je vais citer ici, et à cause de leur longueur, j'en ferai un article à part.

---

(1) Cartulaire de Cadoin. Périgord. Vol. XXXVII. Fol. 212r

(2) Ibid. fol. 55.

(3) Arch. de l'abb. de Cadoin, rouleau cot. I, chart. 26.

(4) Arch. de l'abb. de Cadoin, rouleau cot. I. chart. 26, extrait d'une copie produite au cab. du Saint-Esprit.

(5) Ibid. rouleau cot. I, chart. II.

(6) Copie ibid. produite en 1784 au cab. du Saint-Esprit.

(7) Cartul. de Cadoin, acte rappelé dans un autre de l'an 1276.

(8) Archives de Cadoin, fol. 17 recto.

(9) Le nom de Bertrand, chevalier croisé nous a été révélé, par une charte qui est entre les mains de la famille de Lestranges. Le comte Paul de Cugnac l'a vue au château de Saint-Maigrin (Charente).

CROISADES

+ (1) La famille de Cugnac posséde trois chartes des Croisades. A l'une d'elles est appendu le cachet aux armes de la maison de Cugnac.

Il faut observer, ici, que cet écusson n'est pas gironné comme l'écusson moderne. Les armes de presque toutes les anciennes familles, à commencer par celles de la maison de France, se sont modifiées comme l'orthographe de leurs noms, par l'usage du temps. Il est à croire que, lorsque la science du blason a été définie, suivant des régles plus précises, l'écusson des Cugnac qui pouvait être alors: de gueules à quatre coins de mire d'argent, ou à cinq coins, ou encore un gironné irrégulier d'argent et de gueules, est devenu un gironné régulier, qui, d'après la science héraldique, doit être composé de huit pièces.

Le cachet de cire conservé avec les chartes des Croisades, qui appartient au marquis de Cugnac de Fondelin, est gironné de dix pièces (voir n° 1). On ne sait comment, en faisant le musée des croisades de Versailles, on n'a adopté ni cet ancien écu, ni le moderne, mais un gironné à l'antique que j'ai reproduit ici (voir n° 2), page suivante.

Il faut remarquer ici qu'il existe encore une autre divergence. Il paraît que les branches de Giversac et du Bourdet portèrent, comme on le voit par d'anciens cachets gravés, un blason ainsi dessiné (voir le n° 3), ce qui est plus exactement: gironné de gueules et d'argent (si cela pouvait se dire), que gironné d'argent et de gueules, comme ils l'énoncent dans la généalogie. La branche des Dampierre portait conforme à l'énoncé : gironné d'argent et de gueules (voir n° 4), ainsi qu'il résulte de livres du temps, tel que le Père Anselme, le Mercure de l'Orléanais de 1720, colorié, et d'anciens portraits. On peut citer encore: L'armorial des principales maisons et familles du royaume, particulièrement de celles de Paris, tome I, page 119, par M. Dubuisson, publié en 1757. On y lit: « De Cugnac, seigneurs du Bourdet et de Dampierre; gironné d'argent et de gueules de huit pièces ». A côté est un dessin de l'écusson ainsi fait (voir le n° 4) portant le n° 317. Les preuves de page de Gaspard de Cugnac du Bourdet, qui sont à la bibliothèque nationale, sont surmontées d'un dessin de l'écusson, fait comme le n° 4. Nous avons vu page (47), par l'écusson conservé dans l'église de Cadoin, que nos ancêtres, vers 1200, portaient leurs armes blasonnées comme au n° 3. Il est très admissible que cette divergence soit le résultat d'une erreur de graveur ou de sculpteur, et il est bon d'ajouter que l'erreur était d'autant plus facile que ces deux gironnés doivent s'énoncer d'après les régles de la même manière, car on doit toujours commencer par nommer le métal.

(1) Je rappelle que le signe + indique la copie de la généalogie de l'abbé de Lépine et le signe × les documents qui ont été ajoutés.

DIVERS ÉCUSSONS

PORTÉS PAR

LA FAMILLE DE CUGNAC

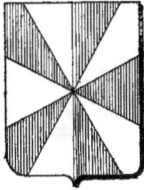

1

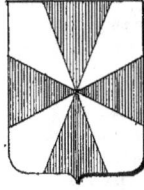

2

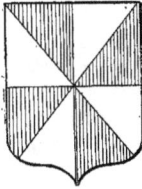

3

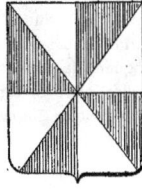

4

CHARTES DES CROISADES

Je reviens maintenant aux chartes des Croisades dont je vais donner ici la copie et la traduction. Elles sont écrites en écriture du temps qui n'est lisible que pour ceux qui sont instruits dans cette science spéciale.

La famille en possède trois.

PREMIÈRE CHARTE

Cette charte a été reconnue authentique par la Commission d'examen des titres des Croisades pour le musée de Versailles et en conséquence le nom et les armes des Cugnac ont été placés dans la deuxième salle des Croisades de ce musée. Elle a été traduite par Royer, auteur de la noblesse de France aux Croisades. D'après une charte des Croisades de la même époque, appartenant à la famille de Lestranges, B. de Cugnac serait Bertrand de Cugnac.

Ego, B. de Cugnac, miles, notum facio universis presentes litteras inspecturis quod ego, ergà Tormabellum Spinelli et socios suos, januenses cives, constitui me plegium in centum libras turonenses pro carissmis dominis Jordanno de Abzaco et Jehanne de Chaunaco, ita quod si prædictæ quantitatis solutioni dicti domini terminis per eos præfixis deficerint ; ego loco ipsorum, dictas centum libras reddere tenerer et ad hoc bona mea obligo, in cujus rei testimonium præsentes litteras sigilli mei numinisse roborari.

Actum apud Tyrum anno Domini M̊C̊XC̊II, mense maii, (au dos est écrit d'une écriture moderne) Sicurta Spinelli x x i x y.

Scellé sur queue de parchemin et en cire jaune d'un écu gironné de dix pièces.

Copié, collectionné et certifié conforme à l'original sur parchemin, appartenant à M. le marquis Ludovic de Cugnac, par moi soussigné archiviste paléographe.

(Par arrêté du ministre de l'Instruction publique, en date du 27 février 1837.)

Signé : Jules QUICHERAT.

Vu par nous Maire du XII⁰ arrondissement, pour légalisation de la signature de M. Jules Quicherat, archiviste paléographe, ci—dessus rapportée.

Paris le 26 juillet 1842.

Signé : DE LANNAU.

TRADUCTION

A tous ceux, qui ces présentes verront, moi, B. de Cugnac, chevalier, je fais savoir qu'envers Tarnabell Spinelli et ses associés, citoyens de Gênes, je me suis constitué garant de la somme de cent livres tournois pour très chers seigneurs Jourdain d'Abzac et Jean de Chaunac, en sorte que, si les dits seigneur manquaient au paiement de la dite somme, aux termes fixés par eux, je serais tenu de la payer en leurs lieu et place, à cet effet, j'engage mes biens.

En foi de quoi, j'ai apposé mon sceau sur les présentes lettres.

Fait à Tyr, au mois de mai, l'an du Seigneur 1192.

DEUXIÈME CHARTE

Cette charte a été transcrite et traduite par M. Martial Delpit, archiviste paléographe. Elle appatient au marquis de Cugnac d'Epannes ; deux mots n'ont pas été déchiffrés. N° 540.

In presentia testium subscriptorum N. Elias de Sallinaco confessus est recepisse a me T. Spinelli et pro sociis nostris ag.... L libras turonenses pro parte sua. C librarum S....N. El de Ponte istud tradet et ex nunc in antea reddet quarum L librarum de X contentus est et reliquas hahebit quando litteras suas patentes signatus in solidum consan.... A. V. de Gontaldo mihi tradiderit. In cujus rei testimonium A. A, E, Signo Suo se subscripsit.

Testes : S. B. de Cunaco. H. de Monsaco. I. de Carino. Br de Sio. Actum apud Tyrum anno Domini, M C̊ XC̊II Mense Maii.

TRADUCTION

En présence des témoins dénommés ci−dessous, N. Hélie de Salignac a reconnu avoir reçu en prèt de moi, T. Spinelli, agissant au nom de nos associés, cinquante livres tournois pour sa part et cent livres tournois reçues solidairement par lui et N. Elias de Pont, et remboursables de la prochaine fête de la Toussaint en un an. Sur lesquelles cinquante ivres il s'est contenté de dix et recevra le reste, quand il nous délivrera ses lettres patentes signées avec la garantie de A. V. de Gontaut.

En témoignage de quoi A. A. E. a signé de sceau ou seing.   X.

Témoins : S. B. de Cugnac. H. de Mansac. J. de Carino. B. de Syo. Fait auprès de Myr, l'an du Seigneur 1192.

TROISIÈME CHARTE

Cette charte a été transcrite et traduite par M. Delpit. Elle appartient à M. Albert de Badts de Cugnac, et j'en possède une copie notariée.

In presentia testium subscriptorum N. Bego de Melleto, confessus est recepisse à me T. Spinelli C.... pro sociis nostris ag. LXX libras turonenses pro parte sua CXX librarum turonenses S... N. B. Fulcandi istud tradit et ex nunc in antea reddit quarum LXX librarum de XV contentus est et reliquas recipiet quando litteras suas patentes signatus in solidum D. N. de Cavermonte mihi tradiderit, cujus rei testimonium A. B. se suscripsit.

Testes : S. D. B. de Cunaco. P. de Sageraco. L. Peroni auf Calvai. Actum apud Tyrum M̊. D̊. CXI̊I Mense Maii.

En présence des témoins dénommés ci-dessus, B. de Mellet a reconnu avoir reçu en
prêt de moi, Spinelli, agissant au nom de mes associés, soixante-dix livres tournois pour
sa part et cent-vingt livres tournois reçues solidairement par lui et N. B. Firelcandi et
remboursables de la prochaine fête de la Toussaint en un an, sur lesquelles soixante-dix
livres, il s'est contenté de quinze livres et il recevra le reste, quand il nous délivrera ses
lettres patentes , avec la garantie de Nompir de Conamonte (Caumont) en témoignage de
quoi, il a signé de son seing .

Sont témoins : S. D. B. de Cugnac, R. de Sageraz, L. Peroni ou Calvi. Fait à Tyr l'an
du Seigneur 1192. Au mois de mai.

MUSÉE DE VERSAILLES

Après avoir fait le musée de Versailles, le roi Louis-Philippe fit publier un livre intitulé : *Galeries historiques du Palais de Versailles* qui est la description officielle du musée.

On y lit : Tome VI, deuxième partie, page 161, au dessous d'un écusson semblable à l'écusson numéro 2 (page 52).

B. de Cugnac

B. de Cugnac qui se porte garant de la somme de cent livres tournois empruntée à un marchand de Gênes par Jean de Chaunac et Jourdain d'Abzac avait pour armes : Gironné d'argent et de gueules de huit pièces, ainsi que le porte son sceau en cire jaune appendu à l'acte de garantie.

SCEAU DE L'ABBAYE DE PEREIO

C'est aussi vers cette époque qu'il faut placer un ancien sceau de l'abbaye de Pereio retrouvé par un historiographe du Périgord et dont il m'a donné une empreinte en cire. Ce sceau se compose d'un écusson chargé de trois ombres de soleil posées 2 et 1, surmonté d'un poirier pour Cimier, ce qui est une allusion au nom de Pereio. Les deux supports sont des lions qui portent un écusson aux armes de la maison de Cugnac, ce qui indique que les seigneurs de Cugnac étaient protecteurs de l'abbaye dont relevait Pereio. Cet écusson est gironné de dix pièces.

Autour du sceau est écrit : S. *(Sigillum)* Castellanio de Pereio ad contractum. Ce qui veut dire : Sceau aux contrats de la châtellenie de Pereio.

CONTINUATION DE LA GÉNÉALOGIE

II. + **Hélie de Cugnac**, *damoiseau*, confirma, le 4 décembre 1276, une donation que défunts Guillaume de Cugnac et Marie de Cugnac, ses père et mère, avaient faite, le 4 juillet 1222, à l'abbaye de Cadoin et aux moines d'Aillac. On ignore la date de sa mort, mais il paraît qu'il avait cessé de vivre en 1281. On juge par le rapprochement des temps et des lieux qu'il eut pour enfants :

1° GUILLAUME dont l'article suit.

2° RAIMOND DE CUGNAC, *chevalier*, ne prenait encore que le titre de damoiseau, lorsque Guillaume de Cugnac, son frère et lui, firent un accord en 1281 avec l'abbé de Cadoin et le prieur de Saint-Avit. Il fut choisi en 1287 avec Gaillard de Beynac, chevalier, pour arbitre d'un différend élevé entre Vital et Hélie de Fages, damoiseaux. Il prend encore la qualité de *damoiseau de la paroisse de Cabans*, dans une reconnaissance consentie en sa faveur, le samedi avant la fête de la Nativité de la Vierge, 1307, pour un tènement appelé la Tolsanie, situé dans la paroisse de Fongalo ; fit en 1311, conjointement avec Guillaume de Cugnac, damoiseau, un échange avec l'abbaye de Cadoin, de diverses rentes en la paroisse de Cabans ; enfin, il reçut après la fête de la Purification de la Vierge, 1317 (v. st.), l'aveu d'Étienne de Falgayrac et de Raymonde de Vic, sa femme, pour une portion du port de la rivière de la Dordogne, appelé de Vic que ces derniers tenaient de lui, sous le devoir de neuf deniers de cens et autant d'acapte. On ignore s'il fut marié. Il se trouvait aux noces de Pierre de Gontaut et de Marguerite de Born, issue de même estoc que le célèbre troubadour, la cérémonie nuptiale fut célébrée en septembre 1303, la veille de la Saint-Michel (1).

3° B. (BERNARD OU BERTRAND) DE CUGNAC fut présent à un acte de 1285. La filiation est littéralement prouvée depuis.

III. **Guillaume de Cugnac**, *troisième du nom, damoiseau, seigneur de Cugnac*, fut au nombre des seigneurs qui firent un accord, le dimanche, jour de la fête de la Saint-Barthélemy apôtre en 1281, avec l'abbé de Cadoin et le prieur de Saint-Avit. Il prend dans cet acte la qualité de donzel et stipule, tant pour lui que pour Raimond de Cugnac, son frère (2), fut présent avec B. de Cugnac à une vente faite en 1285, par Jean de Pasdelop, en faveur de Jean Gloria, de deux senterrées de terre, situées dans la paroisse de Cabans ; racheta en 1298 cent sols de rente dus dans les paroisses de Siorac et de Cussac, qu'il avait vendue précédemment à Hélis de Cugnac, sa fille, femme de noble Raoul Vigier ; enfin, il se rendit pleige de la constitution

(1) Ville vieille. Trésor généalogique. Vol. XXXIII. Fol. 140.
(2) Titre orig. aux archives de l'abbaye de Cadoin.

dotale que Gaston de Gontaut, seigneur de Badefol, fit en 1303 à Faïs sa fille, en la mariant à noble homme Raymond de Montaut, seigneur de Mussidan (1). On ne connaît pas la date de sa mort, mais il paraît qu'il ne vivait plus en 1308. Ses enfants furent :

1° GUILLAUME dont l'article suit:

2° RAIMOND DE CUGNAC, *prieur de Concorès* en 1312.

3° BERTRANDE DE CUGNAC, mariée avant l'an 1297, à Henri de Malefaye, damoiseau de Sainte-Croix, près de Mont-Ferrand.

4° HÉLIS DE CUGNAC avait épousé avant 1298 noble Raoul Vigier.

5° SOUVERAINE DE CUGNAC, femme avant 1308, de noble Pons de Siorac.

6° SOBRIÈRE DE CUGNAC, alliée avant 1308, à Gaillard de Pons, fils d'Hélie de Pons, damoiseau de Siorac.

✕ On peut encore lui donner pour enfant : JOURDAIN DE CUGNAC, qui vivait en 1298, comme l'indique une obligation passée en la sénéchaussée de Toulouse, pour équipages et harnais à lui livrés, pendant qu'il était à l'armée du roi de France, Philippe IV. Cette obligation est dans le cabinet de M. de Magny, archiviste à Paris. (Voir aux archives d'Épannes, n° 28, le catalogue et la lettre de M. de Magny.)

IV. ✛ **Guillaume de Cugnac,** *quatrième du nom, chevalier, seigneur de Cugnac,* reçut en 1308, la quittance que Souveraine et Sobrière, ses sœurs, lui donnèrent pour leurs droits légitimes qui s'élevaient, pour chacune, à la somme de neuf mille sols ; consentit à une donation passée le 12 mars 1308 (v. st.), avec les officiers de l'Archevêque de Bordeaux, par laquelle tout le tènement de la Roque-Taillade lui demeura ; passa un acte avec Séguin de Siorac, en 1309 ; fit en 1311, conjointement avec Raymond de Cugnac, damoiseau, en échange avec l'abbaye de Cadoin, de diverses rentes assises dans la paroisse de Cabans ; prenait encore le titre de *damoiseau de la paroisse de Cabans* dans un acte qu'il y passa en 1312 avec Laurent de Chanteloup, sénéchal de l'Archevêque de Bordeaux, mais il se qualifiait déjà *chevalier* en 1323, comme on le voit, par une sentence rendue le vendredi avant la Saint-Barnabé de cette année, entre lui, les fondés de pouvoir de Pierre de Conques, abbé de Cadoin et l'Archevêque de Bordeaux, touchant les lépreux Bigaroque ; reçut une reconnaissance qu'Hélie de Puchagut, de la paroisse de Paleyrac, leur fit le jeudi après la fête de Saint-Blaise 1323 (v. st.), à raison d'une terre située dans la paroisse de Durval, que le dit Hélie reconnut tenir de lui en *cens et fief lige* ; il en reçut une autre, la même année, de Guillem de Vic, pour le mas de Vic, situé dans la paroisse de Saint-Chamassy ; enfin, il lui en fut fait une autre pour une terre située dans la paroisse de Sendrieux, en présence de Guillaume d'Abzac, damoiseau de la paroisse de Cabans. Il est mentionné dans une quittance donnée le Vendredi-Saint de l'année 1329, par Armand de Lochefroide, procureur de l'Archevêque de Bordeaux, à Grimaud de Bretenoux du droit *commun* dû par les habitants des paroisses de Campagne, Lussac, Mauzem, Lecoux, Saint-Chamassy, Bigaroque et Cabans. *Excepté,* est-il dit, *des hommes qui sont du seigneur Guillaume de Cugnac.* La même année, Pons de Limmeuil, damoiseau, lui fit don d'une rente assise sur une vigne et une terre au mas de Palelles, en récompense d'une autre rente due sur un jardin situé à

(1) Archives de la maison de Gontaut Saint-Géniez.

Las Condaminés; reçut en 1332, une reconnaissance de Jean de la Croix, pour une terre située dans la paroisse de Cussac, et mourut vers l'an 1336. Il avait épousé demoiselle Guillemette de Roffillac, laquelle était veuve en 1336 et tutrice de Pierre, son fils, suivant un acte de cette année. Il eut de ce mariage entre autres enfants :

1° PIERRE dont l'article suit.

2° BERNARD DE CUGNAC, *auteur de la branche de Belvès et de Saint–Avit, dont on présume qu'est sortie celle des marquis de Dampierre.*

3° HENRI DE CUGNAC, bachelier-ez-lois, prieur de Saint–Avit–Senieur, dès l'an 1355, recteur de l'église paroissiale de Saint-Chamassy, chanoine de Cahors et chapelain du cardinal de Périgord ; fut présent, en 1349, au contrat de mariage de Pierre, son frère, se démit en 1357, de la cure de Saint–Chamassy, qui fut confiée le 1er février de la même année, à Hélie de Portafé, fut du nombre des seigneurs qui, le 18 mai 1361, se rendirent caution de la dot de Gaillarde de Pradelle, mariée à Dorde de Limmeuil, seigneur de Saint–Alvère ; fut nommé le 21 novembre 1362, à un canonicat de l'église de Cahors, par le pape Urbain V, en considération du Cardinal de Périgord, dont il était chapelain ; enfin, il se démit de son prieuré de Saint–Avit en 1375.

4° MARGUERITE DE CUGNAC, femme de noble Hélie de Puygirat, de Rampion, donna quittance en 1323 à Guillaume, son frère, de la somme de cent livres d'une part et de cinq mille sols de l'autre, qui lui avait été constituée pour sa dot.

Elle contracta une seconde alliance avec Bertrand de Portafé (ou Portefoy), chevalier, dont elle était veuve en 1363, suivant une donation qu'elle fit à Jean de Cugnac, son neveu.

5° DAUPHINE DE CUGNAC, mariée avant 1323, à Pierre de Campuhac, damoiseau de Mont–Clar.

6° PLAISANCE DE CUGNAC avait épousé en 1328, noble Bernard de Vegrines, seigneur de la Borde, près du Bugue en Périgord, fils de Bernard de Vegrines, damoiseau, et de Peyronne ou Pétronille de la Barde.

7° GUILLEMETTE DE CUGNAC, mariée en 1329 à Guillaume de Bar, de Sarlat.

On peut encore mettre au nombre de ses enfants :

BERTRAND DE CUGNAC, religieux au monastère de Sarlat, qui fut pourvu le 9 novembre 1359, par le pape Innocent VI, du prieuré de Couse (de Cosâ) au diocèse de Sarlat, vacant par la mort de Boniface de Bonald.

Guillaume IV de Cugnac avait pour contemporains et probablement pour proches parents :

GUILLAUME (v. v.) DE CUGNAC, *damoiseau,* habitant de la paroisse de Saint-Léon, qui fit, en 1367, conjointement avec Armande et Athélis de Cugnac (probablement ses sœurs, la première, femme d'Adémar de la Marche, de la paroisse de Saint–Désir (ou Saint–Disier) et la seconde, de Bernard de Peyrelevade, du lieu de Beaumont), une donation rémunératrice à Étienne Syro, pour services rendus. (Arch. de l'évêché de Sarlat.)

V. **Pierre de Cugnac,** *damoiseau de la paroisse de Cabans, seigneur de Cugnac,* partagea en 1361 (1), avec Bernard, son frère, les biens provenant de la succession de

(1) Ce partage est cité dans un vieil inventaire des archives du château de Cugnac, il est d'ailleurs rappelé dans un hommage rendu le 28 Janvier 1613 à nobles François de Malleville et Anne de Cugnac sa femme, par

Guillaume, leur père, qui, sans doute, était mort sans avoir fait de testament. Cette succession consistait, suivant d'anciens mémoires domestiques, en cent vingt juridictions (1), fiefs et tènements avec les honneurs ou droits honorifiques des églises et deux cents vassaux, ce qui suppose une fortune immense. Il prit part ainsi que tous ses frères aux funestes divisions qui éclatèrent au milieu de ce siècle entre les seigneurs de Beynac, de Comarque et de Thémine, d'une part et le seigneur de Castelnau de l'autre. Ces seigneurs, après s'être fait entre eux, une guerre sanglante, dans laquelle ils engagèrent leurs parents et leurs amis, consentirent à suspendre leurs hostilités par une trève qui fut conclue entre les parties belligérantes et signée à Limmeuil, le 22 novembre 1354, par Jean de Gallard, seigneur de Limmeuil, et Hélie de Pomiers, seigneur d'Aubenas, qui furent choisis pour médiateurs (2). Il était capitaine de la ville de Périgueux en 1358 (3), transigea le pénultième de 1360, avec Séguin de Gontaut, seigneur de Badefol, son beau père, au sujet de la somme de 1250 livres que ce dernier avait constituée en dot, à Dauphine de Gontaut, sa fille. Il fut stipulé par cet accord que Dauphine en rapportant sa dot pourra entrer en partage de la succession paternelle avec ses frères, et qu'à défaut de la ligne légitime de ceux-ci, elle succèdera aux biens de Séguin, son père, à quoi consentirent Pierre et Gaston, fils du même Séguin. Il arrenta, le vendredi avant la fête des Rameaux 1336 (v. st.), à Etienne Borel de la paroisse de Peyrac, un mas appelé *del Pommier*, assis en la paroisse de Cabans, sous le devoir de différents cens, et de la taille aux quatre cas, et ne vivait plus le 23 août 1371, suivant le testament de Séguin de Gontaut (4). Il avait épousé par contrat passé le jeudi après la fête de l'Annonciation de la Vierge, de 1349, dans lequel il rappelle feu Guillaume de Cugnac, chevalier de la paroisse de Cabans, son père, demoiselle Dauphine ou Delphine de Gontaut, fille de Séguin de Gontaut, seigneur de Badefol et de dame Marguerite de Bérail, qui lui constituèrent en dot la somme de mille livres, monnaie de Périgord et 250 livres pour acquérir des rentes avec promesse de fournir caution au dire de Henri de Cugnac, frère du futur époux.

De ce mariage sont issus :

1° PIERRE DE CUGNAC, qui donna par acte passé à Toulouse le 11 mars 1395 (v. st.) à Bertrand, abbé de Cadoin, tout le droit qu'il avait sur les dîmes de la paroisse de Cabans, pour la fondation et la dotation d'une chapelle pour le service de laquelle il devait être célébré chaque année deux messes solennelles, l'une le 14 juin et l'autre le 5 novembre (5). Il ne vivait plus en 1396 et paraît être mort sans postérité.

noble Antoine de Mouzic, sieur d'Espinies ; comme il était écrit en vieux langage périgourdin, presque inintelligible, il fut traduit en français dans le seizième siècle par les sieurs de Bailfleur et de Vinet, docteurs, régents à Bordeaux en vertu d'une commission donnée par un arrêt de la cour du Parlement de cette ville sur un mû entre le cardinal de Sourdis et François de Malleville.

(1) Suivant d'autres mémoires, le nombre de ces juridictions n'était que de 60, ce qui est encore bien considérable. On ajoute qu'elles étaient partagées par la rivière la Dordogne.

(2) Titres orig. aux archives du château de Beynac.

(3) Vol. 30 du Saint-Esprit.

(4) Séguin de Gontaut fit un codicille par lequel il ratifia, le 24 août 1371, la transaction qu'il avait faite avec son gendre en 1360 ; légua trois cent cinquante livres, à Dauphine dame de Cugnac, sa fille et ordonna que les enfants de cette dernière succédassent aux siens propres, dans le cas, où ceux-ci viendraient à mourir sans hoirs légitimes.

(5) Obituaire de l'abbaye de Cadoin. L'aînesse de Pierre de Cugnac n'est ici que présumée ; n'étant fondée sur aucun monument authentique.

2° JEAN dont l'article suit ;

3° HENRI DE CUGNAC, *auteur de la branche de Caussade, dont sont issus les marquis du Bourdet ;*

4° N. DE CUGNAC, mariée à noble N. de Verdon. Elle est rappelée dans une transaction passée le 12 novembre 1461 entre noble Gaston de Verdon son petit-fils et nobles Armand-Raimond de Saintours et Louise de Cugnac, sa femme.

VI. **Jean de Cugnac,** *premier du nom, écuyer, seigneur de Cugnac,* reçut le samedi avant la fête de Saint-Martin 1394, la reconnaissance de deux terres situées dans la paroisse de Cabans ; transigea le 2 mai 1396 avec Pierre de Gontaut, damoiseau, son cousin, sur un procès, qu'ils avaient entre eux, au sujet du château et de la seigneurie de Badefol. Jean de Cugnac prétendait avoir droit à cette seigneurie, à cause de Dauphine de Gontaut, sa mère, et en vertu du contrat de mariage de feu Pierre de Cugnac, son père et des transactions et codicilles passés par feu Séguin de Gontaut, seigneur de Badefol son aïeul maternel : il fut réglé par des arbitres, entre lesquels est nommé le seigneur de Biron : que les châteaux et terre de Badefol appartiendraient à Pierre de Gontaut d'une manière précaire, en sorte que, si ce dernier venait à mourir sans enfants, sa succession reviendrait à Jean de Cugnac et à sa famille. Il fut présent à un accord passé le 5 août 1398 entre Nompar de Caumont et Bérard d'Albret ; reçut le mercredi après la fête de Sainte-Catherine 1404 un aveu de Robert Blanus habitant de la paroisse de Saint-Pierre de Cabans, lequel reconnut par cet acte, *être son homme, selon les coutumes du château et chatellenie de Bigaroque,* et tenir de lui en fief, sous certaines redevances, une pièce de terre située dans la même paroisse ; fut témoin avec Jean de Valens, écuyer, Armand de Fayolle de Clermond et Jean de Chaumont-de-Monclar de la donation qu'Adémar d'Abzac, seigneur de la Douze, fit, le 4 août 1414, à Bertrand d'Abzac, écuyer, son fils. Jean de Cugnac tenait alors le parti des Anglais, et lui resta attaché toute sa vie. Après la mort de Pierre de Gontaut, son oncle à la mode de Bretagne, arrivée sur la fin de l'année 1422 (1), il se porta pour son plus proche héritier, comme fils de Dauphine de Gontaut, tante de Pierre ; il s'empara du château de Badefol qui avait été ruiné quelques années auparavant par le comte de Clermont, le répara et l'occupa un peu plus de deux ans, puis il le céda à Tristan d'Abzac son neveu pour le prix de trois cents écus d'or. Il fit avec celui-ci plusieurs autres conventions, par l'une desquelles il lui céda pour la somme de mille écus le lieu et le château de Clarens en Périgord, qu'il s'était engagé de remettre de suite entre les mains du comte d'Armagnac, et qu'il avait livré à Bernard de Peyranenc (2), fit donation le 6 juin 1431 à Richard de Gontaut, écuyer, capitaine, du château de Montignac, *de toute la terre, châtellenie, seigneurie et baronie de Badefol, près de Limmeuil, en Périgord, voulant,* dit-il, *reconnaître, du moins en partie les grands et importants services qu'il avait reçus de lui.* Cet acte fut passé à Montignac, en présence de Guillaume Cotet, seigneur de la Peuchenarie, d'Hélie de Royère, de Jean de la Servantie et de Raoul de Saint–Clar. Enfin, il fit son testament le 27 août 1435 (3), par lequel il ordonna que son corps fût inhumé dans le monastère de Cadoin, dans les tombeaux de ses parents ; légua douze

(1) Arch. de M. le comte de Gontaut de Saint-Géniez.

(2) Ibid, enquête de 1458, etc.

(3) L'original de ce testament était conservé avant la Révolution dans les archives du château de Feyrac-sur-Dordogne ; il en existe un extrait à la bibliothèque du roi, parmi les manuscrits de MM. Leydet et Prunis.

ardits à chaque prêtre qui assistera à son enterrement ; nomma exécuteur de ses dernières volontés Bertrand de la Cropte, évêque de Sarlat, noble Bertrand d'Abzac et Jean de la Cropte ; institua Louise de Cugnac, sa fille aînée, son héritière universelle, à l'exclusion de Rigon de Cugnac, son fils, qu'il réduisit à une simple légitime (1) et mourut la même année ou l'année suivante, comme il paraît par un hommage rendu le 10 novembre 1436 à Jeanne de Comarque sa veuve, par Pierre de La Gleyse de Monsac, héritier de Marie de Serval. Il avait épousé demoiselle Jeanne de Comarque, fille de Raymond de Comarque, damoiseau, laquelle étant veuve se remaria à noble Jean de Saintours, homme d'armes, capitaine du château de Courbafy, en Limousin. Elle devint veuve pour la seconde fois vers l'an 1456 et passa des actes en 1462, 1475 et 1486, dans lesquels elle prend le titre de dame de la Bourlie (2). Elle eut de son premier mari les enfants suivants :

1° RIGON dont l'article suit ;

2° LOUISE DE CUGNAC, instituée héritière universelle par le testament de son père du 27 août 1435, porta les terres de Cugnac, Saint–Avit, Bouillac, la Sauvetat à noble Renaud-Raimond de Saintours, son mari, fils de Jean de Saintours second mari de Jeanne de Comarque sa mère (3) et fit son testament en 1483.

3° PEYRONNE DE CUGNAC, mariée avant l'an 1462 à Gadiffer ou Gadeffe de Carrières, habitant de Molières, qui vivait encore en 1476.

4° ISABEAU DE CUGNAC, épouse en 1456 noble Pierre de Bosredon.

(1) Jean de Cugnac était un zélé partisan des Anglais, il déshérita son fils sous prétexte qu'il servait dans les armées du roi Charles VII, imitant, en cela, la conduite injuste de Pierre de Gontaut, seigneur de Badefol, son cousin qui, sous un semblable prétexte priva de sa succession Richard, son fils, en 1422.

(2) Jeanne de Comarque était déjà veuve de Jean de Saintours, lorsque, le 10 mai 1459, elle rendit hommage à Blaise, archevêque de Bordeaux pour le repaire de le Bourlie dont elle avait hérité, dit-elle, de noble *Boniface*, (Bonafos) et *Jean de Biron*, par le canal de Jean de Cugnac son mari. Elle vivait encore, fort âgée le 20 janvier 1486. (v. st.)

(3) Arnaud-Raimond de Saintours, écuyer né en 1423, avait pour sœur Marguerite mariée le pénultième novembre 1476 à Isarn de Carrières de La Mothe-Montravel ; il laissa de Louise de Cugnac, sa femme, qui vivait encore en 1476 un fils nommé Pierre et cinq filles mariées.

Pierre de Saintours, seigneur de Cugnac et panetier de Louis duc d'Orléans, depuis roi de France sous le nom de Louis XII, gouverneur pour le roi de Saint-Denis et du Pont-de-Cé, épousa en 1486 Marguerite de Lagut de Mussidan qui le rendit père de :

Jean de Saintours, seigneur de Cugnac, etc., épousa en 151? Marie de la Cassagne ou Chassagne dont il eut :

1° Denis de Saintours gentilhomme de la chambre du roi, chevalier de son ordre, capitaine du château de Hâ à Bordeaux, mort en 1571, sans enfants d'Anne de Macanan-de-Sallegourde qu'il avait épousée en 1555.

2° François qui suit et cinq filles.

François de Saintours, seigneur de Cugnac, épouse Hélis Vigier de Ségonzac et décéda en 1592, laissant :

1° Bertrand assassiné en 1605.

2° Anne de Saintours mariée à François de Malleville, écuyer, seigneur de Merlanes auquel elle porta la terre de Cugnac.

BRANCHE DE GIVERSAC OU GIVERZAC

VII. **Rigon de Cugnac**, *damoiseau*, se voyant si injustement frustré de l'héritage de ses pères et réduit à une simple légitime par le testament de son père, du 27 avril 1435, se retira à son retour de l'armée dans la petite ville de Domme, en Périgord, et y passa le reste de ses jours. Il assista comme témoin le 23 janvier 1447 (v. st.) à un bail à ferme que Richard de Gontaut, co-seigneur de Saint–Géniez, fit au nom et comme procureur de noble Jeanne de Salignac sa femme à un particulier nommé *Jean Planchart*, des herbages des lieux de Saint–Martial et de Montagut, au diocèse de Sarlat ; reçut le 15 novembre 1451 une procuration d'Hélène de la Rivière, sa femme et autorisa cette dame le 23 mars 1452 à vendre à Guillaume de Pouget *(de Pogeto)* homme de loi, le moulin de Giversac, situé sur la rivière *del cex*, en la paroisse de Sénac ; fut présent à un bail à cens, que noble Jean de Cugnac, fit le 4 août de la même année, à Guillaume Fayard, d'un mas ou tènement appelé de Calmon, situé dans la paroisse de Daglan, et ne vivait plus le 30 juillet 1461. Il mourut à Domme, suivant le testament de sa femme, et fut enterré dans l'église de Notre–Dame du même lieu. Il avait épousé avant l'année 1451, demoiselle Hélène de la Rivière *(de la Ribieyra ou de Riperia)* qui lui survécut plusieurs années et fit son testament à Domme le 5 août 1471, par lequel, elle demanda d'être inhumée près de son mari, en l'église de Notre–Dame de ce lieu devant l'autel de Sainte Marie–Madeleine ; fit plusieurs legs pieux, et fonda un anniversaire dans la même église. De son mariage provint :

JEAN dont l'article suit ;

Rigon de Cugnac peut avoir eu pour second fils :

PONS DE CUGNAC, *habitant du Mont–de–Dôme*, qui fut présent à un acte d'appel, fait le 19 mai 1462, au sénéchal de Périgord, par Jeanne de Comarque, veuve de noble Jean de Saintours, seigneur de la Bourlie.

VIII. **Jean de Cugnac**, *deuxième du nom, écuyer, seigneur de Giversac*, habitant de la ville de Domme, était déjà majeur le 30 juillet 1461 (né par conséquent vers 1436) suivant un acte de vente qu'il fit le même jour, conjointement avec sa mère, en faveur de Pierre de Corrège, prêtre, d'une rente en blé, mesure de Domme, qu'ils assignèrent sur leur borie, *del Coderc*, située dans la paroisse de Daglan. Il donna ensuite, de concert avec sa mère, à perpétuel emphitéose, le 25 mars 1461. (v. st.) à Jean Baran, de Domme, une vigne située au territoire de *Costa Arno*, dans la paroisse de Sainte-Catherine de Lastroa ; passa plusieurs autres actes en société avec cette dame ; ils firent entre autres en commun l'acense de la borie de Giversac, située dans la paroisse de Saint-Fronton de Brusc, juridiction du Consulat de Domme le 11 avril 1462. Il fut présent à une transaction passée le 9 janvier 1465 (v. st.) entre Richard de Gontaut, seigneur de Badefol, et Arnaud-Raimond de Saintours, seigneur de Cugnac ; céda le 30 juillet 1470, à l'évêque de Sarlat, une rente que ce dernier lui devait, à raison d'un pré qu'il avait acquis de Gaillard-le-Combe situé dans la paroisse de Saint-Fronton-de-Brusc, au lieu appelé *del port-vielh*. Sa mère, l'institua héritier universel par son testament du 5 août 1471. Il racheta le 28 novembre 1474 une rente de quatre cartons de froment qu'il avait vendue le 30 juillet 1461 à Pierre-Corrége, prêtre, du diocèse de Toulouse (1). On ignore la date de sa mort, mais il paraît qu'il avait cessé de vivre en 1487, puisque ses enfants étaient alors sous la tutelle de Marguerite de La Roque, sa veuve et de Martial de La Roque son beau-frère. Il avait épousé par contrat passé au lieu de Saint-Pompon en la maison ou hôtel de La Roque, le 28 mai 1464, noble Marguerite de La Roque, fille de nobles Laurent dit *del Puchdiou* et Marguerite de La Roque et sœur de Martial de La Roque, seigneur de Saint-Pompon. *(Vulgairement Saint-Pleinpont.)* De ce mariage sont issus :

1° LAURENT DE CUGNAC fit un accord de concert avec Jacques son frère, le 30 janvier 1500 (v. st.)

2° JACQUES dont l'article suit ;

3° MARTIAL DE CUGNAC est rappelé dans l'accord passé entre ses deux frères aînés, le 30 janvier 1500.

4° MARGUERITE DE CUGNAC fut mariée à Antoine Colon de La Nercautière, au diocèse de Cahors.

5° HÉLÈNE DE CUGNAC épousa Guillaume *Julia*, habitant du repaire de Sales, en la paroisse de *Bensac*, au diocèse de Sarlat.

IX. **Jacques de Cugnac**, *écuyer, seigneur de Giversac*, uni à Laurent de Cugnac, son frère et fondé de pouvoirs de Martial, son autre frère. Il fit, le 30 janvier 1500 (v. st.), avec Guillaume *del Telh* de Domme, un accord par lequel il prorogea, en sa faveur, un terme de rachat. Il servait en 1503 sous le commandement du seigneur d'Albret et était un des cent archers de la compagnie de cinquante lances fournies des ordonnances du Roi dont la montre fut faite à Luguynem dans le duché de Milan le 6 août de cette année et servait encore dans la même compagnie en 1507 suivant la revue qui en fut faite à Parme le 17 juin. Il est mentionné dans le codicille de noble Martial de La Roque co-seigneur de Saint-Pompon, son oncle, le 26 mars 1506 (v. st.) (2) reçut, le 17 juin 1538, l'aveu que Pierre Géniés lui fit, pour des biens fonds situés dans la paroisse de Domme. Enfin il fit son testament à Giversac, le 11 août de la même année, par lequel il choisit sa sépulture dans l'église paroissiale de Domme et dans les tombeaux de ses parents, et ne vivait plus le 13 novembre 1541.

(1) M. de Magny, archiviste, m'a communiqué dans le but de me les vendre une note des titres concernant notre maison, qu'il avait dans son cabinet. Je ne les ai pas achetés. Il y en avait un qui était une quittance de 1484 donnée à l'occasion d'une mission par Jean de Cugnac, valet de chambre du duc d'Orléans. La date me la fait attribuer à Jean deuxième du nom.

(2) Martial de la Roque déclare dans son codicille qu'il avait déjà fait son testament le 24 février 1505 (v. st.) par lequel, il avait institué son héritière universelle noble Marguerite de La Roque, femme de Jean, seigneur de Sermet, sa fille, et de noble Jeanne de Clermont ; et voulant ajouter à ces dispositions, il fit un legs à Laurent et à Jean de Cugnac ses neveux, et substitua à Marguerite, sa fille, Jacques de Cugnac son neveu, dans les biens situés dans la Baronnie de Beynac.

✕ Dans ce testament, il ordonna que cent prêtres fussent appelés à célébrer le lendemain de sa mort son service funèbre qui devait être renouvelé deux fois dans l'année, « et au cas « qu'aux dites paroisses ne serait trouvé le nombre de cent prêtres, a voulu ledit testateur « que son héritier universel souscrit soit tenu à voir d'autres lieux où il assemblera jusques .« au nombre de cent prêtres pour prier Dieu pour le salut de l'âme du testateur et donner :« à chacun desdits prêtres deux solz tournois, sans reffection corporelle, et autant au .« bout de l'octave après le décès du dit testateur. » Il institua un obit en l'église de Domme, laissa Jeanne de Lestrade, sa femme, usufruitière de ses biens à la condition qu'elle persisterait dans la *réduite*. Sa fille ainée fut favorisée d'un supplément dotal de quarante solz tournois. Clinette de Cugnac reçut à titre de légataire particulière sept cents livres qui devaient former sa légitime, quand elle prendrait époux. Le testateur voulut en outre « qu'elle fut accotrée par l'héritier universel, son frère, d'habillements ·« honnestement selon son estat. »

Les puinés ne furent point oubliés : Raiffot, François, François le jeune et Pierre eurent le premier quatre cents livres et les autres deux cents. Quand à la posthume qui était encore dans le sein de sa mère, il lui reserva, si elle était fille, une constitution de six cents livres. Celui qui reçut le moins, dans les largesses paternelles, fut Jehan de Cugnac, dit le jeune, dit Annibal par la raison qu'il était ecclésiastique et « en conséquence pourveu « suffisamment des biens de l'Eglise. » Jacques de Cugnac nomma pour héritier universel, son cher et bien-aimé fils Jehan dit le vieux ; pour la posthume il dit : « Saipchant le dit « testateur sa dite femme être ensinte, au cas que la posthume de sa dite femme vienne en ·« nature et soict pourté à la fontaine du sainct baptême. » (Cahier de diverses expéditions expédiées le 20 octobre 1784 d'après les originaux à messire Arnaud-Louis-Claude-Simon-Marie-Anne, comte de Cugnac, capitaine de dragons, au régiment de Ségur, seigneur de Sermet, Saint-Pompon, Peyrille, Trigonan. Ces copies authentiques collectionnées par Lefèvre et Trutat, notaires au Châtelet contresignées par François Augan, lieutenant–civil de la prévôté de Paris sont aux archives de Fondelin.)

Il avait formé deux alliances ; la première avec Mlle Jeanne de Gironde de Montcléra (1), fille de Jean de Gironde, seigneur de Montcléra et de Françoise de Champagne–La-Suze (2) ; la deuxième avec demoiselle Jeanne de Lestrade qui vivait encore le 17 juin 1543 et qui le rendit père de :

1° JEAN dont l'article suit ;

2° JEAN DE CUGNAC, le jeune, dit Annibal, ecclésiastique.

(1) Voyez la généalogie de la maison de Durfort, par l'abbé Vedel, page 34.

(2) Françoise de Champagne avait pour bisaïeul Jean de Champagne, père d'Ambroisie de Craon, dame de la Suze, de Pierre de Champagne, seigneur de la Suze, marié à Marie de Laval-Montmoreny, fille de Thibaud de Laval, seigneur de Loué, chambellan du roi Charles VI et de Jeanne de Maillé-Brézé, mère de Brandelis de Champagne, comte de La Suze, chambellan du roi et gouverneur des pays d'Anjou et du Maine, qui, de son mariage avec Renée de Varie de l'Ile Savary eut, entre autres enfants, Françoise de Champagne, ci-dessus, bisaïeule de Marguerite de Beaupoil, dame de Léobard et de Montségur, et Beaudoin de Champagne, aïeul de Pernelle de Champagne femme de Jacques comte de Montgommery de Lorge, mariée en 1603 à Jacques de Durfort, marquis de Duras, aïeul des maréchaux de Lorges et de Duras, neveux du vicomte de Turenne, quatrième aïeul des duchesses de Biron et d'Ancenis, nièces du cardinal de La Rochefoucauld, grand aumônier de France.

3° RAIFFOT DE CUGNAC.

4° FRANÇOIS DE CUGNAC.

5° FRANÇOIS LE JEUNE.

6° PIERRE DE CUGNAC.

} dont le sort est ignoré.

7° MARGUERITE DE CUGNAC épousa en 1547 noble François de Beaupoil, chevalier, seigneur de Pestilhac-Hautemire, le Peyrussel, en Périgord et ils n'eurent qu'une fille Marguerite de Beaupoil, qui fut mariée, par contrat du 18 novembre 1566, à Jean de Durfort, baron de Léobardet de Montségur.

8° CLINETTE DE CUGNAC.

9° N. DE CUGNAC, posthume en 1538.

X. **Jean de Cugnac**, *troisième du nom, chevalier, seigneur de Giversac, Sermet, Peyrusel, La Ferme et en partie de Saint-Pompon, chevalier de l'ordre du roi, gentilhomme ordinaire de la Chambre des rois Charles IX et Henri III, capitaine de cinquante lances des ordonnances du roi, maréchal des camps et armées, sénéchal du Bazadois, etc.* Né vers l'an 1520, fut institué héritier de son père, par son testament du 11 août 1538, n'était âgé que de vingt ans ou environ, lorsque le 13 novembre 1541 il fit une vente conjointement avec sa mère. Il est fait mention de lui dans le testament de Marguerite de La Roque daté de Saint-Pompon le 2 septembre 1551, et Hélie de La Roque, écuyer, seigneur des Fornels lui fit donation de tous ses biens, sous la réserve de l'usufruit, sa vie durant, et d'une somme d'argent pour en disposer à sa volonté, par acte passé au château de Saint-Pompon le 31 mars 1552, en présence de François de La Baume, écuyer. Le roi Charles IX le nomma chevalier de l'ordre de Saint-Michel et chargea M. de Sauveterre de lui en remettre le collier par une lettre datée du 11 décembre 1568 dans laquelle Sa Majesté lui marque que « pour plusieurs bonnes et excellentes considérations, elle avait choisi et esleu en « l'assemblée de son ordre pour entrer et être associé en la compagnie du dit ordre, que « comme il était par de là, il avait semblé à la dite compagnie que le meilleur estait de luy « faire donner le collier par luy (seigneur de Sauveterre), qu'à cet effet, elle luy envoyait « le pouvoir avec un mémoire de la forme qu'il aurait à y tenir et qu'elle le priait de luy « faire tenir (au sieur de Cugnac) la lettre qu'elle luy écrivait à ce sujet et de luy faire « scavoir le lieu où il aurait à se trouver pour luy donner le collier du dit ordre, etc. » La reine Catherine de Médicis l'invita, par une lettre du 10 décembre 1569, à venir avec le seigneur de Limeuil le lendemain de bon matin trouver le roi, son fils, pour recevoir son commandement.

Il fut pourvu, le 19 janvier 1571, de l'office de sénéchal de Bazadois et nommé à une place de gentilhomme ordinaire de la Chambre du roi par brevet du 21 février 1574. Le roi Charles IX le gratifia, le même jour, d'une pension de douze cents livres à prendre sur son épargne, et Henri III lui écrivit de Paris, le 20 mai 1575, une lettre dans laquelle il lui mande que : « désirant lui communiquer aulcunes choses qui importaient grandement au « bien de ses affaires et à la conservation de son estat, Sa Majesté le priait de se rendre, le « 20 juillet suivant, où elle serait, soit à Paris, soit ailleurs. »

Il fit un codicille au château de Saint-Pompon, le 30 juin de la même année, par lequel il ordonna que dame Antoinette de Hautefort, sa femme, à qui il avait donné, par son testament, la terre et seigneurie de Sermet, avec ses dépendances, serait tenue d'en disposer en faveur de l'un de leurs enfants mâles, à son choix, et augmenta les legs faits à ses autres enfants. Il obtint en don de Sa Majesté le 16 août 1575, une pension de douze cents livres sur son épargne.

« En considération des bons et agréables services qu'il luy avait cy-devant faits depuis « son avénement à la couronne et aux feux roys, ses prédécesseurs, père et frères tant aux « faits de guerres qu'en plusieurs et maintes autres louables manières. »

Il se rendit en Guienne, la même année et fut nommé par le roi, le 9 septembre suivant, à la charge d'une compagnie de trente hommes d'armes, faisant le nombre de trente lances fournies de ses ordonnances, du nombre des nouvelles compagnies créées pour renforcer la gendarmerie ; bientôt après et le 29 septembre 1577, il fut fait capitaine de cinquante lances des ordonnances du roi, ensuite maréchal de camp de son armée de Champagne. Ce prince lui avait écrit le 28 janvier 1576 pour lui témoigner « qu'il était bien aise qu'il eût dressé sa « compagnie d'ordonnances, mais qu'il était nécessaire qu'il fît son enrôlement, ainsi que « l'on avait accoustumé ; puis après avoir servi trois mois, il donnerait ordre pour qu'elle fît « monstre, ni plus ni moins, comme les autres compagnies de sa gendarmerie. »

Sa Majesté ajoute *qu'elle désirait qu'il vint faire avec elle le service par de çà.* »

Ce monarque lui écrivit de nouveau le 4 juin de la même année une lettre conçue en ces termes :

« Monsieur de Gyverzac, j'ay advisé que pour l'establissement de mon édit de pacifica-« tion et repôs de mon pays de Guienne, estait très requis et nécessaire que mon cousin le « marquis de Villars, admiral de France, qui est mon lieutenant général, en l'absence de mon « frère le roi de Navarre s'y acheminast, comme il fait présentement, bien instruit de mon « intention mesmes de la satisfaction que j'ay de ceux de ma noblesse de par de là, lesquels « je désire continuer en leur bonne volonté et leur être de ma part aussi agréable et favo-« rable qu'aucun des roys mes prédécesseurs ait jamais esté. La chose que maintenant, le « plus je désire, est l'entretenement dicelluy édit en quoy ceux de ma dite noblesse peuvent « grandement. Au moyen de quoy, je vous prie bien fort vous y employer de vostre part, « selon la fiance que j'en ay et que vous fera entendre mon dit cousin l'admiral auquel, « quand vous aurez besoin d'estre éclaircy de mon intention vous vous adresserez : Ce « pendant, je prieray Dieu, qu'il vous ait, M. de Giverzac, etc.

« Escript à Paris le 4 juin 1576. Signé : Henry. »

Henri III lui écrivit le 8 juillet 1578 une autre lettre de la teneur suivante : « Monsieur « de Gyverzac, j'ay assez témoigné et fait connaître par effect, le singulier désir que j'ai de « faire establir, observer et même entretenir mon dernier édit de pacification pour le bien « et repôs de mes subjects, ayant envoyé dans toutes mes provinces, commissaires, gens « d'autorité et d'honneur, pour cet effect mesmes en mon pays de Guienne, où ils travaillent « et s'emploient d'affection à remettre toutes choses en bon estat, mesmes en la ville de « Périgueux. L'exécution de quoy dépendant des sieurs gentilshommes dudit pays, tant « d'une et d'autre religion. J'ay bien voulu vous faire la présente pour vous prier que vous « vous obligiez avec les autres serviteurs et gentilshommes catholiques à qui j'ai escript de « mesme substance pour la seureté de la dite ville de Périgueux, et exercice de la justice « d'icelle ; comme semblablement le roy de Navarre, mon frère fera faire semblable obli-

« gation et promesse aux sieurs et gentilshommes de la religion prétendue réformée du dit
« pays, à ce que les officiers ne façent plus difficulté d'y aller, et outre ce que vous ferez
« beaucoup pour le bien et repos d'icelluy pays, vous me ferez service fort agréable en ce
« faisant. Priant Dieu, etc.

« Escript à Paris ce 8 juillet 1578. Signé : Henry. »

Jean de Cugnac obtint un mandement de Claude Garrault, trésorier de l'épargne de Sa
Majesté, adressé le 9 août 1578 au receveur général des finances à Toulouse, pour se faire
payer la somme de deux mille écus, à lui, ordonnés pour tout ce qui pouvait lui être dû à
cause de son état de maréchal de camp. Le lendemain, il eut, en don du roi, la somme de
mille écus en dédommagement des pertes, dommages et dépenses qu'il avait faites pour son
service dans les guerres. Le dernier acte qu'on trouve de lui est une procuration qu'il donna
le 18 septembre suivant à maître Jean Boulet, pour toucher du receveur général des finances
à Toulouse, la somme de deux mille écus pour les causes contenues dans le mandement du
9 août déjà cité. On ignore la date de sa mort, mais il est constant qu'il ne vivait plus le
17 octobre 1586.

✕ Il faut lire sa vie dans la *Chronologie historique et militaire* de Pinard, tôme VI, page
21. En voici quelques extraits : « Jean de Cugnac, de Beaumont, de Giverzac..... se distin-
« gua au siège de La Rochelle en 1572.... Maréchal de camp le 10 novembre 1572. » Cette
date ne s'accorde pas avec la généalogie de Lépine qui met cette nomination après l'année
1577 (voir page 69). Ce livre est devenu très rare. Il se trouve, dans les grandes bibliothèques de Paris, celle du ministère de la guerre, du dépôt central d'artillerie à Saint-Thomas
d'Aquin, etc. Il eût été intéressant d'en insérer, ici, la copie, mais j'ai été obligé d'y renoncer
ainsi qu'à la copie de beaucoup d'autres documents précieux pour ne pas donner trop de
longueur à mon ouvrage. Je placerai cependant, ici, les états de service de Jean de Cugnac,
qui m'ont été délivrés officiellement au ministère de la guerre, et je donnerai auparavant
une petite explication sur cette pièce aussi rare que précieuse et sur la façon dont je l'ai
obtenue.

Il y avait, vers 1861, au ministère de la guerre, un employé aux archives, savant archéologue. Je me plaignais une fois devant lui, de ne pouvoir me procurer les états de service
des anciens officiers généraux de ma famille, tandis qu'on obtenait facilement ceux des
moindres soldats depuis environ quatre vingts ans. Il me dit alors que la *Chronologie* de
Pinard n'était qu'un relevé fait officiellement dans le siècle dernier par un employé du
ministère sur les ordres du ministre de la guerre et qu'il demanderait au ministre l'autorisation de se servir de cet ouvrage, pour satisfaire à ma demande. C'est ce qu'il fit, en effet,
et il l'obtint. C'est ainsi que je me suis procuré ces états de service ainsi que ceux des autres
officiers généraux de notre famille. Cet employé quitta le ministère l'année suivante, et je
ne crois pas qu'il s'en soit trouvé un autre depuis qui ait été capable de comprendre et de
faire comprendre au ministre les richesses des archives de la guerre. En général, ils ne
s'occupent pas des archives qui appartiennent au temps qui a précédé la Révolution, et on
est mal venu de demander d'y chercher des renseignements.

Les états de service de Jean de Cugnac sont dans mes archives (château d'Epannes). Je
vais en donner, ici, une copie semblable.

MINISTÈRE DE LA

Par ordre du Ministre Secrétaire d'Etat de la guerre,

GUERRE

Le Conseiller d'Etat, directeur de la comptabilité générale, certifie que des registres matricules et documents déposés aux archives de la guerre a été extrait ce qui suit :

7me direction

COMPTABILITÉ
GÉNÉRALE

BUREAU
des
LOIS ET ARCHIVES

NOM ET SIGNALEMENT DU MILITAIRE	DÉTAIL DES SERVICES
De Giversac (Jean de Cugnac de Beaumont).	Capitaine d'une Compagnie de cinquante hommes d'armes des ordonnances du Roi, nommé Maréchal de camp, le 10 novembre 1572. — Campagnes 1572, 1573 en France, chevalier de l'ordre du Roi.

Pour extrait,

Signé : Illisible.

Vérifié,

le sous-chef,

Signé : V. SAUVURE.

Le chef,

Signé : FROSTÉ.

Délivré sans frais à M. de Cugnac, rue des Saints-Pères, 50, en réponse à sa demande parvenue, le 8 août. En foi de quoi le présent certificat a été délivré pour servir et valoir (1861) ; enregistré ce que de raison, numéro 1243.

Paris, le 24 août 1861.

Pour le Directeur absent, le Conseiller d'Etat, directeur de l'administration,

Signé : DARRICAU.

Il avait épousé, par articles passés sous seings privés au château d'Hautefort, le 10
novembre 1555, et reconnus au même lieu et le même jour, demoiselle Antoïnette de
Hautefort, fille de noble et puissant seigneur Jean de Hautefort, seigneur de Hautefort, de
Thénon et de la Mothe, gouverneur pour le roi et la reine de Navarre, en leurs comté de
Périgord et vicomté de Limoges, et de dame Catherine de Chabannes. Elle fit son testament
étant veuve, le 17 octobre 1586. Les enfants nés de ce mariage sont :

1° EDME ou AYME DE CUGNAC, *seigneur de Giversac, des Fornels et en partie de Saint-
Pompon, ayant,* dit-il, *en considération l'événement des guerres civiles qui se sont commencées
en ce royaume,* et les dangers que couraient ceux, qui, comme lui, faisaient profession des
armes, fit son testament olographe le 4 août 1585, par lequel il choisit sa sépulture dans
l'église paroissiale de Saint-Pompon, au tombeau de ses prédécesseurs, laisse à sa mère l'usufruit de son repaire et domaine de Giversac, et institua Marc, son frère, son héritier universel. Il mourut sans postérité avant le 18 septembre 1596. ✕ Edme de Cugnac contribua à
repousser des murs de Sarlat, l'armée huguenote qui avait donné l'assaut à cette ville, sous
le commandement du vicomte de Turenne. Cet échec rendit les conséquences de la bataille
de Coutras moins désastreuses pour les catholiques. La relation du siège de Sarlat men-
tionne Giversac parmi les défenseurs qui firent vaillante besogne dans la compagnie du sieur
de Hautefort.

+ 2° MARC dont l'article suit.

3° MARGUERITE DE CUGNAC qui fut mariée, par contrat du 27 août 1574, à Pierre de la
Faye, fils d'Amanieu de la Faye, écuyer, etc., elle est nommée dans le testament de son mari
du 30 juillet 1591 et vivait encore le 23 avril 1609.

4° LOUISE DE CUGNAC et

5° ROSE DE CUGNAC dont on ignore le sort.

6° FRANÇOISE DE CUGNAC mariée le 2 mars 1593 à Marc-Antoine de Durfort, seigneur de
Gouzounat-Belvès, fils de Mathurin de Durfort et de Marguerite de Clermont–Piles. Elle
vivait encore le 1er janvier 1640.

✕ Antoine de Durfort se remaria en 1644 avec Marie de Clermont-Touche-Bœuf.

+ XI. **Marc de Cugnac,** *chevalier, seigneur de Giversac, la Bastide, Sermet, la Tèse,
la Lacune, les Fourmels et en partie de Saint-Pompon,* fut légataire d'une somme d'argent
par le testament de son père, ainsi que par son codicille du 30 juin 1575, et recueillit aussi
en 1585 la succession d'Edme, son frère aîné. Il eut le malheur de tremper dans les projets du
duc de Biron, son parent et son ami (1). Mais pour ne pas éprouver le même sort, il sortit du
royaume et se retira en Espagne. Son absence dura environ quatre ans, au bout desquels il
eut recours à la clémence du roi Henri IV, et obtint de ce monarque, au mois d'août 1606
(alias 1605), des lettres de révocation de la condamnation à mort par coutumace prononcée
contre lui, en la ville de Limoges, par les commissaires-députés de Sa Majesté, avec abolition de tout ce qu'il avait fait contre son service, tant en son royaume que dehors. Voici le
commencement de cette lettre :

« Henry, etc..., voulant pour bonnes considérations et en conséquence de ce que nous

_____

(1) Ceci explique la raison pour laquelle de toutes les charges importantes et dignités dont était revêtu Jean
de Cugnac aucune ne fut transmise à ses enfants et petits-enfants, qui furent ainsi punis de la conduite de leur père.

« avons ordonné sur l'abolition des mouvements survenus en l'année dernière, en nos pays
« de Limouzin, Quercy et ailleurs, en conséquence d'iceux que la mémoire en demeure du
« tout esteinte, que pareillement tout ce qui pourrait avoir esté sur ce fait par Marc de
« Cugnac, sieur de Giverzac, demeurant à Sermet tant dedans que dehors de notre royaume
« soit aussy esteint et aboly, de quoi ledit sieur de Giverzac, nous ayant très humblement
« supplié de lui accorder nos lettres de déclaration et abolition ; sçavoir faisons que nous
« avons révoqué et mettons à néant la condamnation à mort par contumace qui a esté
« donnée contre ledit sieur de Giverzac en la ville de Limoges, par les commissaires par
« nous députés et toutes autres condamnations contumaces, décrets et procédures contre luy
« faites.

« Donné à Paris, au mois d'août 1606. Signé : Henry. »

Peu de temps après son rappel d'Espagne, Marc fut présenté au roi et prononça devant
Sa Majesté une harangue conçue en ces termes :

« Sire, entre cette diversité de peines que mon crime a attirées sur moy, nulle ne m'a
« tant affligé, que la honte que j'ay de me trouver aux pieds de Votre Majesté, convaincu
« d'avoir lézé icelle et néanmoins restitué en vie et en biens par l'un de ces acoustumés mira-
« cles de votre clémence. Ce n'estait en cette qualité, Sire, que Giverzac avait toute sa vie
« désiré d'être connu de Votre Majesté, et eust-il plutôt choisi de deschoir de la grâce qu'il
« plaît à Votre Majesté luy faire, de l'or de votre royaume, de ses enfants, femme et biens,
« et se perdre en un perpétuel exil que de venir devant Votre Majesté flétri de si grandes
« forfaitures, n'estait quelque contentement qu'il a pris à pouvoir protester devant la
« Majesté de Dieu et ladite vostre ; ensemblement, Sire, qu'il n'a été porté dans son crime
« que par l'inconsidération qu'il écheoit naturellement en telle parfaite fureur et perte de
« sens que celles en quoy une très mauvaise fortune continuelle de plusieurs ans l'avait
« cy-devant jetté. Le feu sieur de Vivans (1), Sire, quelques mois après avoir pris Domme en
« sortit quelque espèce de couleuvrine de laquelle il batit et abatit les défances d'une des deux
« maisons que j'avais, m'en sachant absent, print iicelle et la raza. La rage en laquelle j'entray
« de me venger, me jetta aussitôt dans le parti de la ligue, me porta à luy surprendre le
« château de Domme et d'un même coup, je luy eusse tout ensemble, enlevé la ville, si l'ange
« protecteur de votre estat, Sire, n'y eut mis l'empêchement et fait une de ces tant grandes
« merveilles qu'il a partout toujours exécutées ailleurs. Mon entreprise nonobstant tint
« longuement deux armées et deux grands équipages d'artillerie aux champs. Mais enfin,
« la bonne cause eut l'avantage, je perdis ma conqueste, suivi de mois à mois de cent
« diverses défaveurs publiques au parti que je suivais, et d'autant miennes particulières ; et
« allant ainsi de toutes parts de jour en jour en décadence, je me suis trouvé en peu de temps
« du tout au bas ruiné. Et ayant passé quelques ans ainsy abatu, on me vint dire qu'il se
« remuait de la guerre et on me présenta de l'argent. La nécessité, Sire, incapable de
« regarder autre chose que soy, me fait, non seulement ouvrir, mais encore tendre la main
« pour prendre, comme que j'eusse en mon bon sens et prospérité..... C'est mon crime, Sire,
« que je ne veux excuser que de l'excuse qui peut estre donnée à un forcené furieux, à un
« du tout hors de bon sens, crime duquel je feray patiemment pénitence dans un appenty

(1) Le sieur de Vivans était gouverneur du Périgord.

« que je relèveray de ma maison, en l'endroit où soulait être mon autre maison, que ledit
« feu sire de Vivans m'avait laissée et laquelle justement pour le mien crime, les officiers de
« vostre justice ont depuis peu abattue. Seulement oseray-je très humblement supplier Votre
« Majesté, non d'emplier l'abolition qu'il vous a pleu me donner ainsi au contraire de
« commander que cette restriction y sera mise, que la vie m'est donnée jusques au premier
« besoin seulement que le service de Votre Majesté aura de la vie d'un de ses subjects auquel
« icelle demeure destinée. Je la porterai, sans y faillir, Sire, où il me sera commandé ; mais
« c'est d'autant plus allègrement, que plus ez nécessitez où je me trouve, elle m'est désa-
« gréable, et que plus que la perte d'icelle je désire m'ôter de la honte de ne la tenir que du
« seul bienfait de vostre miséricorde, qui me la redonne, mon crime me l'ayant ravie. »

La même année et le 19 septembre, il fit son testament par lequel il demande à être
inhumé dans l'église de Saint-Pompon, aux tombeaux de ses père et mère ; institua son
héritier universel Brandelis de Cugnac, son fils aîné ; appela à son défaut Peyrot son second
fils et ses autres enfants en suivant l'ordre de naissance. Il vécut encore plusieurs années
après ce testament ; fit foi et hommage au roi, le 4 août 1610, pour la terre et seigneurie de
Sermet, avec toute justice, haute, moyenne et basse, la paroisse de Loubezac et les fiefs et
rentes qu'il avait dans la paroisse et juridiction de Villefranche, le tout relevant de Sa Majesté,
à cause de sa couronne de France ; reçut de la Reine Marie de Médicis, une lettre datée de
Paris, le 29 juillet 1613, conçue en ces termes :

« Monsieur de Giverzac, ayant sceu que vous êtes party d'icy pour vous en retourner
« chez vous, sans avoir attendu l'arrivée du sieur de la Capelle-Marival, comme je vous
« avais commandé pour estre accomodés du différend que vous avez ensemble pour le fait
« de l'abbaye de Fontgaufier, et parce que votre différend n'ayant point été terminé, vous
« pourriez vous rechercher à l'occasion d'icelluy, par les mesmes voyes que vous avez fait
« par cy-devant, encores qu'il vous en ait esté fait différences de ma part ; j'ay voulu les
« vous faire réitérer par le sieur de Bourdeilles auquel j'écris à ceste fin, et par le même
« moyen, voulant donner ordre que le même et ledit différend ne continue plus longuement,
« je lui mande de vous faire vesnir l'un et l'autre par devant luy pour adviser aux moyens
« qu'il y aura de parvenir à un bon accomodement entre vous ; à quoi je vous exhorte de
« vous disposer de votre part, et à cet effet, vous rendre près le sieur de Bourdeilles au
« temps et lieu qu'il vous donnera ; vous ordonnant, cependant, de vous contenir en cela au
« respect que vous devez aux édits du roy, Monsieur mon fils, et à mes dites défenses sans
« entreprendre sur ce subject aucune chose au contraire, sous les peines de désobéissance.
« Sur quoy, je fais pareil commandement au dit sieur de la Capelle et sur mesme peine et
« voulant croire que vous ne manquerez, etc. Escript à Paris le 29 juillet 1613. Signé : MARIE. »

On ignore la date de sa mort, mais il paraît certain qu'il ne vivait plus le 18 mars 1622.

✕ Marc de Cugnac est cité dans l'ouvrage de M. Berger de Xivrey : lettres missives
d'Henri IV.

Cette collection en cinq volumes in-f⁰ est le livre d'or de la noblesse française et contient ses plus beaux titres de gloire. Il a été publié par un savant archéologue, membre de
l'Institut, qui l'a enrichi de ses notes explicatives.

La première lettre parlerait d'après une note de l'auteur que je rapporterai plus loin,
de Jean de Cugnac, père de Marc, mais je crois que c'est une erreur, d'après les dates. La

lettre, est, en effet, de 1585. A cette époque Jean de Cugnac avait 65 ans et paraît être mort cette même année, d'après la généalogie de Lépine, où l'on lit :

Marc de Cugnac recueillit en 1585 la succession de son frère aîné. Je crois donc que le sieur de Giversac mentionné dans la première lettre est Marc de Cugnac, qui avait à cette époque 25 ou 28 ans. D'ailleurs, je me plais à croire que Jean resta fidèle aux rois de France, qu'il avait si bien servis et que Marc seul prit part à la révolte. Quoiqu'il en soit je vais citer maintenant, les lettres d'Henri IV et les observations de l'auteur :

1585 — 8 avril
Orig. BR fonds Béthune. M. S. 8859. fol 33
Copie R. R. suppl. fr. M. S. 1009. 4
à mon cousin Monsieur de Matignon
mareschal de France

« Mon cousin, j'ay esté adverty que le sieur de Giversac dresse des compagnies dans « Villefranche de Périgord et Belvez qu'il a saisie et que Bourg va tous les jours à Moissac « dont il se fait fort pour garder le passage et la rivière pour les lignes. Il se fait encore « plusieurs menées en divers lieux dont on me donne chaque jour advis, tellement que nous « verrons enfin l'ennemi s'accroistre et se fortifier petit à petit, en sorte que ce qui serait « aisé de rompre en son commencement, donnera de la peine et nous fera du mal en son « accroissement. »

De Nérac ce VIII avril 1585

Votre plus affectionné cousin et meilleur
amy.

Henry.

Cinquième volume des lettres missives d'Henri IV, p. 217.

1600 — 5 avril
Orig. arch. de M. de Bourdeilles
à Monsieur de Bourdeilles

« Monsieur de Bourdeilles, sur ce que je feus dernièrement adverty que les sieurs de « Giversac et de La Faye (1) avaient assemblé quelques gens de guerre pour assiéger le « prieuré de Trimolac, je vous fais une dépesche et vous manday que vous vous acheminas- « siez avec si bonne troupe de vos amys, que vous peussiez séparer les gens de guerre qui y « pourraient avoir esté menez et que vous vous saisissiés du dict prieuré pour le tenir en « seure garde jusqu'à ce que j'en eusse autrement ordonné. »

Escript à Paris ce Vme avril 1600. Henry

Forget.

(1) On peut supposer que ce sieur de La Faye était beau-frère de Marc de Cugnac. (Voir page 72.)

Sixième volume, page 514.

1605 — 8 septembre
Imprimé — æconomies royales, édit. orig. T. II. ch. 51
à M. de Rosny

« Mon cousin, j'ay commandé au sieur de Villeroy vous envoyer la lettre que le jeune
« Barenton luy a escripte sur la réception au château d'Usson avec le procès-verbal qu'il en
« a dressé, suivant lequel je vous prie de faire pourvoir au paiement des munitions qui y
« ont été trouvées, les deniers desquelles ont été destinées par la Royne Marguerite aux
« gens de guerre qu'elle y avait laissez, et faites savoir à la dite dame le contentement que
« j'ay de la prompte obéissance rendue à mes commandements et aux siens par ceux aux-
« quels elle avait confié la garde de la place quand elle en est partie.....

« Toutefois, je vois bien que tous ces gens-là ont plus de peur que d'espérance sur les
« advis qui leur ont esté données de mon allée par de là ; car la Chapelle-Biron et Giver-
« zac (1) qui sont les principaux encore qu'ils aient touché argent comme les autres ont prié
« instamment le dit de Foussac de m'assurer de leur fidélité et affection à mon service, de
« quoy, ils offrent de rendre en tout ce qui leur sera commandé de ma part..... Le vice-
« seneschal de Brives despêché par Baumareille m'a confirmé le dict avis et m'a assuré que
« Rignac est dedans avec Bassignac (2) qui sont tous fort étonnez. »

Marc de Cugnac est encore cité dans plusieurs ouvrages dont nous allons donner des
extraits : on lit dans le MERCURE FRANÇAIS.

« Que messieurs de Chassein et de Penygoudon, du pays de Périgord et de Grispel-
« Limosin furent décapités pour avoir trempé dans la conspiration de Bouillon et plus loin,
« tome I, page 12, que le sieur de Giversac fut exécuté en effigie. »

Notes de l'auteur. — Jean Charles de Carbonnière, seigneur de la Chapelle-Biron, soutenait..... la révolte du
duc de Bouillon en fomentant des troubles dans le Quercy, le Périgord et le Limousin, qui devinrent assez graves
pour rendre nécessaire un voyage d'Henry IV à Limoges. M. de la Chapelle-Biron fut au nombre de ceux qui
furent alors exécutés en effigie. Il obtint sa grâce après la soumission du duc de Bouillon et eut l'honneur d'être
présenté au roi à Fontainebleau par M. de La Force, un an après cette lettre.

(1) Marc de Cugnac, seigneur de Giversac, désigné, ici, comme le plus considérable des révoltés avec la
Chapelle-Biron, tenait, en effet, un des premiers rangs dans le Périgord, dont son aïeul maternel Jean de Hautefort
avait été gouverneur. Son père Jean de Cugnac, seigneur de Beaumont, Sermet et Giversac, mort en 1586,
chevalier de l'ordre du roi, capitaine de cinquante lances des ordonnances, sénéchal du Bazadois, maréchal de
camp, et gentilhomme ordinaire de la chambre des rois Charles IX et Henry III, avait épousé Antoinette de Hautefort
fille de Jean de Hautefort et de Catherine de Chabannes ; il n'était pas d'une humeur plus pacifique que son fils, à en
juger par la lettre du 8 avril 1585, où Henry IV, alors roi de Navarre, donne avis de ses entreprises guerrières au mareschal de Matignon. Toutefois, après avoir été condamné à mort et exécuté en effigie avec M. de la Chapelle-Biron et trois
ou quatre autres, il obtint, l'année suivante, au mois d'août des lettres d'abolition et de révocation de la sentence de
Limoges. La grandeur de ses alliances, le crédit où était rentré le duc de Bouillon, et surtout les services que
Henry IV avait reçus de François de Cugnac, baron de Dampierre, parent de M. de Giversac, purent contribuer à
la grâce complète qu'il obtint.

(2) Ou Bossignac, MM. de Rignac et de Bassignac coururent les mêmes fortunes que MM. de Giversac et de La
Chapelle-Biron.

—LES MÉMOIRES DU MARÉCHAL DE LA FORCE :

Tome I, page 175.

« Le roi, ayant été averti qu'il y avait quelques menées en Quercy..... ordonna au sieur
« de La Force de s'y transporter..... Il se rend aussitôt en Périgord..... où le sieur de
« Sireuil..... vint le trouver de la part de M. de La Chapelle et de ceux qui étaient mêlés
« dans ces troubles. »

« Notes de l'éditeur. — Charles de Charbonnières, sieur de La Chapelle-Biron, lui et
« tous les autres gentilshommes protestants qui se mêlèrent de ces mouvements, tels que
« les sieurs de Rignac, de Bassignac, de Lugaignac, de Giversac..... le faisaient au nom et
« dans les intérêts de Monsieur de Bouillon ; c'était la queue de la conspiration Biron. »

Tome I, page 179.

« Note de l'éditeur.— Il y en eut cinq qui furent décapités en personne, savoir : le baron
« de Calveyrac, quercinois..... quant à La Chapelle-Biron, Tayac, Lygongnac, Reygnac,
« Giverzac..... leur procès fait par contumace, ils furent exécutés en effigie. »

Tome I, page 423.

LETTRES DE M. DE LA FORCE A MME DE LA FORCE.

« A Paris 27 décembre 1605.

«..... MM. de Rastignac, du Fraise et de La Tourasse ont fort sollicité le roi pour
« MM. de La Chapelle et de Giversac, mais ils n'ont rien obtenu. »

— HISTOIRE D'HENRI IV, par messire Hardoin de Préfixe, précepteur de Louis XIV et
évêque de Rhodez.

Page 337. « Il y en eut dix ou douze des plus considérables, condamnés par contumace
« et effigie, entre autres La Chapelle-Biron et Giversac, de la maison de Cugnac, mais dans
« toutes ces procédures, il ne se trouve aucune preuve par écrit, ni aucune déposition bien
« formelle contre le duc de Bouillon. »

— MÉMOIRES DE SULLY en dix volumes, tome VI, page 144.

Edition de Londres 1778.

« La Chapelle-Biron et Giversac qui y tenaient les premiers rangs, comme ayant le plus
« touché d'argent espagnol, prièrent le sieur de Foussac de venir en cour assurer Sa Majesté
« qu'ils étaient près de lui donner toutes les marques qu'elle exigeait de leur obéissance. »

« Note de l'éditeur. — Marc de Cugnac, seigneur de Giversac, Raimond de Sognac,
seigneur de Foussac. »

On voit, d'après ces extraits de différents ouvrages, que Marc de Cugnac appartenait au
parti protestant dans le temps de la conspiration du duc de Bouillon, c'est-à-dire sous le
règne d'Henri IV. Toutefois, on voit aussi que du temps de la ligue, le sieur de Giversac, qui
peut être Jean ou Marc, appartenait au parti catholique, puisque dans ce temps Henri IV
envoie des troupes contre lui.

On verra plus tard que les Cugnac de Caussade étaient aussi protestants et que les
Cugnac de Dampierre étaient catholiques.

✕ Marc de Cugnac avait épousé, par contrat passé au château de Sermet, le 20 février
1598, demoiselle Polixène ou Policianne de Durfort, fille de feu noble Mathurin de Durfort,
seigneur de Gouzounac et de dame Isabeau de Peironnenc de Saint-Chamarand. Après le
décès de son mari, cette dame prit une seconde alliance avec noble marquis de Gironde,

seigneur de Floiras, gentilhomme d'honneur de la Reine et mestre de camp d'un régiment de gens à pied ; et fit son testament le 18 mars 1622 par lequel elle choisit sa sépulture dans l'une des églises de Loubezac, Sermet ou Saint-Pompon et ordonna qu'on lui fit des *funérailles selon sa qualité*. On apprend par ce testament, qui fut ouvert après sa mort, qu'elle avait eu de son premier mariage avec Marc de Cugnac :

1° BRANDELIS dont l'article suit :

2° PEYROT DE CUGNAC, *auteur de la branche de Tourondel*, rapportée ci-après :

3° MARC-ANTOINE DE CUGNAC, seigneur de Loubezac, mort en 1636.

4° JEAN DE CUGNAC.

5° BRANDELIS DE CUGNAC, *seigneur de la Bastide*, fut maintenu dans sa noblesse au mois de décembre 1666. Il épousa en 1640 Jeanne de Gironde, fille de Brandelis de Gironde, chevalier de l'ordre du roi et de Louise de Gontaut-Biron, vicomtesse de Lavaur, fille d'Armand de Gontaut-Biron, maréchal de France.

6° ISABEAU DE CUGNAC, religieuse professe au couvent de Junies ;

7° MARTHE DE CUGNAC, et

8° FRANÇOISE DE CUGNAC, dont le sort n'est pas connu.

XII. **Brandelis de Cugnac**, *chevalier, seigneur de Giversac, Sermet, la Bastide, la Lécune, les Fournels, co-seigneur de Saint-Pompon, mestre de camp d'un régiment de son nom,* fut institué héritier par le testament de sa mère du 18 mars 1622 ; fit un accord le 1er décembre 1642 avec Peyrot, son frère, au sujet des droits que ce dernier avait dans les successions de Marc et de Jean, leurs frères décédés, et fit son testament à Villefranche de Périgord le 30 avril 1653, par lequel, il ordonna *que les honneurs funèbres lui fussent rendus, suivant qu'il était de bonne coutume* en l'église de Saint-Pompon, où il veut être enterré et ne vivait plus le 24 avril 1654. Il avait épousé, par actes passés dans la maison noble de Pervart, juridiction de Tournon en Agenois, le 12 septembre 1630, demoiselle Paule du Lac de la Pérède, fille de feu Jean du Lac de la Pérède, chevalier seigneur de Boisse et de noble Anne de Bezalles, dame de Boisse (1). Le futur époux y fut assisté de Peyrot et de Marc-Antoine de Cugnac, ses frères, de Marc-Antoine de Durfort, seigneur de Gouzonnac, son oncle maternel, de François de Roquefeuil, seigneur de Blanquefort, et de Pierre de Bousquet, seigneur de la Tour et de Serval, et sa future épouse agit du consentement de sa mère, de Mathieu-Paul du Lac de Pérède, chevalier, seigneur de Boisse, Pervart et son frère, de Jean de Tillet, seigneur et baron d'Orgueil, et d'Isaac du Maine, chevalier, seigneur du Bourg. Elle mourut avant son mari et laissa les enfants suivants :

1° MATHIEU-PAUL dont l'article suit :

2° JEAN DE CUGNAC *a formé la branche de Trigonan* qui sera rapportée ;

3° SUZANNE DE CUGNAC fut mariée en 1650 à noble Gratien Géniez, seigneur de l'Angle ;

4° PAULE DE CUGNAC ;   }   L'une de ces deux sœurs épousa Jean César du

5° MARIE DE CUGNAC ;   }   Bousquet, seigneur de la Tour, qui assista en qualité d'oncle au contrat de mariage d'Antoine François de Cugnac en 1687.

(1) Paule du Lac était belle-sœur de Pons de Salignac, frère de Fénelon, archevêque de Cambrai, Pons de Salignac Fénelon ayant épousé en 1630 N. du Lac, sœur de Paule du Lac-de-la-Pérède.

XIII. **Mathieu-Paul de Cugnac**, *chevalier, marquis de Giversac, vicomte de Puycalvet, seigneur de Sermet, la Bastide, Saint-Pompon, les Fournels, la Lécune*, etc., né en 1633, fut institué héritier universel de son père par son testament du 30 avril 1653, fut maintenu dans sa noblesse avec son frère et autres, ses parents, par ordonnance de M. Pellot, intendant de Guienne, rendue le 13 décembre 1666, sur le vu de ses titres remontés à Jean de Cugnac, son bisaïeul ; fit hommage au roi, par procureur, de 30 octobre 1667, pour la tour de Sermet avec tout droit de justice, haute, moyenne et basse, relevant de Sa Majesté, à cause de la couronne de France, et fit son testament au château de Sermet le 22 juillet 1680, par lequel il demande à être inhumé dans l'église de Saint-Pompon.

✗ Ce fut vraisemblablement en son honneur que la terre de Giversac fût érigée en marquisat. Ce titre dut lui être accordé avant 1666, puisqu'il est officiellement qualifié marquis de Giversac par les commissaires royaux chargés de vérifier sa noblesse et son rang honorifique.

On lit en effet dans la maintenue du juge d'armes de Montauban accordée à noble François Antoine de Cugnac en 1697, cette phrase-ci : « Articles de mariage du dit messire « Paul de Cunhiac, marquis de Giversac, Saint-Pompon, fils de messire Brandelis de Cugnac, « avec demoiselle Anne de Saint-Sulpice (Nobiliaire de Montauban et d'Auch, tome 1. « folio 137). »

✝ Il avait épousé, par articles passés au château de Roussillon, paroisse de Saint-Pierre-la-Feuille en Quercy, le 24 avril 1654, demoiselle Anne-Marie Ebrard ou Ebrart ou Hébrard de Saint-Sulpice, fille de feu Claude Antoine Ebrard de Saint-Sulpice (1) seigneur du Vigan, et de dame Jeanne de la Queuille de Fleurac, sa veuve, alors remariée à Antoine de Gontaut d'Auriolles, comte de Caburès. Ces articles furent passés de l'avis et consentement des parents des parties contractantes, savoir, du côté du futur époux, de Messire Gratien de Géniès, seigneur de l'Angle, son beau-frère, de Brandelis de Cugnac, son oncle, de Mathurin d'Escairac, seigneur de Lauture, son cousin et de Jean, son frère ; et la future épouse y fut assistée de sa mère et de son beau-père, de Messire Emmanuel de Lostanges, seigneur de Saint-Alvère, son beau-frère, et de noble Louis de Lostanges, seigneur de Puydéréges, frère du précédent, etc. Elle fit son testament à Saint-Pompon le 1ᵉʳ avril 1692, par lequel elle ordonna que son corps fut enterré au Vigan dans les tombeaux de ses prédécesseurs et laissa de son premier mariage onze enfants qui suivent :

1° LOUIS-CHRISTOPHE dont l'article suit :

2° ANTOINE-FRANÇOIS DE CUGNAC a formé la branche de Peyrille, qui sera rapporté après l'aînée dont elle a recueilli la succession.

---

(1) Anne d'Ebrard descendait de Raymond d'Ebrard, baron de Saint-Sulpice, en Quercy, père par Agnès d'Estaing, sa femme, de Jean d'Ebrard, baron de Saint-Sulpice, chevalier de l'ordre du Saint-Esprit de la première création ; qui de son mariage avec Marie d'Arpajon, fille de Guy, baron d'Arpajon et de Marie d'Aubusson, fut père d'Antoine d'Ebrard de Saint-Sulpice, marié à Jeanne de Lévis-Caylus, dont est issu entre autres enfants Antoine d'Ebrard, onzième du nom, marié à Jeanne Pelegry du Vigan, fille et héritière de Raymond de Pelegry, baron de Vigan, et de Madeleine de Lauzière-Thémines, tante de Pons de Lauzière-Thémines, maréchal de France. Anne d'Ebrard était l'aïeule maternelle de Claude Simonne d'Ebrard de Saint-Sulpice, mère de Cristophe de Beaumont, archevêque de Paris, duc et pair de France. Cet archevêque nous était encore allié par les Lostanges de Sainte-Alière et par les Géniez de l'Angle.

3° EMMANUEL GALIOT DE CUGNAC de Sermet, abbé de Giversac, seigneur, prieur de Bouzy ; vivait encore le 19 février 1713.

4° JEAN DE CUGNAC ;

5° ANTOINE-FRANÇOIS (nommé aussi FRANÇOIS-ANTOINE) DE CUGNAC, seigneur de la Bastide, vivait encore le 22 janvier 1704.

6° MARC DE CUGNAC, seigneur de Loubezac, mort le 17 février 1698 ;

7° LOUIS DE CUGNAC ;

8° CLAUDE DE CUGNAC ; ⎫ religieuses au couvent de la Pomarade ;

9° MARIE DE CUGNAC ; ⎬ La 2° testa le 10 octobre 1680 et la 3° le 9 octobre 1681.

10° ANNE DE CUGNAC ; ⎭

11° MADELEINE DE CUGNAC, non mariée en 1692.

XIV. **Louis-Christophe de Cugnac,** *marquis de Giversac, vicomte de Puycalvel, seigneur de Sermet, de Saint-Pompon, les Fournels, Loubezac, la Bastide, etc.,* qualifié : « *Très haut et très puissant seigneur,* » fut institué héritier universel par le testament de ses père et mère des 22 juillet 1680 et 1er avril 1692. Il servait déjà dans la première compagnie des mousquetaires depuis le 17 avril 1675, et obtint son congé au mois de novembre de l'année suivante ; passa un accord avec ses frères le 17 février 1698 au sujet de la succession de Marc, leur frère, décédé et ne vivait plus le 4 mars 1725. Il avait formé deux alliances. La première en 1686 avec Louise de la Font-de-Jean-de-Saint-Projet, dont il n'eut pas d'enfants ; et la seconde avec Marie-Anne de Beaupoil de Saint-Aulaire, fille de Bon-François de Beaupoil de Saint-Aulaire, marquis de Lanmary, seigneur de Bertrit, mestre de camp du régiment d'Enghien-cavalerie, premier écuyer du prince de Condé et de dame Adine de la Roche-Aymon, fille de Philibert de la Roche-Aymon, marquis de Saint-Maixent et de Jacqueline d'Aubusson. Elle était déjà veuve le 4 mars 1725 et vivait encore le 1er juillet 1752. Elle eut de son mariage un fils qui suit :

XV. **Emmanuel de Cugnac,** *comte de Giversac, chevalier, seigneur de Sermet, Loubejac, Saint-Pompon, Montpezat en Quercy,* etc., qualifié « *Très haut et puissant seigneur* » naquit en 1687, donna en 1729 le dénombrement de la terre de la Bastide et de celle de Puycalvel, Sénéchaussée de Cahors. Il fit son testament le 2 août 1746 et mourut le 14 août 1750, âgé de 63 ans.

Il avait été marié deux fois : 1° En 1709 à demoiselle Julie de Beaupoil, fille de Louis de Beaupoil de Saint-Aulaire, marquis de Lanmary, grand échanson de France et de dame Jeanne-Marie Perrault de Milly, morte sans enfants en 1746 ; 2° le 11 août 1750 à demoiselle Marguerite de Fumel, — fille de Louis, vicomte de Fumel, mestre de camp de cavalerie et de Catherine-Anne-Thomas de Berthier, sœur de l'évêque de Lodève et de Jacques comte de Fumel, lieutenant général des armées du roi et grand-croix de l'ordre de Saint-Louis et commandant en chef en Guienne — dont il n'eut pas d'enfants.

✕ Marguerite de Fumel eu une dot de 100,000 francs. Les pactes de son mariage existent aux archives de la préfecture de Lot-et-Garonne.

+ Deux ans après et le 1er juillet 1752, Marie-Anne de Beaupoil, veuve de Louis Christophe de Cugnac, marquis de Giversac, et héritière grevée d'Emmanuel de Cugnac, comte de Giversac, représentée par procureur, remit à Antoine-François, marquis de Cugnac, l'hérédité du Comté de Giversac, ainsi qu'elle en était chargée par son testament du 2 août 1746.

BRANCHE DE PEYRILLE OU PEYRILHE

XIV. Antoine-François de Cugnac de Giversac. *Première du nom (1)*, *chevalier*, *seigneur de Saint-Pompon, Peyrille*, etc., *dit de la Bastide et de Saint-Pompon*, second fils de Mathieu-Paul de Cugnac, marquis de Giversac et d'Anne d'Ebrard de Saint-Sulpice, servit dans les mousquetaires depuis le 22 janvier 1676, jusqu'au 10 décembre 1681 ; fut légataire de sommes d'argent, par le testament de ses père et mère en 1680 et 1692 ; et sa mère confirma en sa faveur la donation qu'elle lui avait faite par son contrat de mariage en 1687.

Il fut maintenu dans sa noblesse le 16 décembre 1697 par jugement de M. Sanson, intendant de Montauban, rendu sur le vu des ordonnances de MM. de la Brousse, commissaire subdélégué et Pellot, intendant de Guienne, du 11 au 13 décembre 1666 et encore sur le vu de ses titres remontés avec filiation au contrat de mariage de Jean, son trisaïeul avec Antoinette de Hautefort, du 10 novembre 1555. Uni à Louis et à ses autres frères puinés, il fit un accord, le 17 février 1668, avec Louis Christophe, leur frère aîné, touchant la succession de Marc, leur autre frère, décédé *ab intestat*, et fit son testament à Peyrille le 3 juin 1711, par lequel il demande à être enterré dans l'église de Peyrille, fit des legs à ses enfants et institua sa femme, son héritière, à la charge de remettre son hérédité à Jean Louis, son fils aîné. « *Désirant*, dit-il, *ainsi que sa femme, seconder le désir de Gabriel Joseph, leur fils, d'être promu aux ordres sacrés* », il lui constitua par acte du 16 janvier 1726 une rente viagère pour son titre clérical, et ne vivait plus le 4 avril 1739. Il avait épousé, par contrat passé au château de Peyrille en Querci, le 23 janvier 1687 demoiselle Marguerite de Vervais, fille de feu François de Vervais, seigneur de Peyrille, et de dame Jeanne de Bideran ; il y fut assisté de sa mère, de ses deux frères, et de Jean César de Bousquet, seigneur de la Tour, son oncle, et sa future épouse, de la dame, sa mère, de Marguerite du Garric-d'Uzech, son aïeule, de Jean de Giroude, seigneur de Moutamel, etc. Elle vivait encore le 11 octobre 1741 et laissa de son mariage :

1° JEAN-LOUIS, dont l'article suit ;

2° JOSEPH GABRIEL DE CUGNAC, *grand archidiacre de l'église cathédrale de Cahors*, vivait encore le 4 avril 1739.

3° FRANÇOIS DE CUGNAC, *capitaine au régiment de Poitou* en 1739 (2).

4° JEANNE LOUISE DE CUGNAC, fut mariée par contrat du 19 février 1713 à messire Pierre d'Abzac, écuyer, seigneur de la Serre, fils de Gratien d'Abzac et d'Anne de Moyssard. Elle ne vivait plus le 7 août 1742 :

5° MADELEINE DE CUGNAC.

6° ANNE DE CUGNAC.

---

(1) Le chiffre XIV signifie qu'il faut remonter à la quatorzième génération pour trouver la filiation. Cette remarque s'applique aux autres branches.

(2) On remarque, d'après les registres du bureau de la guerre, qu'il y avait à cette époque (1739), neuf autres sujets de sa maison dans le service de terre ; savoir : un brigadier, quatre capitaines, un lieutenant, un sous-lieutenant.

XV. **Jean Louis de Cugnac,** *chevalier, seigneur de Peyrille,* qualifié : « *Très haut et très puissant seigneur* » fut substitué à sa mère par le testament d'Antoine-François son père, du 3 juin 1711, et fit le sien au château de Peyrille, le 4 avril 1739, par lequel il élut sa sépulture dans l'église du même lieu, institua ses héritiers universels, Joseph-Gabriel, et François, ses frères, ainsi que la dame de Roufillac, son épouse, à la charge par eux de remettre son hérédité à Antoine-François, son fils, lorsqu'il aurait atteint l'âge de trente ans, reçut la démission que sa mère fit, le 11 octobre 1741, de ses biens en sa faveur, fut condamné avec sa femme, par sentence de sénéchal de Gourdou, du 26 novembre 1746, à remettre à Marie du Faure, veuve de noble François de Leygne, seigneur de la Tour, un cinquième de la succession de Julienne du Faure, veuve du seigneur de Péchmézat, reçut au nom de son fils, le 26 mai 1751, quittance de la somme de mille livres, de Marguerite-Rose de Langeac, veuve de Jean-Antoine de Boissieux, seigneur de Prat, et de Jean-Antoine de Sales, en qualité de tuteurs de leurs enfants ; et vivait encore, ainsi que sa femme le 1er juillet 1753. Il avait épousé par contrat passé au château de Calès en Querci, le 30 janvier 1720, demoiselle Marie-Souveraine du Faure de Roufillac, fille de messire Pierre du Faure de Roufillac, et de feu dame Catherine-Conquans dont il a eu :

1º ANTOINE-FRANÇOIS dont l'article suit :

2º LOUIS-EMMANUEL DE CUGNAC, *évêque et seigneur de Lectoure et de Saint-Clar, baron de Sainte-Mère, abbé commandataire de l'abbaye royale de N. D. de Conques,* diocèse de Bayeux, né en 1729, fut sacré évêque de Lectoure le 7 septembre 1772, donna le 25 avril 1778, à bail pour neuf années à Nicolas Raoul de la Chesnée, bourgeois de Bayeux, les biens et revenus dépendants de son abbaye de Conques, pour le prix de vingt mille livres par an, obtint du pape Pie VI, le 15 juillet 1782, un induit par lequel Sa Sainteté lui accorda la faculté de conférer pendant dix années, les bénéfices, même cures, de son abbaye de Conques. Il fut député à l'Assemblée générale du clergé de France en 1788. Il est mort en 1800.

Il est cité dans la *France ecclésiastique,* p. 178, etc.

« Lectoure : Louis Emmanuel de Cugnac, né au diocèse de Cahors, en 1729, sacré le 7 septembre 1772, chanoine honoraire de l'église de Paris. »

✗ Il est connu par un portrait qui avait été conservé dans la branche de Cugnac-de-Tourondel. Le vicomte de Cugnac (Henri) en a donné une copie au marquis de Cugnac de Fondelin, et sa fille Mme de Badts en a aussi envoyé une copie à mon fils aîné François de Cugnac en 1870. Cette copie est au château d'Epaunes.

╶╋ 3º MARGUERITE DE CUGNAC.

4º CATHERINE-FRANÇOISE DE CUGNAC.

5º JEANNE-LOUISE DE CUGNAC.

XVI. **Antoine-François de Cugnac,** *deuxième du nom, marquis de Cugnac, vicomte de Puycalvel, seigneur de Sermet, Loubezac, la Bastide, la Thèse, Peyrille, Saint-Pompon, Castelvieil, La Lécune, les Fournels, Calès, Trigonan,* etc., qualifié « *Très haut et très puissant seigneur* » fut fait légataire et substitué à sa mère et à ses oncles par le testament de son père du 4 avril 1739 ; fut reçu dans la première compagnie des mousquetaires à cheval, servant à la garde ordinaire du Roi, le 4 février 1742, fit la campagne de 1745 dans cette compagnie et se trouva avec elle, la même année, à la bataille de Fontenoy.

Le vicomte Henri de Cugnac m'a dit savoir par tradition de famille qu'Antoine était chevalier de Saint-Louis ; mais je n'en ai trouvé aucune preuve. Il n'est porté ni dans l'*Histoire de l'ordre de Saint-Louis,* par d'Aspert, ni dans l'*Histoire des chevaliers de Saint-Louis,* de Théodore Anne. On peut croire, néanmoins, la tradition de famille, car M. Th. Anne dit, dans son ouvrage, que sa liste n'est pas complète, car les documents des archives de la guerre, qui lui ont servi à l'établir, sont incomplets.

Antoine de Cugnac, fit hommage au roi, au bureau de son domaine de Guienne, à Bordeaux, le 17 décembre 1751, pour la terre et seigneurie de Sermet, acquit, le 19 novembre 1766, de Pons Capmas de Loubezac, tous les biens que celui-ci avait achetés d'Emmanuel de Cugnac, comte de Giversac, par acte du 3 janvier 1741, rendit de nouveau hommage au roi pour la terre de Sermet, le 30 mai 1777, avec promesse d'en fournir l'aveu et dénombrement dans les quarante jours portés par l'ordonnance ; et mourut au château de Sermet le 3 août 1779. Il avait épousé par contrat passé au château de Saint-Projet en Querci, le 1er juillet 1752, très haute et très puissante demoiselle Suzanne-Elisabeth de Lostanges de Sainte-Alvère, fille de très haut et très puissant seigneur, messire Armand-Louis–Claude-Simon de Lostanges, chevalier, seigneur, marquis de Sainte-Alvère et de Montpezat, baron de Lostanges, du Vigan, de Limeuil, des Prés et de la Boufié, seigneur de Puyderéges, Ussel, Semaillac, Cadrieu, la Boissonnade, Cazelle, Bidonnet, etc., grand sénéchal, et gouverneur pour le roi de la province de Quercy, et de défunte très haute et très puissante dame Marie-Françoise de Larmandie-de-Longa. De ce mariage sont nés deux fils dont l'un est décédé sans postérité et l'autre qui suit, a continué la descendance :

XVII. **Arnaud-Louis-Claude-Simon-Marie-Anne marquis de Cugnac,** *chevalier de l'ordre royal et militaire de Saint-Louis et de Saint-Jean de Jérusalem,* né au château de Sermet le 28 octobre 1755, obtint une commission du roi le 3 juin 1779 pour prendre et tenir rang de capitaine dans le régiment de Belzunce et dans les troupes de dragons. Il a eu l'honneur d'être présenté au roi et à la famille royale en 1784 et a fait des preuves au cabinet du Saint-Esprit pour monter dans les carrosses de Sa Majesté et chasser avec elle.

✗ Ces preuves étaient ce qu'on appelait *les preuves de cour.* Elles furent instituées vers la fin du régne de Louis XIV, lorsque le Roi eût donné des titres à un grand nombre de familles bourgeoises anoblies. Les gentilshommes de la cour qui n'avaient pas de titres, quoique appartenant à des familles nobles de race, et illustrées depuis longtemps pour leurs services militaires, réclamèrent contre l'état apparent d'infériorité où ils se trouvaient à la cour vis-à-vis des anoblis qui étaient titrés. Mais il fut établi — je ne sais si ce fut par usage ou par ordonnance royale — que tous les nobles qui pourraient prouver qu'ils étaient nobles de race, ou pour autrement dire, nobles sans avoir été jamais anoblis par lettres de noblesses données par les Rois, auraient le droit d'être présentés à la cour, de monter dans les carrosses du Roi et d'assister à ses chasses. On leur reconnaissait aussi le droit d'être présentés avec un titre jusqu'à celui de marquis inclusivement. On faisait, cependant, en ce temps-là, une différence entre ces titres que l'on appelait de courtoisie, et ceux qui avaient été accordés par lettres patentes des Rois, par des érections de terre en baronnie, comté ou marquisat. Pour faire les preuves de noblesse de race, il fut convenu qu'on ne pouvait exiger des pièces à l'appui au delà de 1399. On admit qu'avant cette époque, les actes de baptême, contrats, pièces notariées, brevets, etc., étaient trop rares pour qu'on pût en fournir. On admit encore que, dans ces temps, le peu qu'il y avait de ces documents, n'avait pu être conservé que très difficilement, à cause des guerres qui existaient à l'état permanent, et à cause du petit nombre d'hommes lettrés qu'il y avait en France. Les couvents étaient alors les seuls dépôts ou les livres et les manuscrits étaient conservés. Enfin cette limite fût à peu près l'époque la plus reculée où l'on pût retrouver des familles anoblies. Ce règlement étant établi, le Roi institua officiellement des généalogistes chargés de vérifier ces preuves. Ce furent généralement les généalogistes de ses ordres et pendant plusieurs générations *Les Chérin*.

Ces preuves, *dites de cour*, ont été conservées et sont déposées aux archives du cabinet du Saint-Esprit, dans la bibliothèque de la rue Richelieu. Elles sont écrites de la main de Chérin. Elles sont aussi conservées aux archives appelées royales, impériales, ou nationales, suivant le gouvernement de la France —'ancien hôtel Soubise et auparavant le palais des ducs de Guise, rue du Paradis et rue des Francs-Bourgeois à Paris.

On trouve aussi dans cette bibliothèque des régistres intitulés :

« Extraits des preuves de noblesse de diverses maisons et familles faits par les généalogistes des ordres du Roi ». J'ai fait faire en 1860, dans un de ces registres des archives de l'Empire, une copie des preuves faites par Arnaud de Cugnac. Cette pièce fort intéressante et considérée comme officielle par la chancellerie est dans mes archives. Je n'en donnerai pas la copie, car la généalogie de Lépine est faite d'après ces preuves, mais j'en donnerai les passages qui n'ont pas été reproduits dans cette généalogie :

Bulletin 14755.

DIRECTION GÉNÉRALE DES ARCHIVES DE L'EMPIRE

SECTION HISTORIQUE

Du registre intitulé : « Extrait des preuves de noblesse de diverse maisons et familles faits par les généalogistes des ordres du Roi, depuis 1782 jusqu'en février 1786 — Tome cinquième, a été extrait et copié ce qui suit :

De Cugnac, en Périgord

seigneurs de Cugnac, de Caussade, marquis de Dampierre et de Bourdet, barons d'Imonville, seigneurs, puis marquis de Giversat, de Saint-Pompon, etc.

Cette maison était partagée dès le commencement du XVᵉ siècle en plusieurs branches qui se sont répandues dans l'Angoumois, l'Auvergne, la Saintonge et l'Orléanois, dont la jonction n'est pas prouvée. Celle des seigneurs de Giversac qui fait le principal sujet de ce mémoire, prétend être l'aînée après celle des seigneurs de Cugnac éteinte depuis longtemps ; mais, sans prononcer sur ce fait, avant d'en rapporter l'extrait historique, on va donner un précis des autres.

La plus considérable de toutes est celle du marquis de Dampierre.

Celle des seigneurs de Caussade et Chabans en Périgord, de Puyrigaud en Angoumois, et des marquis du Bourdet formée dès 1395.

L'auteur de celle des seigneurs de Giversac est noble Rigon de Cugnac, qui fut témoin d'un bail fait le 23 février quatorze cent quarante-sept (vieux style) par Richard de Gontaut, seigneur de Saint-Geniez.

Noble Jean de Cugnac, premier du nom, lequel était majeur le 25 mars quatorze cent soixante et un (vieux style) 1461 donna à bail en

Noble Jacques de Cugnac qui prolongea en 1500 le terme du rachat d'une rente vendue par ses tuteurs.

Jean de Cugnac, deuxième du nom, seigneur de Giversac chevalier de l'ordre de Saint-Michel maréchal des camps et armées

Marc de Cugnac, chevalier, seigneur de Giversac qui fut institué héritier de son frère par son testament de 1586.

Brandelis de Cugnac, chevalier, seigneur de Giversac lequel épousa en 1630 Paule du Lac de la Pérède, fille

Mathieu Paul de Cugnac chevalier (titré) marquis de Giversac, vicomte de Puycalvet

Qui fut maintenu dans sa noblesse par M. Pellot, intendant de Guienne, rendu le 13 décembre 1666, sur le vu de ses titres, remontés à son bisaïeul

Il eut pour femme Anne de Saint-Sulpice.

Laquelle le rendit père de onze enfants dont l'aîné fut Louis-Christophe, appelé le marquis de Giversac qui servit en 1675 dans les mousquetaires de la garde du Roy, et dont la postérité est inconnue.

La deuxième fut :

Antoine-François de Cugnac-Giversac, chevalier Sieur de Saint Pompon qui servit aussi dans les mousquetaires depuis 1676.

Jean-Louis de Cugnac, chevalier, seigneur de Peyrille épousa en 1720 Marie Souveraine du Faure

et en eut 1° Antoine-François qui suit :

Antoine-François de Cugnac (titré) marquis de Cugnac, vicomte de Puycalvet fut reçu dans la première compagnie des mousquetaires en 1742.

...........................Arnaud Louis, Claude–Simon–Marianne comte de Giversac, capitaine de dragons au régiment de Belzunce, né le 8 octobre 1745 ....

...........................C'est lui qui demande à avoir l'honneur de monter dans les carrosses du Roi «...».

Suivent les signatures des employés et du directeur général et le sceau des Archives.

Comme je l'ai dit plus haut, il existe aux Archives de France, outre cet extrait, un exemplaire des *preuves de cour*. Je n'en ai pas fait prendre copie, mais j'en ai pris connaissance.

Chérin y met à la fin que le postulant n'a pu prouver au delà de 1447, mais qu'il est cependant d'avis de l'admettre aux honneurs de la cour. On lit plus loin, qu'Arnaud comte de Cugnac fut présenté à la cour, c'est-à-dire monta dans les carrosses du Roi pour être présenté au rendez-vous de chasse le 12 novembre 1784. Il est compris dans une liste de courtisans désignés ainsi :

Le 12 novembre

Débutants à la Saint–Hubert

Nous avons vu plus haut, que les preuves devaient remonter au moins à 1399. Néanmoins Chérin est d'avis qu'Arnaud de Cugnac appartient à une famille noble de race et d'origine. Ce fait était, en effet, d'une authenticité et d'une notoriété telles que le généalogiste du Roi ne pouvait refuser de l'admettre à cause de la perte de quelques papiers de famille antérieurs à l'année 1447. La date de 1395 qu'il donne dans ce mémoire pour la formation de la branche de Caussade est extraite, sans doute, des preuves faites par Gaspard de Cugnac pour entrer dans les pages ; car ces preuves avaient été faites par un des grands pères de ce Chérin.

Je vais, maintenant, reprendre l'article d'Arnaud de Cugnac, dans la généalogie de Lépine.

✝ Il s'est marié par contrat du 13 mars 1782 (le mariage célébré le lendemain) avec très haute et très puissante demoiselle Marie Charlotte du Bouzet-de-Marin, fille de très haut et très puissant seigneur Philibert-Paul François du Bouzet, comte de Marin, seigneur de Fondelin, etc. chevalier de l'ordre royal et militaire de Saint-Louis, et de très haute et très puissante dame Anne de Mellet de Fondelin. De ce mariage sont nés six enfants :

1º MARIE–PHILIBERT–ROBERT dont l'article suit :

2º ARMAND-PHILIBERT-THÉODORE DE CUGNAC a servi sous S. A. R. Monseigneur le duc d'Angoulême en 1814, et a épousé le 20 avril 1817 demoiselle Eugénie de Calonie ;

3º ADÉLAIDE-SUZANNE-ÉLISABETH DE CUGNAC mariée le 18 messidor an X (7 juillet 1802) à Armand comte de la Roque, d'une ancienne noblesse du comté d'Armagnac, connue sous le nom de la Roque-Ordan.

4º LOUISE-PHILIBERTE DE CUGNAC alliée le 15 novembre 1800 à Louis Hubert comte de Brivazac, chef d'escadrons dans le régiment de la Reine.

5º ISABELLE-SATURNINE DE CUGNAC mariée le 18 octobre 1820 au comte de la Hitte dont elle a eu deux fils :

Le premier Guillaume-Antoine–Marie–Henri né le 25 octobre 1821 s'est marié avec Marie-Louise-Joséphine-Augustine d'Aignan, sa cousine.

Le deuxième Louis-Marie-Joseph-François-Philibert né le 15 mai 1828 s'est marié avec Nancy-Clémence-Joséphine Delpech.

6° AGATHE DE CUGNAC a épousé le 14 octobre 1817 Jean—Louis chevalier de Miégeville.

XVIII. **Marie-Philibert-Robert marquis de Cugnac** né en 1785 a servi sous Monseigneur le duc d'Angoulême en 1814. Il est mort le 24 décembre 1826. Il avait épousé, le 28 juin 1812, demoiselle Élisabeth de Solages, fille du vicomte de Solages qui est morte le 19 décembre 1871. De ce mariage sont nés six enfants :

1° MARIE—PAUL—ARNAUD—LOUIS dont l'article suit :

2° MARIE-LOUIS-ROSE—AMABRIC DE CUGNAC né le 8 octobre 1817 ; reçu élève de l'École polytechnique le 1er octobre 1837, nommé aspirant de marine en 1839 et enseigne de vaisseau en 1841. Après avoir fait plusieurs campagnes en mer, il fut frappé d'une attaque de fièvre typhoïde étant à bord du vaisseau de guerre l'*Argus* qui faisait une croisière sur les côtes d'Afrique et mourut à Alger peu de jours après le 8 juin 1844.

3° ALIX—GABRIELLE-MARIE DE CUGNAC, née le 4 avril 1816, mariée à Henri d'Aignan décédé en 1865 dont elle a eu un fils et cinq filles :

I. *L'aînée, Élisabeth*, a épousé Joseph comte de Commarque, lieutenant au 9° chasseurs à cheval, beau—frère de Blanche de Cugnac dont : *a*. Marie, mariée à G. de Valcourt ; *b*. Alix, mariée à F. d'Espoug ; *c*. Jeanne, mariée à Ph. de Cours ; *d*. Raymond ; *e*. Henriette.

II. *Marguerite*, n'est pas mariée.

III. *La troisième, Blanche*, a épousé M. Douzat d'Empeaux, dont la famille compte parmi les plus anciennes du parlement de Toulouse dont : *a*. Germaine ; *b*. Élisabeth ; *c*. Joseph.

IV. *Louise*, est mariée à Marc de Beaupuy de Génis, neveu d'Élisa de Cugnac qui eurent pour enfants : *a*. Alix ; *b*. Henri ; *c*. Charles ; *d*. Marguerite ; *e*. Paule.

V. *Marie*, décédée en 1879.

VI. *Louis d'Aignan* décédé en 1891.

La famille d'Aignan de très ancienne noblesse est originaire de Gascogne.

4° MARIE—BLANCHE—ARMANDE DE CUGNAC née le 13 février 1820, mariée en 1840 à Louis-Guillaume marquis de Commarque, demeurant au château de la Bourlie, en Périgord. Elle n'a pas d'enfants. — Jeanne de Commarque qui avait épousé Jean de Cugnac, vers l'an 1400, prenait déjà le titre de dame de la Bourlie.

La famille de Commarque est une des plus anciennes du Périgord. Elle est souvent citée dans la généalogie de Lépine. Le marquis de Commarque est décédé en 1879.

5° ÉLISA—GABRIELLE—LOUISE DE CUGNAC, née en 1823, mariée le 1er février 1845, au marquis Charles de Beaupuy de Génis décédé en 1887. Il était fils de N. de Génis, député de la Dordogne au Corps législatif, dont elle a deux garçons :

I. *Joseph de Génis*, marié à M. de Pignol dont une fille : Élisabeth.

II. *Ludovic de Génis*, marié à J. de Flotte, décédée en 1890, dont : *a*. Andrée ; *b*. Yvonne.

6° LOUISE—FRANÇOISE—PHILIBERTE DE CUGNAC, née le 1er août 1826, mariée le 15 juillet 1850, à François-Charles, baron de Cours de Saint-Gervasy, décédé en 1890. Elle est morte le 2 novembre 1876. Ils ont laissé trois fils :

I. *Louis-Charles de Cours*, marié à M. de Duclos de Gouls, d'où sont nés : *a*. Louise ; *b*. François.

II. *Louis–Philibert–Laurent de Cours*, mariée à J. de Commarques, d'où est né : Jean en 1892.

III. *Louis–Henri de Cours*, marié à M. de Godailh, d'où est née : Adrienne en 1892.

La famille de Cours apparaît, pour ainsi dire, au lendemain de la féodalité naissante. Elle était une des plus considérables de la Gascogne et plusieurs de ses membres se sont illustrés au service des rois de France. Parmi ceux qui méritent d'être cités nous remarquons : Jean de Cours, qui se trouvait au nombre des jouteurs du tragique tournoi, donné par Henri II, le 10 juillet 1559. Un autre Jean de Cours fut, en 1623, chevalier de Saint–Jean de Jérusalem.

François de Cours, gentilhomme ordinaire de la chambre de Henri, duc d'Anjou, qui fut depuis Henri III, fut tué à la tête de son régiment en attaquant La Rochelle en 1573. Il était chevalier de l'Ordre du Roi. Cette famille compte aussi plusieurs chevaliers de Saint–Louis.

Pendant la Révolution, un François de Cours émigra, puis revint en Vendée et fut tué d'un coup de feu à Quiberon. Cette maison porta les noms de seigneurs de Montlezun, de Saint–Gervasy, de Gontaud, de Puyguirand, etc.

Le château héréditaire de Montlezun est habité actuellement par messire Charles-François de Cours qui l'a fait réparer en lui conservant un air de fierté seigneuriale.

XIX. **Marie-Arnaud-Louis dit Ludovic, marquis de Cugnac,** né le 6 janvier 1814, marié le 22 septembre 1845, à Marie-Dominique-Rosalie de Larroux, dont il a quatre enfants. Il est mort le 2 janvier 1884. Il était représentant du comte de Chambord dans le Gers.

1° MARIE-AMALRIC-JEAN-LOUIS-JOSEPH, né le 25 février 1851, dont l'article suit.

2° CYPRIENNE-LOUISE DE CUGNAC, née le 17 mai 1853, mariée le 26 juin 1878, avec le comte Albert de Lavaur de Sainte–Fortunade, qui habite le château de Sainte–Fortunade, dans la Corrèze et dont elle a un fils : *Raymond*.

3° LOUISE–MARIE DE CUGNAC, née le 1er décembre 1854.

4° MARIE–BLANCHE DE CUGNAC, née le 8 juin 1858.

Résidence : Le château de Fondelin à une lieue de Condom, département du Gers.

La famille de Larroux, de très ancienne noblesse de Normandie, s'était fixée depuis environ un siècle dans le Gers où elle habitait la terre de Saint–Michel, près Mirande. La marquise de Cugnac de Giversac, de Fondelin en est aujourd'hui la seule descendante.

XX. **Marie-Amalric, marquis de Cugnac-Giversac,** né le 25 février 1851, marié le 30 juin 1886, à Marie–Geneviève de Suffren, fille du marquis de Suffren et de la marquise née de Villeneuve-Bargemont. Elle est morte le 20 octobre 1887, au château de Preissan, département de l'Hérault.

Le marquis Amalric de Cugnac-Giversac est décédé au château de Fondelin, le 26 octobre 1890.

Par sa mort, la branche de Giversac est éteinte.

BRANCHE DE TRIGONANT (éteinte)

+ XIII. **Jean de Cugnac,** *quatrième du nom, chevalier, seigneur de Loubejac, Trigo-nant,* etc, second fils de Brandelis de Cugnac, seigneur de Giversac et de Paule du Lac de la Pérède. Son père lui légua une somme de 20.000 livres par son testament du 30 avril 1653. Il assista, le 24 avril 1654, au contrat de mariage de Mathieu-Paul, son frère, fut maintenu dans sa noblesse avec ce dernier et ses autres parents de même nom par jugement de M. Pellot du 13 décembre 1666, et ne vivait plus le 29 novembre 1695. Il avait épousé, par contrat du 4 juin 1670, dame Françoise Dupuy de Trigonant, veuve de Henri de Saintours, écuyer seigneur de la Bourlie, Lanciade, etc. et fille de François Dupuy, deuxième du nom, écuyer, seigneur de Trigonant, et de dame Suzanne de Cugnac (de Caussade). Elle vivait encore en 1695, et eut pour fils :

XIV. **Jean-Louis de Cugnac,** *chevalier, seigneur de Trigonant,* né, le 17 juillet 1672, fut maintenu dans sa noblesse par jugement de M. de la Bourdonnaye, intendant de Guienne, du 12 décembre 1704, testa en 17...., et ne vivait plus le 22 mars 1727. Il avait épousé, par contrat passé à Périgueux, le 24 novembre 1695, Marie de Tricard, demoiselle de Rognac, fille de défunts François de Tricard, chevalier, seigneur de Rognac, Bassillac, Montreut, et de dame Françoise de Beaupoil de Saint-Aulaire. Elle mourut avant le 4 juin 1745, laissant :

1° ADRIEN BLAISE dont l'article suit :

2° JEAN-LOUIS DE CUGNAC, *chevalier, seigneur de Loubejac,* donna quittance le 22 mars 1727 à Adrien Blaise son frère aîné, de la somme de mille francs, à compte sur ses droits paternels. Adrien Blaise de Beaupoil de Saint-Aulaire, seigneur de Saint-Mer, lui légua le château de Rognac, sauf quelques réserves, par son testament du 4 juin 1745. Il assista au contrat de mariage de Marie-Claire de Bayly sa nièce, avec messire Louis de Sanzillon, seigneur de Mensignac, du 30 août 1761 ; fit son testament le 21 septembre 1766, par lequel il légua, entre autres choses, son château et seigneurie de Trigonant à Antoine-François de Cugnac, seigneur de Sermet, et ne vivait plus le 13 novembre 1767.

3° MARIE DE CUGNAC, épousa, par contrat passé au château de Trigonant, le 11 février 1721, Joseph de Bayly, chevalier, seigneur de Razac, le Lieu-Dieu, Charuel, Gravelles, etc., fils de Pierre-Jean de Bayly, chevalier, seigneur, vicomte de Razac et de dame Marie-Faure, dont elle fut la seconde femme. Elle était veuve en 1778 et décéda le 17 juin 1788, âgée d'environ 88 ans.

XV **Adrien-Blaise de Cugnac,** *chevalier, marquis de Trigonant,* etc., reçut une quit-tance de Jean-Louis, son frère, le 22 mars 1727, et ne vivait plus, à ce qu'il paraît, le 4 juin 1745, puisque ce dernier prenait alors la qualité de seigneur de Trigonant. Il avait épousé, vers l'an 1732, demoiselle Marguerite Thérèse de Bayly sa nièce, fille de Joseph de Bayly, chevalier, seigneur de Razac, Gravelle, etc., et de dame Marie de Cugnac. Elle passa un acte, en qualité de sa veuve, le 3 avril 1750, avec Pierre de Saint-Astier, chevalier, seigneur de Savignac, et mourut sans enfants, vers la fin de juillet 1776. Les biens de cette branche ont passé dans celle de Peyrille ou Sermet.

BRANCHE DE TOURONDEL
ÉTABLIE A LILLE EN FLANDRE

XII. **Peyrot ou Perrot de Cugnac,** *écuyer, seigneur de Tourondel,* était le second fils de Marc de Cugnac, seigneur de Giversac et de Polixène de Durfort.

Il fut légataire d'une somme d'argent par le testament de sa mère du 18 mars 1622, assista au mariage de son frère aîné le 12 septembre 1630, passa un accord avec lui le 1er décembre 1642 au sujet des droits qu'il avait dans les successions de Jean et Marc ses frères. Il avait épousé, par contrat du 29 mai 1623, demoiselle Hélie de Gontaut de Saint-Geniez, fille de noble Armand de Gontaut de Saint-Geniez, chevalier, seigneur de Ruffen et de La Serre et de dame Marque ou marquise de Montlouis, fille de Jean de Montlouis, seigneur de La Serre et de Marguerite de Foucaud de Lardimalie (1). De ce mariage naquit :

XIII. **Henri de Cugnac,** *seigneur de Floricourt,* etc., se maria le 30 juillet 1658 à Marie d'Abzac de La Douze, demoiselle de Falguerac, fille de noble Charles d'Abzac, de Cazenac, écuyer, seigneur d'Aurance, etc., capitaine de vaisseau, ensuite contre-amiral et de dame Marie de Berthoneau, dont naquit :

XIV. **Charles de Cugnac,** *chevalier,* etc., *seigneur de Tourondel,* s'allia le 4 janvier 1694 à Magdeleine de Gontaut de Lauzerte, sa parente, fille de noble Jean de Gontaut de Saint-Géniez, écuyer, seigneur de La Coste et de dame Clermonde de Griffon, qui le rendit père de :

1° ANTOINE qui suit :

2° JEAN DE CUGNAC, *capitaine de cavalerie dans le régiment de la reine, chevalier de l'ordre royal et militaire de Saint-Louis, reçu chevalier de Malte de minorité, en 1699,* se maria en 1734 à Jeanne Tardif, qui le rendit père de trois enfants, morts jeunes, au nombre desquels était une fille qui a été élevée à Saint-Cyr et est morte quelques années avant la Révolution. Il a eu l'agrément, en se mariant, de porter la croix de Malte, en faveur du zèle qu'il avait manifesté de tout temps pour le service de l'ordre.

3° PIERRE DE CUGNAC, *capitaine de cavalerie dans le régiment de Bourbon, chevalier de l'ordre royal et militaire de Saint-Louis.*

X Il est cité dans l'*Histoire des chevaliers de Saint-Louis* par Théodore Anne, à la fin du passage suivant :

« Tome II, page 25, notes. — Cugnac est de Périgueux, garde du corps depuis
« vingt-cinq ans, dans la compagnie de Charost, capitaine d'une compagnie de nouvelle
« levée en 1733, mort en 1745, mais il n'est pas fait mention de sa croix. (Extrait du registre

---

(1) Marque de Montlouis était nièce par sa mère de Jean de Fourcaud-de-Lardimalie, baron d'Auberoche, gentilhomme ordinaire de la chambre du roi, gouverneur du comté du Périgord et de la vicomté de Limoges.

« de 1731 à 1763) (1). Un autre Cugnac (Pierre) né le 29 septembre 1704 à Montpassier en
« Périgord, volontaire en 1724 dans le régiment de Bourbon–cavalerie, cornette en 1729,
« lieutenant en 1730, capitaine en 1743, retiré en 1762, n'est pas porté davantage comme
« chevalier de Saint–Louis. Cependant l'un a servi pendant vingt–sept ans et l'autre pen–
« dant trente–deux. »

On lit dans le même ouvrage, page 335 :

« On nous a signalé aussi : M. de Cugnac (Pierre) capitaine au régiment de Bourbon–
« cavalerie, chevalier de Saint–Louis, en 1740. Cet officier qui a servi de 1724 à 1762,
« époque à laquelle il se retira avec une pension de six cents livres, n'est point porté sur
« les registres de 1731 à 1763, avec la croix de Saint–Louis, mais dans un acte de notoriété
« du 19 avril 1779 (dossiers des pensions) il est qualifié chevalier de Saint–Louis et il prend
« cette qualité dans une requête adressée par lui au ministère de la guerre. (Dossiers des
« pensions.) »

-+- 4º LOUIS–CHRISTOPHE DE CUGNAC *de La Coste, capitaine dans le régiment de
Provence,* mort sans alliance, comme le précédent.

X Il est mentionné dans l'*Histoire des chevaliers de Saint-Louis* de Théodore Anne,
page 494 :

« Lieutenant des maréchaux de France, Cugnac (Louis–Christophe) ; note. — Vicomte
« de Cugnac (état militaire de 1790. Page 15.) »

+ XV. **Antoine de Cugnac,** *chevalier, seigneur de Fraissaies, Tourondel, etc., ancien
officier de cavalerie au régiment de Condé,* X *chevalier de Saint-Louis* (suivant le témoignage
du vicomte Henri de Cugnac son petit-fils), + se maria le 10 janvier 1736 à demoiselle Marie
de Pons de La Borie, fille de Pierre de Pons et de Marguerite de Bonnet ; il en eut dix–huit
enfants dont plusieurs sont morts en bas âge.

1º SÉBASTIEN DE CUGNAC, né le 25 décembre 1740, d'abord *page de S. A. S. Monseigneur
le prince de Condé, ensuite capitaine dans le régiment de Royal–Vaisseau, chevalier de l'ordre
royal et militaire de Saint–Louis,* est mort *lieutenant–colonel d'infanterie* et sans alliance en
Angleterre, en 1801, après avoir fait toutes *les campagnes des Princes.*

X Il est cité dans l'*Histoire des chevaliers de Saint-Louis* de Théodore Anne, page 335.

« Chevaliers de Saint-Louis nommés en 1782 : Cugnac (Vincent–Sébastien) (3). Note
« (3) chevalier de Cugnac (état militaire de 1782, page 307) né en 1740, lieutenant en 1759,
« sous-lieutenant à la formation de 1763, replacé lieutenant la même année ; lieutenant
« de grenadiers en 1770, capitaine de la compagnie de lieutenant–colonel en 1772, capitaine
« titulaire la même année, capitaine en second à la formation de 1776, capitaine–comman–
« dant en 1779. — En 1789, pension de retraite de huit cents livres, a toujours par–
« faitement servi (registre de Royal–Vaisseau de 1776 à 1788). »

+ 2º EMMANUEL dit le MARQUIS DE CUGNAC, né le 22 mars 1745 a fait aussi toutes les
campagnes des Princes. Il était *capitaine dans le régiment de Royal–Vaisseau,* ensuite *lieutenant du roi, de la ville d'Antibes,* où il est mort, en 1806. Il avait épousé, en 1784, N. de

---

(1) Je ne sais quel est ce Cugnac.

Villeneuve–Trans, veuve de son cousin N. de Villeneuve de Beauregard et fille d'Alexandre de Villeneuve, marquis de Trans (1).

✗ Il est cité dans le catalogue des gentilshommes de Provence aux états généraux de 1789, par Barthélemy, publié en 1861 à Paris. On y lit, page 28 :

« Antibes, le marquis de Cugnac, lieutenant du Roy. »

Il est porté comme chevalier de Saint–Louis, dans l'*Histoire des chevaliers de Saint-Louis* de Théodore Anne, tome II, page 364 :

« Cugnac (Emmanuel), Royal-Vaisseau (5), note (5) le chevalier de Cugnac. (État militaire « de 1784, page 213.) »

+ 3° PIERRE dont l'article suit :

4° PIERRE, ABBÉ DE CUGNAC né le 9 mai 1757, qui, après avoir été élevé au collège royal de La Flèche, se destina à l'état ecclésiastique, et fit ses preuves pour entrer au collège Mazarin. En 1783, Mgr Roger de Caux, évêque d'Aire, l'ayant nommé son grand vicaire, il a suivi le prélat dans son émigration forcée par la persécution contre l'Eglise ; et à la formation du chapitre royal de Saint-Denis, au mois de décembre 1816, il a été nommé par S. M. Louis XVIII, un des membres de ce corps.

✗ Il fut nommé quelques années après doyen du chapitre ou primicier de Saint-Denis avec le titre de Monseigneur et le rang d'évêque, et occupa ce poste jusqu'à sa mort en 1841.

Lorsque le roi Louis–Philippe fit restaurer l'église de Saint-Denis, l'architecte plaça le portrait du doyen sur les vitraux qui sont au-dessus du chœur, les vitraux contiennent, sur un premier rang, les portraits des rois de France, au-dessus ceux des reines de France, et sur un troisième rang ceux des papes et ceux des principaux dignitaires de l'église nés en France. Le portrait de Monseigneur le doyen de Cugnac est au-dessous de celui de la reine de France, femme de Charles X, et au-dessus de celui-ci est le portrait du roi Charles X. On lit autour du portrait du doyen : *de Cugnac de Canus ;* à gauche sont placés les portraits du cardinal Mazarin et du pape Grégoire XVI et à droite ceux du cardinal de Talleyrand et du pape Pie VI.

J'ai fait copier ce portrait, il est au château d'Epannes.

Vers 1864, M. Violet-Le-Duc, architecte de l'Empereur Napoléon III, avait reçu mission de décorer, suivant un nouveau plan, l'église de Saint-Denis. Les vitraux du chœur, que l'on disait être de mauvaises peintures, devaient être enlevés.

J'écrivis alors à M. Violet-Le-Duc pour lui réclamer le vitrail qui contenait le portrait de Monseigneur de Cugnac, et il me le promit ; je ne l'ai point reçu ; je crois que les projets de Napoléon ont été arrêtés par la révolution et que le vitrail est encore à sa place.

Voici l'épitaphe du doyen de Cugnac, faite par le Chapitre et inscrite sur sa tombe :

« Hic Jacet reverendus in Christo Petrus de Cugnac, ortu nobilis, virtutibus ipse

---

(1) La maison de Villeneuve de Trans et de Vence, l'une des plus anciennes et des plus illustres de Provence est alliée à la maison royale de France et reconnue comme parente par les princes du sang qui signent comme tels les alliances que cette maison contracte. Les marquis de Vence qui en sont une branche ont pour auteur Romée, premier baron de Vence dans le treizième siècle, frère de Géraud, deuxième du nom de Villeneuve, tige de celle des marquis de Trans. Cette maison a produit un grand maître de Rhodes, en 1321, dans la personne de Hélion de Villeneuve qui avait été connétable de Provence en 1320, etc.

« nobitior quondam diocesis allurencis vicarius generalis qui capitulæ regalis san–Dyonisii
« decanus obiit.

Anno salutis M DCCC XLI Januari XV et suæ ætatis LXXXIV. Anima ejus requiescat
in pace. »

+ 5° MARGUERITE DE CUGNAC, religieuse de Fontgaufier, née le 30 septembre 1736, est
décédée en 1810.

XVI. Pierre de Cugnac, vicomte de Cugnac, né le 11 décembre 1752, entra au
service en 1767, fut successivement *sous–aide–major, lieutenant et capitaine dans le régiment
de Royal–Vaisseau, chevalier de l'ordre–royal et militaire de Saint–Louis;* et fut pourvu, en
1788, de l'office de *lieutenant des maréchaux de France* à Lille en Flandre, où il avait épousé
le 2 juillet 1782, demoiselle Marie-Thérèse-Josephe de Toict (1), morte à Douai en 1831. Il a
émigré au commencement de la révolution et a fait toutes les *campagnes des Princes.* Il a eu
l'honneur d'être présenté au roi et à la famille royale le 19 juillet 1816 et a obtenu du
roi Louis XVIII le titre de vicomte de Cugnac. Il est décédé à Lille le 19 janvier 1835. De ce
mariage sont nés :

1° SÉBASTIEN-MARIE-JULES-HENRI qui suit :

2° LOUISE-MARIE-ALEXANDRINE-ADÉLAÏDE DE CUGNAC, née le 13 janvier 1783, mariée
le 9 décembre 1811 à Dominique–Louis–Théodore–Joseph de Hau.

XVII. **Sébastien-Marie-Jules-Henri vicomte de Cugnac,** né le 21 septembre 1786,
a servi plusieurs années dans la cavalerie, et était volontaire royal en 1814 ; il se livra à
l'étude des belles lettres et de l'histoire. Il a composé un ouvrage intitulé : *Les Trésors de
l'Éloquence,* fort estimé des écrivains catholiques. Il passa une partie de sa vie à faire des
recherches dans tous les ouvrages historiques et généalogiques, et il avait recueilli beaucoup
de notes curieuses sur la famille de Cugnac. La plus grande partie m'a été communiquée,
et, comme je l'ai dit, dans la Préface, elles font la principale richesse de ce petit ouvrage.
C'est pour cela que je crois devoir insérer, ici, une remarquable notice nécrologique, qui
fut publiée sur lui à Lille dans le *Propagateur du Nord* et à Paris dans le journal l'*Univers :*

« Le vicomte Henri de Cugnac vient de mourir à la Madeleine-Lez-Lille dans sa
« quatre-vingtième année.

« Issu d'une ancienne famille dont le nom figure avec honneur dans nos annales, dès
« l'époque des croisades, M. de Cugnac, homme de foi et de science, a passé au milieu de
« nous, sans faste et sans bruit, laissant, parmi ceux qui ont eu le bonheur de le connaître,
« le parfum des vertus antiques et des mœurs chevaleresques. Passionné pour l'étude et pour
« les livres, il s'est formé une des bibliothèques les plus riches en bons ouvrages anciens et
« modernes. Il ne se bornait pas à en garnir les rayons, il les lisait, se les appropriait, en
« extrayait des passages et des notes dont il a formé un ouvrage important, intitulé : *Les
« Trésors de l'Eloquence,* et qu'il aurait pu, à juste titre, nommer : Le fruit de mes lectures.
« Il était devenu ainsi familier avec les grands écrivains de tous les âges et de toutes les

---

(1) Du Toict est une ancienne famille originaire d'Espagne, où elle était connue sous le nom *del Tecto.*

« nations, s'appliquant, surtout, à chercher dans leurs œuvres tout ce qui pouvait rendre
« hommage à la vérité et à la religion.

« Heureux de voir la vraie science contemporaine renverser les systèmes des demi-
« savants qui avaient cherché à contredire les récits mosaïques, il concourut avec M. Bon-
« nelly à la fondation des *Annales de philosophie chrétienne* dont il fut un des premiers
« collaborateurs. Il y traita surtout des questions se rapportant à la géologie, aux monu-
« ments historiques, aux traditions des peuples, et, s'appuyant sur les travaux des Cuvier,
« des Champollion, des Humboldt, des Scolberg, etc., il démontra l'inanité des objections
« de Dupuis, de Volney, tombés aujourd'hui dans un complet discrédit, mais, qui, dès
« l'abord, avaient exercé une sorte de mirage sur les esprits superficiels.

« Le vicomte de Cugnac ne se contentait pas de consacrer à l'apologie de la religion
« sa plume et ses veilles, il lui conciliait les respects par sa fidélité à en accomplir tous les
« devoirs, par son assiduité à l'église de sa paroisse, où sa place était toujours marquée
« aux heures de la solitude, comme aux jours des solennités ; il la faisait aimer pour l'exer-
« cice de toutes les vertus qu'elle inspire, il la faisait bénir par les bienfaits qu'il répandait
« autour de lui.

« Ami inséparable de M. L. Fiévet, de vénérée mémoire, dont il initia l'âme ardente
« aux vérités de la foi et à la pratique des bonnes œuvres, il prit sa part à tout ce que ce
« grand serviteur de Dieu entreprit à Lille pour la gloire de la religion et pour le soulage-
« ment des malheureux.

« Dans les relations sociales, M. de Cugnac avait conservé cette urbanité de manières,
« cette politesse exquise qui font le charme du commerce de la vie. Rien n'était plus attachant
« que sa conversation intime, riche de réminiscences littéraires et de traits vifs qui jaillissaient,
« comme de leur source, sans qu'il s'en aperçût lui-même.

« Ses dernières années furent marquées par de grands sacrifices et par la perte de la vue
« que ses innombrables lectures avaient complètement usée. Dans le creuset des épreuves, il
« conserva jusqu'au dernier jour, l'égalité d'humeur, la gracieuse affabilité, et surtout la
« modestie chrétienne qui faisaient le fond de son caractère. Sentant sa fin approcher, il
« demanda lui-même de recevoir son Dieu qui avait fait sa force et sa joie, durant les jours
« du pèlerinage, et il s'endormit doucement dans le Seigneur, au milieu des prières et des
« larmes d'une famille qui ne trouve de consolation que dans ses souvenirs et ses espérances
« — 19 novembre 1865. »

Le vicomte de Cugnac est mort le 13 novembre 1865.

+ Il avait épousé le 24 février 1813, Anne-Françoise, Alexandrine de Chaton (1) sa
cousine germaine, fille de Henri René de Chaton, ancien gentilhomme des états de Bretagne

---

(1) Chaton ou Chatton est une ancienne famille originaire de la Bretagne dont il est fait mention dans le nobi-
liaire de cette province. Elle s'est partagée en plusieurs branches dont les principales sont celles des Vaux et de la
Ville-Morhen, du Bois et de la Touche ; et s'est alliée aux maisons de Rohan, d'Urvoy, de Bréhant, de Cambout
Legonidec, de Maulny, de Lanjamet, de La Touche, de Wisdelon, etc. Lors de la réformation de la noblesse sous
Louis XIV, les seigneurs de Chaton furent déclarés nobles d'extraction par arrêt du 6 mars 1671, et remontèrent
leur filiation à Geoffroi de Chaton, seigneur des Vaux, dont le fils nommé Robert vivait en 1517, marié avec Guil-
lemette de Cambout. Leurs armes sont : d'argent au pin arraché de sinople, chargé de trois pommes d'or.

et d'Elisabeth du Toict ; la vicomtesse de Cugnac est morte le 5 février 1865, laissant quatre enfants :

1° ARTHUR DE CUGNAC, né le 13 août 1820, mort en septembre 1821. Il avait eu pour parrain le marquis de Cugnac Dampierre.

2° GONZALVE JOSEPH, ALEXANDRE DE CUGNAC, né le 15 février 1826, mort sans alliance le 5 septembre 1864. Il avait eu pour parrain l'abbé Forster, chapelain du prince de Hohenlohe.

3° FÉLICITÉ ERMANCE DE CUGNAC, née à Lille le 12 août 1816, morte en 1820.

4° CLÉMENCE-MARIE DE CUGNAC, née à Lille le 12 mai 1816, elle eut pour parrain ✕ Pierre de Cugnac, doyen du chapitre royal de Saint-Denis. Elle a épousé le 15 mai 1839 Alfred de Badts qui est mort le 28 février 1846, laissant deux enfants : Albert et Arthur qui ont continué la descendance de la branche de Cugnac de Tourondel, comme nous le verrons plus bas.

Le vicomte de Cugnac étant mort sans enfants mâles, la branche de Tourondel qui était ordinairement désignée dans la famille sous le nom de Cugnac de Lille était éteinte en sa personne, mais elle a été relevée par les enfants de Clémence de Cugnac, veuve de M. Alfred de Badts.

Albert et Arthur de Badts, suivant la dernière volonté de leur grand-père firent une demande à la chancellerie au Conseil du Sceau des titres, pour ajouter à leur nom celui de Cugnac qui était le nom de leur mère. Cette demande appuyée du consentement de tous les membres de la famille de Cugnac fut accordée le 16 juin 1865 par un décret, dont je vais donner un extrait :

« Sur le rapport de notre garde des Sceaux, ministre secrétaire d'État au département de « la justice et des cultes :

« Le Conseil d'État entendu.

« Avons décrété et décrétons ce qui suit :

« Le sieur *de Badts (Pierre-Albert-Marie)* et le sieur *de Badts (Urbain-Arthur)*, nés à « Lille, l'un le 2 décembre 1841, et l'autre le 26 décembre 1842 demeurant au château du « Lazaro, commune de Marcq-en-Bareuil, arrondissement de Lille, département du Nord, « sont autorisés à ajouter à leur nom patronymique celui de *de Cugnac* et à s'appeler à l'avenir « *de Badts de Cugnac*. Les dits impétrants ne pourront se pourvoir devant les tribunaux pour « faire opérer sur les registres de l'état-civil le changement résultant du présent décret, « qu'après l'expiration du délai fixé par la loi du 11 germinal an I ; et en justifiant qu'aucune « opposition n'a été formée devant le Conseil d'État. Notre garde des sceaux, ministre, « secrétaire d'État au département de la justice et des cultes est chargé de l'exécution du pré- « sent décret qui sera publié et inséré au *Bulletin des lois*, etc. »

Ce décret est inscrit, au ministère de la justice et des cultes, à la division des affaires civiles, au bureau des sceaux, sous le numéro 6207 X 8. (*Bulletin des lois* — 1er semestre 1866, partie principale, page 942, fascicule 2402 — numéro 24358.)

D'après ce document, nous considérons la branche de Cugnac de Tourondel, éteinte en la personne du Vicomte Henri de Cugnac, comme se continuant dans la famille de Badts.

BRANCHE DE BADTS DE CUGNAC

GREFFÉE SUR LA BRANCHE DE TOURONDEL

Alfred de Badts et Clémence de Cugnac eurent pour enfants :

1° PIERRE-ALBERT-MARIE, dont l'article suit.

2° URBAIN–ARTHUR DE BADTS DE CUGNAC, né le 26 décembre 1842, marié le 5 août 1866 à Mlle Laure Desfontaines de la Croix, fille de Victor Desfontaines de la Croix et de Antoinette Cordier de Ribeauville, dont il a .

  a. ANTOINETTE-CLÉMENCE-MARIE DE BADTS DE CUGNAC, née le 7 décembre 1867, morte jeune.

  b. HENRI–ALFRED-VICTOR-MARIE DE BADTS DE CUGNAC, né le 22 février 1869.

  c. NATHALIE DE BADTS DE CUGNAC.

  d. VICTOR DE BADTS DE CUGNAC.

  e. ANTOINE DE BADTS DE CUGNAC.

  Ils habitent le château de Plouvques, près de Douai.

  I. **Pierre-Albert-Marie de Badts de Cugnac**, né le 2 décembre 1841. Ecrivain distingué, il a soutenu avec courage et talent les principes catholiques et royalistes dans le journal *L'Univers.* Il a épousé le 19 juin 1866 Marie-Alexandrine-Mathilde de Calonne, fille du vicomte Xavier de Calonne et d'Honorine de Forceville. Il en a dix enfants :

  a PIERRE-ALFRED-HENRI-XAVIER, ALBÉRIC DE BADTS DE CUGNAC, né à Amiens le premier mars 1874, tenu sur les fonds baptismaux par le baron de Calonne et la vicomtesse de Forceville.

  b MARIE–ANTOINETTE–CLÉMENCE–FANNY-JOSÉPHE DE BADTS DE CUGNAC, née à Amiens le 8 avril 1869, tenue sur les fonds baptismaux par le vicomte de Calonne, son aïeul maternel et la donairière de Badts, son aïeule paternelle.

  c MARIE–MADELEINE-HONORINE-COLETTE-HEDWIGE-JOSÉPHE DE BADTS DE CUGNAC, née à Bruges le 16 janvier 1871 pendant l'invasion des Prussiens en France.

  d MARGUERITE–MARIE-HEDWIGE-COLETTE-JOSÉPHE DE BADTS DE CUGNAC, née à Amiens le 17 octobre 1872.

  e PIERRE-JULES-MARIE-XAVIER-JOSEPH DE BADTS DE CUGNAC, né à Amiens le 2 octobre 1875, il a eu pour parrain le marquis de Cugnac d'Epannes, et la vicomtesse de Calonne, sa tante.

  f GERMAINE–MARIE-HEDWIGE-COLETTE DE BADTS DE CUGNAC, née à Amiens le 17 mars 1877.

  g FRANÇOIS-XAVIER–GABRIEL-GONZAGUE-MARIE-JOSEPH DE BADTS DE CUGNAC, né à Amiens le 6 juin 1878.

13

h Jean-Marie-Joseph-François-Raoul de Badts de Cugnac, né à Amiens le 13 avril 1883.

i Marie-Thérèse-Josephe-Colette de Badts de Cugnac, née le 20 mai 1886, morte le 18 juin 1888.

j Françoise-Josephe-Marie-Colette de Badts de Cugnac, née le 10 mai 1888.

Ils habitent à Amiens (Somme).

Mme de Badts douairière habite le château du Lazaro par Marcq–en–Bareuil (Nord).

La famille de Badts est originaire des Flandres. Elle est alliée aux familles de Renty, Luppé, Bischop, de Lisle, de Richemont, etc, on voit encore ses armes sur des pierres tumulaires dans le chœur de la cathédrale de Bruges.

BRANCHE DE CAUSSADE [1]

+ VI. **Henri de Cugnac,** *écuyer, seigneur de Caussade*, etc, fils de Pierre, seigneur de Cugnac, et de Dauphine de Gontaut et frère de Jean de Cugnac, auteur de la Branche de Giversac (2) devint seigneur de Caussade et viguier de la ville du Puy–Saint-Front de

(1) L'histoire de cette branche dans la généalogie de Lépine a été presque entièrement extraite des preuves pour l'entrée de Gaspard de Cugnac, dans les pages du roi.

+ (2) L'époque de la séparation de la branche de Caussade d'avec celle de Giversac est connue par les titres de la maison de Gontaut de Saint-Géniez; il est dit expressément dans une enquête de l'an 1458 que Jean, seigneur de Cugnac (auteur de la branche de Giversac) donna la place de Badefol à Jeanne de Cugnac, sa nièce, fille de Henri son frère, en la mariant à Tristan d'Abzac.

Nous ferons remarquer, ici, en passant que, quoique nous ayons placé la branche de Caussade après celle de Giversac, notre intention n'a été nullement de préjuger en faveur de cette dernière le droit d'aînesse réclamé par les marquis du Bourdet qui représentent la branche de Caussade.

X J'ajouterai, ici, quelques explications pour compléter la note précédente. Je l'ai copiée telle qu'elle est, dans la généalogie de Lépine, page 46, où elle avait été placée, par convention faite entre les diverses branches de la famille de Cugnac, comme me l'ont attesté deux des auteurs de la convention : Le vicomte Henry de Cugnac et mon père. C'est un texte sacré auquel je ne veux rien changer, comme du reste à toute cette généalogie.

Cette question d'aînesse qui pouvait avoir, peut-être, son importance autrefois n'est que puérile aujourd'hui. On peut la qualifier de question oiseuse. En effet, elle ne saurait avoir d'importance que pour la possession du titre de marquis. Or, les branches du Bourdet et de Giversac possèdent également ce titre : donc elle ne peut servir à rien. J'ai fait des recherches pour arriver à la solution. Je n'ai rien découvert parce que les documents qu'il faudrait consulter n'existent, sans doute, plus. Ils remontent au temps où le Périgord appartenait aux Anglais, et il est connu que les Anglais, lorsqu'ils en furent expulsés, emportèrent les archives de l'Aquitaine, à la tour de Londres vers l'an 1450. Voici ce que m'écrivait à ce sujet notre savant cousin, le vicomte Henri de Cugnac en 1858 :

« Dans le temps de notre séjour à Londres, pendant l'émigration, le vieux marquis de Canillac Montboissier « étant obligé de faire faire des recherches pour lui même dans les vieilles archives de la Tour, dit à mon « père avec lequel il s'était lié et qui me l'a répété plusieurs fois, qu'il y avait vu plusieurs titres importants relatifs « aux Cugnac, et surtout qui remontaient à la domination anglaise dans nos provinces méridionales. Les Cugnac « étaient alors fort riches et très puissants dans leur province et ils tenaient le parti de l'Anglais. »

J'ai fait faire des recherches à la tour de Londres et au British Museum; j'ai reçu deux lettres des directeurs de ces archives qui m'assurent que le nom de Cugnac ne se trouve pas parmi les noms des gentilshommes français dont ils possèdent les archives. (Voir à ce sujet une lettre de M. O'Gilvry de Londres ; archives d'Epannes n° 32) Je suis donc obligé de m'en tenir à la convention de nos pères.

La branche de Dampierre avait la même prétention sur l'aînesse. J'ai entendu dire au marquis de Bizemont gendre du dernier marquis de Cugnac-Dampierre que le nom de Cugnac lui avait toujours dit qu'ils étaient les aînés et qu'ils descendaient d'Arnaud de Cugnac, époux d'Hélène de Biron.

Cela prouve qu'il y avait plusieurs châteaux de Cugnac dans le temps où Jean, auteur de la branche de Giversac, était aussi seigneur de Cugnac, et j'en ai eu aussi une autre preuve dans le contrat de mariage de Charles de Cugnac avec Catérine de Rançonnet qui est cité dans les preuves de page de Gaspard de Cugnac. On y voit, en effet, cités comme témoins : Marc et Louis de Cugnac, seigneurs de Cugnac et de Verneuil. On peut aussi rappeler que le portrait d'Arnaud de Cugnac, conservé jusqu'à nos jours porte la souscription d'Arnaud de Cugnac, seigneur de Cugnac. Cet Arnaud était le père d'Antoine, seigneur de Dampierre.

Périgueux avec l'héritière de l'ancienne maison de Vigier de Périgueux. Il obtint le 1er octobre 1409, en qualité de tuteur de ses enfants et de feue Jeanne du Vigier, sa femme, des lettres de l'official de Périgueux, contenant une commission pour : *Faire un examen à futur* contre Arnaud de Bourdeilles et Foulques de Forces damoiseaux et Guillaume et Henri Bonneau clercs qui lui disputaient la propriété d'un village appelé : *La borie de la porte* (aujourd'hui *Borie-Porte)* situé dans la paroisse de Trélissac : Henri de Cugnac prend dans ces lettres la qualité de damoiseau, habitant de Périgueux.

✕ Il fut arrêté pour avoir pris parti pour le duc de Guienne, son seigneur, contre le roi de France Charles VI, ce qui prouve, ainsi que la lettre du roi à Jeanne Vigier (voir page 101) qu'Henri de Cugnac tenait le parti de l'Anglais.

✚ Il fit son testament à Périgueux le 10 octobre 1416 (1), par lequel il donna la tutelle de ses enfants mineurs à Hélie de Cugnac son frère et à Hélie de Gontaut, seigneur d'Hautefort, et nomma ses exécuteurs testamentaires le même Hélie de Gontaut et Arnaud de Bourdeille, chevalier, sénéchal du Périgord. On ignore la date de sa mort, mais il est certain qu'il ne vivait plus le 8 avril 1421.

✕ On lit dans les preuves faites devant d'Hosier, pour l'entrée de Gaspard de Cugnac du Bourdet dans les pages du roi Louis XIV : « Henri de Cugnac, seigneur de Caussade, « mourut en 1404. » Cette date ne s'accorde pas avec la date précédente de 1416, de son testament, ces différences de date sont communes et inévitables dans les anciennes généalogies, quand on remonte à une certaine ancienneté.

Le document le plus important qu'on puisse consulter sur cette question est celui des preuves de cour que j'ai citées dans cet ouvrage. Il a le mérite d'être officiel. Il reconnaît que la branche « des seigneurs de « Caussade et des marquis du Bourdet est formée dès 1395... et celle des seigneurs de Giversac en 1447... » mais il ne décide point la question de l'aînesse.

J'ai consulté, à cet égard, pendant que j'habitais Paris, le très savant archéologue M. La Cabanne, directeur des manuscrits à la bibliothèque royale. Il me répondit : Ce qui vous arrive est arrivé aussi à bien d'autres, et à la plupart des familles très anciennes.

Il est tout naturel que deux branches séparées depuis si longtemps, depuis le commencement du quinzième siècle, ne puissent plus savoir quelle est l'aînée et qu'elles aient acquis, chacun de son côté, des droits au même titre. — Les droits que ces deux branches ont au titre de marquis sont établis à la fin de leur article.

Le seul inconvénient qui puisse résulter aujourd'hui de cette incertitude est celui de l'homonyme. Si les deux marquis de Cugnac habitaient la même ville, il pourrait y avoir confusion, puisqu'ils n'ajoutent à leur nom, ni un nom de terre, ni un prénom. Il est bien vrai que cette confusion existe à Paris pour plusieurs noms portés par des personnages appartenant à des familles différentes. Ainsi, il y a trois marquis de Dampierre qui appartiennent au du Val de Dampierre, aux Picot de Dampierre et aux Dampierre de Plassac. Il y a deux marquis de Beaumont venant de la famille de la Bonninière et de la famille d'Autichamp. Si on descend au titre de comte on trouvera souvent dix personnages portant même nom et même titre dans la même famille. Notre savant cousin, le vicomte de Cugnac de Lille qui était de la branche de Giversac, partageait mon opinion sur l'incertitude de l'aînesse, comme il me l'a écrit dans plusieurs lettres. (Voir aux archives d'Epannes, n° 33).

Dans cet ouvrage, j'ai distingué les deux marquis de Cugnac par le nom des châteaux qu'ils habitent, pour éviter la confusion, sans que cela puisse rien préjuger, du reste, sur le nom de chacun civilement établi.

Nota. — La marquise de Cugnac de Fondelin a pris le nom de Cugnac-Giversac, dans les lettres de faire part de la mort de son mari Ludovic de Cugnac décédé le 2 janvier 1884.

(Par suite de la mort d'Amalric, marquis de Cugnac décédé sans postérité, cette confusion n'existe plus ; la seule branche restante étant celle du Bourdet.)

(1) Archives du château de Pau, inventaire de Montignac à la bibliothèque du roi.

✝ Henri de Cugnac avait épousé avant le 22 novembre 1395, dame Jeanne de Vigier, veuve de Bertrand de Grézignac, écuyer, fille unique et héritière de Corborand de Vigier, deuxième du nom, viguier de la Ville-du-Puy-Saint-Front-de-Périgueux, et de dame Isabeau de Domme.

C'est ce que nous apprenons par des lettres du roi Charles VI données à Paris le 22 novembre 1395. Ces lettres renferment des faits assez curieux, pour mériter d'être rapportées, ici, tout au long.

« Charles, etc, sur la supplication qui nous a été faite par Jeanne Vigier, portant que feu
« Corboran Vigier, son père, avait été tout le temps de sa vie un des bons écuyers du Périgord,
« et avait servi bien et loyaument nos prédécesseurs, au fait des guerres, pour lesquels, il
« mourut. Et elle demeura bien quinze ans ou environ, en pupillarité, se gouvernant en
« sorte qu'il n'était arrivé aucun dommage de son lieu et forteresse de Caussade, ni à nous,
« ni au pays. Et depuis, par le conseil de ses amis, elle se maria avec feu Bertrand de Grési-
« gnac, écuyer, fils de Bernard de Grésignac, chevalier, notre maître d'hôtel encore vivant,
« et viguier de Toulouse, lequel marquis de Grésignac nous avait bien servi durant et au
« fait de guerres, et mourut à la bataille d'Espagne. Et après qu'il fut mort, elle demeura
« bien dix ans, sans se marier. Pendant lequel temps le feu comte de Périgord luy fit grande
« guerre, parce qu'elle ne voulait pas épouser un des gens du comte, afin que de la dite forte-
« resse de Caussade il put faire guerre à la ville de Périgueux et aux autres lieux d'environs
« Et, pourtant, elle voyant que ceux de notre obéissance ne voulaient l'épouser par crainte
« qu'ils avaient du dit comte, se maria durant les guerres, que nous avions avec les Anglais,
« à un écuyer du pays de Guyenne, appelé Henri de Cugnac, lequel avait toujours tenu le
« parti de l'Anglais. C'est pourquoy, elle craignait de n'être pas recherchée, par nous ou
« nos officiers. Elle avait obtenu des lettres par lesquelles nous lui avions remis et pardonné
« toute la peine, amende, et offense. Nonobstant lesquelles lettres, avait pris ou fait prendre
« par nos officiers ledit lieu ou forteresse de Caussade, à elle appartenant et où elle, et une
« sienne fille de premier mari avaient leur habitation. Et avec le dit lieu, le dit sénéchal
« avait aussi fait retenir les rentes et revenus en dépendants, au très grand préjudice de la
« suppliante. Nous, ayant égard à cette requête et aussi au bon rapport qui nous avait été
« fait de la personne de M. de Mondisson de La Chassagne, écuyer ; nous ordonnons que
« le dit lieu et forteresse de Caussade soient donnés en garde au dit de La Chassagne, tant
« qu'il nous plaira après qu'il aura fait le serment entre les mains du chancelier ou du
« sénéchal de Périgord de bien garder le dit lieu, sous notre obéissance, etc, donné à Paris
« le 22 novembre 1395. »

✕ On voit dans les preuves de page de Gaspard de Cugnac (archives du marquis de Cugnac d'Epannes, deuxième copie) que ces lettres furent données, par le roi, dans son grand Conseil, en présence des ducs de Bourgogne et d'Orléans, etc, et vidimées (sic) le 27 novembre 1395 devant Jean, seigneur de Folleville, conseiller du roi et garde de la prévôté de Paris sous le scel de la dite prévôté.

Cette date précédente de l'an 1395 est celle que Chérin donne dans les preuves de cour faites en 1784 et dont j'ai donné un extrait à l'article d'Arnaud de Cugnac—Giversac, pour la formation de la branche de Caussade. Il avait dû la prendre dans les preuves susdites de Gaspard de Cugnac qui étaient à sa disposition dans les archives royales.

+ Jeanne de Vigier, femme d'Henri de Cugnac, était morte avant le 1ᵉʳ octobre 1409. Elle avait eu de son mariage :

1° GUILLAUME DE CUGNAC, mineur en 1409, ne vivait plus en 1416.

2° ETIENNE dont l'article suit :

3° JEANNE DE CUGNAC obtint le 8 avril 1421 (v. st,) d'Armand de Bourdeille, chevalier, sénéchal du Périgord, des lettres de sauvegarde sur la plainte qu'elle avait formée d'être troublée dans la jouissance des biens dont elle avait hérité par le décès de ses père et mère (1). Elle fut mariée vers l'an 1425 à noble Tristan d'Abzac à qui Jean de Cugnac, oncle paternel de Jeanne, donna en faveur de ce mariage et moyennant une somme d'argent, la place de Badefol-sur-Dordogne, que Tristan garda jusqu'à sa mort, arrivée en 1431.

4° COMTESSE DE CUGNAC dont le sort est ignoré.

VII. **Etienne de Cugnac**, *damoiseau, seigneur de Caussade, Chabans, Florimont, etc, et viguier de la ville de Saint-Front-de-Périgueux,* fut institué héritier universel par le testament de son père du 10 octobre 1416, reçut avec dame Louise de Rassials, sa femme, le 3 juillet 1448 une reconnaissance de Pierre de La Faye pour deux maisons situées dans le bourg de La Celle ; transigea le 10 octobre 1452 avec noble homme Gantonnet d'Abzac, fils de feu noble Tristan d'Abzac, agissant tant en son nom qu'en celui de demoiselle Armande d'Abzac, sa sœur, sur un procès, mû entre eux, au sujet de la succession de défunte Jeanne de Cugnac, mère de Gantonnet, et fille et héritière pour un tiers de défunt Henri de Cugnac et Jeanne de Vigier, seigneur et dame de Caussade. Il fut convenu par cet acte que Gantonnet d'Abzac et sa sœur auraient en partage tous les biens, rentes, et autres droits que la maison de Caussade possédait dans les paroisses et districts de Celle, Bertric, Villetoureix, Saint-Martial de Drône, Saint-Médard de Ribérac, moyennant quelques réserves, etc.. Etienne de Cugnac mourut avant le 6 septembre 1456 laissant de dame Louise de Rassials ou Rassiels, sa femme (2) les enfants suivants :

1° JEAN dont l'article suit :

2° FORTON DE CUGNAC, *auteur de la branche de Pauliac, qui sera rapportée ci-après ;*

3° MARIE DE CUGNAC, femme avant l'an 1487 d'Hélie Adémar, bachelier-ès-décrets.

VIII. **Jean de Cugnac**, *premier du nom, écuyer, seigneur de Caussade, Chabans, Florimont Vimenières, du Bosc-Calvigière, etc.,* et *viguier du Puy-Saint-Front, de Périgueux,* qualifié *noble et puissant homme et damoiseau,* avait déjà succédé à son père le 13 avril 1456 suivant un bail à Cens (dans lequel, il le rappelle) qu'il fit du tènement de la Buffarandie, située dans la paroisse de Trélissac, en faveur de Gérald Gravier dit Dorle, habitant de la paroisse de Saint-Front de Périgueux ; donna à prix fait le 6 septembre suivant un bâtiment à construire à Jean Deus Betz et à Jacques de Lescure, habitants de la paroisse de Sarliac ; renonça, par acte passé à la chapelle d'Albareils le 9 juin 1469, en faveur de Richard de Gontaut, chevalier, seigneur de Badefol et d'Escabillon, à toutes les prétentions qu'il pouvait avoir sur la terre et seigneurie de Badefol, du chef de défunts nobles Etienne de Cugnac, son père, et de Henri de Cugnac, son aïeul, se réservant seulement pour lui et les siens, la faculté de conserver les armes de Badefol, donna le 17 février 1490 (v. st.) à l'abbaye de

(1) Bibliot. du roi, manuscrit de Doat. Vol. 244, fol. 217.

(2) On croit que Louise de Rassials était de la même maison que les seigneurs de Vaillac.

Cadouin (1) tout le droit de fondalité qu'il pouvait avoir en la juridiction du château et châtellenie de Badefol, pour faire son anniversaire solennel avec diacre et sous-diacre le jour de son décès annuellement et à perpétuité (2), assista au contrat de mariage de Jean, son fils, le 20 décembre 1501 ; mourut le 8 mars de l'année suivante 1502 (v. st) et fut enterré à Florimont. Il avait épousé Marguerite de Vigier de Paluel (3) dont il eut entr'autres enfants :

IX. **Jean de Cugnac,** *deuxième du nom, écuyer, seigneur de Caussade, Florimont, Chabans, Viménières, etc.* reçut en 1501, une donation de ses père et mère, passa un acte le 15 janvier 1514, et fit son testament le 2 août 1526, par lequel il ordonna que s'il venait à mourir à Trélissac on l'y enterrât dans le tombeau de sa mère ; mais s'il mourait à Florimont, il voulait y être enterré auprès de son père.

╳ Il fit ses légataires Gérard et Hélie de Cugnac, ses fils, lesquels il souhaite qu'ils soient ecclésiastiques ; institua son héritier universel Jean de Cugnac, son fils aîné, auquel il substitua successivement ses fils Gérard et Hélie, au cas qu'ils ne soient pas d'église, donna l'administration de ses biens et de ses enfants à sa femme ; nomma le seigneur de Fénelon son exécuteur testamentaire et mourut le 27 mars 1527 (v. st.)

┼ Il avait épousé, par contrat du 20 décembre 1501, demoiselle Philippe de Salignac de La Mothe–Fénelon, fille de noble et puissant homme Jean de Salignac, seigneur de La Mothe–Fénelon, Mareuil, Gaulezac, etc., et de dame Catherine de Thémines, grande tante du maréchal de Thémines, fille de noble et puissant homme Déodat de Thémines, autrement de Peune, seigneur de Thémines, Gourdon, Cardaillac, Milhac, Nadaillac et La Bouriane. Philippe de Salignac était nièce de Catherine de Salignac qui épousa, en 1456, Gaston de Gontaut–Biron, aïeul d'Armand de Biron, maréchal de France.

╳ Je possède ce contrat dans mes archives. Il est : partie en latin, partie en français. Il est trop long pour être cité ici, j'en donnerai seulement un extrait :

« In nomine domini, amen. Non erint universi et singuli præsentes pariter et futuri « hoc præsens publicum instrumentum inspecturi, visuri, lecturi ac etiam audituri quod cum « fuerit tractatum pro locutum matrimonium, contrahendum per verba de futuro inter « nobilem virum Joannem de Cunhaco sculciferum, etc., et nobilem Philippam de « Salanhaco domicellam filiam, etc.... et considerans quod sacramentum matrimonii fuit in « paradiso terrestri à Deo institutum ad humani generis propagationem et conservationem « humanæ naturæ, etc., etc........... »

« Touchant le mariage et pour parler à l'honneur de Dieu et afin de perpétuelle amour « et alliance entre noble et puissant seigneur Jean de Cugnac et demoiselle Philippe de « Salanhac, etc........ »

┼ Philippe de Salignac (4) transigea étant veuve et tutrice de Jean, son fils, le 3 octobre 1530 avec M. François Regnaut prêtre et curé de Saint-Maurice et Jean Regnaut, son frère, marchand à Périgueux, sur les différents qu'ils avaient entre eux, au sujet de la quatrième

(1) Extrait de l'orbituaire de Cadouin.

(2) Il paraît que Jean de Cugnac avait conservé des droits dans la terre de Badefol, malgré la renonciation qu'il avait faite en 1469, en faveur de Richard de Gontaut.

(3) Cette maison s'est éteinte dans celle de Grimel.

(4) Philippe de Salignac était tante au cinquième degré de l'illustre évêque de Cambrai.

partie d'un moulin situé dans la paroisse de Trélissac que Jean de Cugnac avait acheté de Pierre Regnaut, leur frère ; acquit une terre en 1531, reçut le premier décembre 1538, conjointement avec Jean de Cugnac, écuyer, seigneur de Caussade, son fils, une reconnaissance de noble demoiselle Antoinette de Saint-Astier pour un moulin appelé de Mosneau, situé sur la rivière de l'Isle, dans la paroisse de Trélissac, et ne vivait plus, selon les apparences, en 1542. De cette alliance provinrent les enfants suivants :

1° JEAN dont l'article suit :

2° GÉRARD DE CUGNAC, destiné à l'église, en 1526 ;

3° HÉLIE DE CUGNAC reçu *chevalier de l'ordre de Saint-Jean de Jérusalem* en *1551.*

Voici le tableau généalogique de ses preuves :

X Les seize quartiers paternels et maternels d'Hélie de Cugnac :

Hélie de Cugnac chevalier de Saint-Jean de Jérusalem en 1551.	Jean II de Cugnac écuyer, seigneur de Caussade.	Jean Ier de Cugnac écuyer, seigneur de Caussade.	Etienne de Cugnac, damoiseau, seigneur de Caussade.	Henri de Cugnac, seigneur de Caussade. / Jeanne de Vigier
			Louise de Rassials de Vaillac.	Bernard de Rassials. / Aigline de Vassal, Dame de Vaillac.
		Marguerite Vigier de Paluel.	Pierre de Vigier, écuyer.	Jean de Vigier de Paluel. / Agnès de Chaumont.
			Françoise de Taillefer.	Charles de Taillefer de Mauriac. / Jeanne de Chassagne.
	Philippe de Salignac de La Mothe-Fénelon.	Jean de Salignac de La Mothe-Fénelon.	Raymond de Salignac, damoiseau, baron de La Mothe-Fénelon.	Jean de Salignac, damoiseau. / Marguerite de Cardaillac.
			Louise de Pérusse des Cars, dame de Larche.	Andoin de Pérusse. / Marguerite de Pompadour.
		Antoinette Caterine de Thémines de Penne.	Déodat de Thémines, seigneur de Penne.	Raymond de Lauzière, seigneur de Thémines. / Jeanne de Nogaret de Calvison.
			Miracle de Cardaillac, dame de Vérins.	Pons de Cardaillac, baron de Vérins ou Varins. / Jeanne de Caussade.

4° MARGUERITE DE CUGNAC, mariée avant l'an 1526, à noble Guichard du Chemin, seigneur de Chartuzac, en Saintonge.

5° MARGUERITE DE CUGNAC et sa sœur
6° MARIE DE CUGNAC } non mariées en 1526.

X. Jean de Cugnac, *troisième du nom, écuyer, seigneur de Caussade, Florimont, Vimenières,* etc., né en 1509, était mineur et âgé seulement de 17 ans, lorsque son père l'institua son héritier universel par son testament du 8 août 1526, paraît avec sa mère dans des actes de 1530 et 1531; fit avec cette dame, le 27 septembre 1538, une acquisition de Denis d'Aix, écuyer, seigneur de Meymy, où fut présent Hélie de Cugnac, son frère ; fit, le 12 mai 1542, le transport d'une rente foncière à Étienne de la Coste, conseiller en la sénéchaussée de Périgord, obtint le 6 septembre 1546, au siège de Périgueux, une sentence à son profit contre Hélie de Laurière, chanoine de Périgueux ; fit vente le 20 avril 1559 à Pierre de Saint-Angel, conseiller à la Cour des aides de Bordeaux, des moulins du Mosnard-sur-l'Isle, près Périgueux, qu'il avait acquis depuis trois ans des seigneur et dame de Bellegarde; est nommé avec sa femme et Gabriel, leur fils, dans un arrêt du Parlement de Bordeaux, rendu le 10 mars 1560, entre eux et François Dupuy, écuyer, seigneur de Trigonan (dans les preuves de page, on dit Tugéran); assista en 1582, au contrat de mariage de Geoffroi, son fils, et mourut la veille de la Saint-André 1585, âgé de 76 ans. Il avait épousé par contrat du 4 avril 1544, demoiselle Isabeau de Galard (de Goulard), de la maison de Touverac, en Saintonge, sœur de Jean de Galard, seigneur de Puyrigaud et de Brie, chevalier de l'Ordre du roi et gentilhomme ordinaire de sa chambre. Elle survécut à son mari, mourut au mois de mai 1587, et fut enterrée auprès de lui dans l'église de Trélissac. De leur mariage naquirent :

1° GEOFFROI, dont l'article suit ;

2° JEAN DE CUGNAC, mort avant son père ;

3° GABRIEL DE CUGNAC, mort aussi avant son père ;

4° PIERRE DE CUGNAC.

XI. Geoffroi de Cugnac, *écuyer, seigneur de Caussade, Florimont, Vimenières,* etc., est cité dans les ✕ lettres missives de Henri IV, éditées par Berger de Xivrey :

Cop. B R fonds Leydet ; mem. mis. sur.

Geoffroy de Vivans, page 78.

A Monsieur de Vivans
Gouverneur de Périgueux.

« Monsieur de Vivans, le sieur de Caussade, qui m'est très affectionné serviteur et « ancien huguenot (1), me présente une requeste tendant à fin de luy accorder l'entretene— « ment de dix soldats qui sont nécessaires pour la garde de sa maison et pour ce que je « désire le gratifier de cela et de plus grande chose, je vous prie suivre mon vouloir et « intention en cet endroict.

« De Sainte-Foy, ce XXIIIme juillet 1580.

« Votre affectionné et assuré amy,

« HENRY. »

(1) Voici un des passages qui prouvent que les réformés de France s'honoraient alors de ce titre, ainsi qu'on l'a quelquefois remarqué.

14

Je vais maintenant donner un extrait d'une lettre de l'abbé Audierne, écrivain Périgourdin, au vicomte de Cugnac de Lille, qui prouve que Caussade était de la maison de
Cugnac :

« ..... Le propriétaire de Caussade fut maire de la ville de Périgueux en 1575, à une
« époque désastreuse pour la ville. Ce fut dans cette même année que les protestants s'en
« emparèrent et y commirent d'affreux excès. Je vous dirai même que nos habitants ne furent
« pas très satisfaits de M. de Cugnac, seigneur de Caussade, et que les documents du temps
« en parlent avec mécontentement. Mon observation ne vous fâchera point, vous vous
« occupez d'histoire, vous savez qu'elle n'est que le récit des faits. Ne pensez pas, cependant,
« que le mécontentement des Périgourdins eut pour motif des méfaits. M. de Cugnac était
« protestant, il était redouté de la communauté pour certains droits que ses ancêtres reven-
« diquaient, de là, la colère, etc. »

Nous avons déjà vu que les Cugnac de Giversac appartenaient au parti protestant, et l'on voit, d'après ce qui précède, que les Cugnac de Caussade suivirent Henri IV
dans ses guerres et dans ses erreurs. Espérons qu'ils revinrent avec lui à la religion catholique. On ne peut avoir le même espoir pour les Giversac, puisque Marc de Cugnac de
Giversac fut condamné à mort, par contumace, pour avoir pris part avec les seigneurs protestants du Périgord à la conspiration du duc de Bouillon. Toutefois, on peut croire que,
quand il obtint sa grâce du bon roi Henri, il revint aussi à la religion de ses pères.

Nous verrons, plus tard, que les Cugnac de Dampierre restèrent toujours fidèles à la
religion catholique et que François de Cugnac, baron de Dampierre, fut l'un des chefs les
plus vaillants de ce parti. Quant aux Pauliac, qui jouèrent un grand rôle dans les guerres
qui ensanglantèrent la fin du XIVe siècle et le commencement du XVe, je n'ai pu savoir s'ils
étaient protestants ou catholiques. On en trouve bien un qui se distingue au siège de
La Rochelle, mais on sait que les gentilshommes protestants combattaient pendant ce siège,
dans les rangs de l'armée catholique, sous les ordres du duc d'Anjou, qui fut depuis Henri III.
On se rappelle que le célèbre La Noue, un des principaux chefs des huguenots, disait :
« Vous verrez que nous finirons par prendre La Rochelle. » Les documents de cette époque
sont malheureusement trop rares et c'est avec peine que j'écris l'histoire de ma famille et que
je ne puis savoir quel rôle jouèrent, dans ces temps de guerre, tous ces puissants seigneurs
de Caussade. Comment Geoffroi de Cugnac, dont Henri IV écrivait qu'il était son « fort
affectionné serviteur », pendant que ce grand roi faisait la conquête de son royaume, n'eut-il
aucun emploi, aucune charge militaire, ni aucun grade lorsque Henri fut remonté sur le
trône de ses pères ?

Nos archives de famille furent brûlées, pendant la Révolution, dans la cour du château
du Bourdet, et tout ce que j'ai retrouvé m'est venu des archives conservées dans les bibliothèques de Paris. On peut aussi supposer que l'oubli des services de Geoffroi de Cugnac fut
un des nombreux exemples de l'ingratitude des Bourbons, comme celle dont fut victime le
baron de Dampierre qui avait écrit sur le portail de son château : *Ingratis servire nefas.*

Je reprends maintenant l'article de Geoffroi dans la généalogie de Lépine.

+ Il vendit les deux seigneuries de Florimont et de Vimenières, avec faculté de rachat,
par acte passé à Sarlat le 22 mars 1585 (v. st.), acquit le 2 août 1597, de Bertrand de Salignac,
seigneur de La Mothe-Fénelon, quelques rentes assises dans la paroisse et juridiction de

Saint-Rabier pour la somme de neuf mille trois cents livres, obtint, le 24 janvier 1597, un arrêt du parlement dans lequel il est dit qu'il était appelant d'une sentence du sénéchal de Périgord, rendue contre Pierre de Cugnac, écuyer; transigea pour lui et ses enfants le 30 décembre 1608 avec Gabriel de Feydit, écuyer, est nommé dans le contrat de mariage de son fils du 13 mai 1612; et ne vivait plus le 5 mai 1629. Il avait épousé, par contrat du 26 juillet 1582, Jacquette du Bosc, dame de Vaux, dans la paroisse de Dussac, fille de Jean du Bosc, seigneur du Bosc et de Vaux, et de dame Claude Broin. Le futur époux y fut assisté entr'autres de Jean du Chemin, écuyer, seigneur de Chartuzac, chevalier de l'ordre du roi, et gentilhomme ordinaire de sa chambre et de plusieurs autres parents et amis des deux parties, parmi lesquels on remarque Bernard de Chauveron, écuyer, seigneur de Dussac, chevalier de l'ordre du roi, et gentilhomme de sa chambre, Guy d'Abzac, écuyer, seigneur de Villars, Jacques de Sausillon-de-La-Foucaudie, écuyer, seigneur de Douillac, Pierre de Salignac, écuyer, seigneur de Lavasıre.

✕ J'observe, d'après la date de ce mariage 1582, que nous sommes, en ce moment, sous le règne de Henri III qui monta sur le trône en 1574 et fut assassiné en 1589; et après la fondation de l'ordre du Saint-Esprit qui est de 1578. Les deux chevaliers du roi qui assistent à ce mariage, sont chevaliers de l'ordre de Saint-Michel fondé en 1469 par Louis XI. Ils doivent avoir été nommés avant la fondation de l'ordre du Saint-Esprit; car, à partir de cette époque, tous les chevaliers du Saint-Esprit étaient reçus, la veille de leur promotion, chevaliers de Saint-Michel et s'appelaient ainsi : « Chevaliers des ordres du Roi.»

╪ Jacquette du Bosc, testa, étant veuve, le 5 mai 1629, et eut, de son mariage, les enfants suivants :

1° CHARLES dont l'article suit :

2° JEAN DE CUGNAC, *auteur de la branche de Monteil.*

3° et 4° MARC ET LOUIS DE CUGNAC morts jeunes ;

5° JACQUETTE DE CUGNAC, morte jeune ;

6° MARIE DE CUGNAC épousa N. de La Bermondie, écuyer, seigneur de La Salvagie.

XII. **Charles de Cugnac,** *premier du nom, écuyer, seigneur de Caussade, Puyrigaud en Angoumois, etc.,* transigea le 1ᵉʳ septembre 1618, avec Louis de Galard-de-Béarn, écuyer, et vivait encore en 1629, suivant le testament de sa mère, qui le fit son légataire. Il avait épousé, par contrat accordé au château d'Escoire en Périgord, le 13 mai 1612, demoiselle Caterine de Rançonnet, fille de Benjamin de Rançonnet, écuyer, seigneur d'Escoire et de Polignac, et de feu dame Marthe de Raymond ; assisté de dame Anne d'Espagne, sa belle-mère, deuxième femme du seigneur d'Escoire, de Marie de Rançonnet, épouse de Louis de Galard-de-Béarn, comte de Brassac et de Raphaël de Banes, écuyer, seigneur de Maleffe, son curateur, etc. Elle fut héritière des Chabaudières, dans la paroisse de Ladurie en Angoumois, qu'elle porta à son mari. Ils eurent de leur mariage :

1° CHARLES II *qui continue la descendance de cette branche sous la dénomination de du Bourdet ;*

2° HENRI DE CUGNAC, mort à l'âge d'un an ;

3° SUZANNE DE CUGNAC contracta deux alliances : La première avec François Dupuy, écuyer, seigneur de Trigonan, fils de Jean Dupuy, écuyer, seigneur de Trigonan, et de Marie

Dupuy–de–La–Forêt, dont elle eut une fille unique mariée 1° à Henri de Saintours, écuyer, seigneur de La Bourlie. 2° le 4 juin 1670 à Jean de Cugnac, chevalier, seigneur de Loubejac, auteur de la branche de Trigonan.

Suzanne de Cugnac épousa en secondes noces, par contrat passé au château de La Roche–Jaubert, paroisse de Saint–Pantoly d'Exideuil, le 4 mars 1643, Armand de La Marthomie, chevalier, seigneur de Boschaud, etc. Ils acquirent conjointement par acte du 30 avril 1647 de Charles II de Cugnac, la seigneurie de Caussade, située, comme il a été dit, dans la paroisse de Trélissac, avec tous ses domaines, rentes et dîmes et en jouirent paisible-ment jusqu'au 3 janvier 1660, que le seigneur de Taillefer et sa femme firent saisir cette seigneurie ; mais il paraît qu'il fut fait ensuite un arrangement entre eux et qu'elle rentra dans la maison de Cugnac.

Avant de continuer la descendance de la branche de Caussade qui va prendre le nom de branche du Bourdet, nous placerons, ici, une notice sur la seigneurie de Caussade.

SEIGNEURIE DE CAUSSADE

La seigneurie de Caussade, située dans la paroisse de Trélissac près du château de Lanmary et dans la banlieue de Périgueux, avait appartenu de toute ancienneté à la maison de Vigier-de-Périgueux avant qu'elle entrât dans celle de Cugnac. La généalogie de cette ancienne maison n'ayant jamais été publiée et étant, par conséquent, peu connue, on a cru devoir, ici, en donner un précis tiré, en grande partie, des registres de la maison de ville de Périgueux et de plusieurs dépôts particuliers.

La maison de Vigier de Caussade l'une des plus anciennes et autrefois des plus considérables du Périgord, possédait, depuis plusieurs siècles, à titre de fief, la viguerie de Puy-Saint-Front, de Périgueux. Cette viguerie, qui n'était dans le principe, qu'une charge ou office, lui avait été inféodée par le chapitre de Périgueux, à une époque très reculée, et certainement avant le XIᵉ siècle. Une charte de l'abbaye de Saint-Astier nous a conservé la mémoire d'un seigneur de Vigier qui vivait avant l'an 1100 et le cartulaire de Chancelade fait connaître ses descendants jusqu'au commencement du XIIIᵉ siècle. On conservait autrefois dans les archives du château de Caussade un titre de l'an 1131, concernant *Hélie Iᵉʳ de Vigier* et Guillemette sa femme. On trouve après lui et dans le même siècle :

Hélie Vigier, deuxième du nom, épousa N... fille d'Emenon de Périgueux, qui le rendit père : 1º d'Hélie III qui suit, 2º d'un autre Hélie, père de quatre filles dont l'aînée épousa Guillaume de Mauriac ; 3º de Pierre dit Peyrot qui eut des enfants et 4º d'Himberge, femme de Bertrand de Born, seigneur de Hautefort.

Hélie Vigier, troisième du nom, épousa Jeanne de Pardaillan dont il eut : 1º Etienne qui suit ; 2º Geoffroi ou Jaufre ; 3º Plazance vivant en 1258 et 1276 qui eut deux fils et 4º Fine, mariée à Fortanier de La Cropte, chevalier.

Etienne Vigier, chevalier et viguier du Puy-Saint-Front de Périgueux, nommé dans les actes de 1236, 1237, 1247, 1258 et 1276 eut pour femme Géraude de Grignols et fut père de : 1º Hélie, chevalier, marié à Guillemine de Saint-Astier ; 2º Jean qui suit ; 3º Pierre, chevalier.

Jean Vigier, donzel, prit alliance avec Amélie de Salignac, veuve en 1304 et en eut : 1º Hélie qui suit ; 2º Pierre, marié à l'héritière de Prémilhac, forma une branche qui s'est éteinte dans le XVIᵉ siècle dans la maison de La Roche-Aymon ; 3º Marsebilie, femme d'Auger ou Augier de Montaut, chevalier.

Hélie Vigier, quatrième du nom, chevalier, était en 1301, sous la tutelle de Renaud de Salignac, son oncle maternel et ne vivait plus en 1329. Il avait épousé, avant l'an 1304, Arembore ou Aremburge de Périgueux, fille d'Hélie de Périgueux, chevalier, dont naquirent : 1º Corborand qui suit ; 2º Hélie ; 3º Mafre ; 4º Marquise, femme d'Hélie de Chabannes, chevalier.

Corborand Vigier, *premier du nom, chevalier,* capitaine général pour le Roi en Périgord, connu par un grand nombre d'actes, depuis l'an 1329 jusqu'en 1347 ; eut pour femme Marthe de La Faye, dite de Born, fille de Renaud, seigneur d'Hautefort, Thenon, etc., et de Souveraine de Comborn. Leurs enfants furent : 1° Corborand ; 2° Mafre ; 3° Astier ; 4° Raymond.

Corborand Vigier, deuxième du nom, épousa Isabeau de Domme (ou Dôme) fille unique et héritière de Gilbert de Domme, chevalier, seigneur du château et châtellenie de Domme-Vieille, du repaire de Calmon, de Daglan, Paulhac, Vimenières, Florimont, Puechimbert, Gaumiers, Nebirac, Gaulejac, Vitrac, etc., et petite-fille de Guillaume de Domme, chevalier, seigneur des mêmes lieux.

BRANCHE DU BOURDET, EN POITOU

CETTE BRANCHE EST LA SEULE AYANT ENCORE DES DESCENDANTS
DIRECTS DE MALE EN MALE

XII. **Charles de Cugnac**, *deuxième du nom, chevalier, seigneur de Caussade, Puyrigaud, Le Bourdet, Chadurie, etc.*, quitta le Périgord pour aller habiter le Poitou, où il devint seigneur du Bourdet, par son mariage, dont le contrat fut passé au village de Texiers, paroisse de Tugeras, le 7 juin 1647, avec demoiselle Catherine-Acarie-du-Bourdet (1), fille de haut et puissant seigneur messire Acarie, seigneur de La Rousselière, Boisredon, Chartuzac, et Tugeras, conseiller du roi, en ses conseils d'état et privé, capitaine au régiment des gardes, maréchal de camp, et de dame Philippe du Chemin de Chartuzac.

Il ne vivait plus le 16 mai 1668, lorsque sa veuve, au nom de ses enfants dont elle était tutrice, obtint de M. d'Aguesseau, intendant de Limoges, acte de la représentation des titres justificatifs de leur noblesse depuis 1539.

X J'ajouterai, ici, quelques détails qui m'ont paru intéressants sur la seigneurie du Bourdet et sur la famille Acarie du Bourdet.

---

(1) Catherine Acarie était issue d'une ancienne famille alliée à plusieurs grandes maisons du royaume, entr'autres à celle de Rochechouart, dont une branche, connue sous le nom de Rochechouart-Jars, seigneur du Bourdet, a possédé longtemps la terre de ce nom.

SEIGNEURIE DU BOURDET

✕ La seigneurie du Bourdet se compose de trois châtellenies. Elle n'avait jamais été vendue, jusqu'au jour où elle fut saisie comme propriété d'émigré et vendue en détails en 1793. Ses revenus qui étaient considérablesconsistaient surtout en droits féodaux qui furent abandonnés par le libre consentement de la noblesse, dans la séance du 4 août 1789, des états généraux. Cet abandon s'était fait à la condition d'une indemnité, qui n'a jamais été accordée.

La seigneurie du Bourdet appartenait de temps immémorial à une branche de la maison Rochechouart qui en a porté le nom, commeʃon le voit dans l'histoire des grands officiers de la Couronne par le père Anselme, tome IV, page 655. On y trouve, dans l'histoire de la maison de Rochechouart, une branche sortie de la branche de Jars, qui porte le nom de Rochechouart, seigneur du Bourdet.

« Jean de Rochechouart eut en partage la seigneurie du Bourdet, en 1419, *sous le règne* « *de Charles VI*. Son fils cadet forma la branche des seigneurs de La Mothe-Chandenier. « Geoffroi de Rochechouart fut seigneur du Bourdet en 1454. — Jacques de Rochechouart, « seigneur du Bourdet, mourut en 1501.

« Andrée, sa fille, mariée le 15 janvier 1496 à Mery-Acarie, seigneur de Crezannes 'en « Poitou, mort en 1513. Elle hérita de ses deux frères et mourut en 1522. Son dernier frère « était mort en 1508. »

On peut donc assigner cette date de 1508, comme date de l'entrée de la seigneurie du Bourdet dans la famille Acarie.

Jacques de Rochechouart, cité plus haut, est mentionné dans un acte conservé au château du Bourdet et qui échappa par hazard à l'incendie des archives pendant la révolution. Il est aujourd'hui dans les archives du château d'Epannes. C'est un « arrest du parlement de « Bordeaux du septième septembre, mille quatre cens huitante sept ; contre les sieurs du « Bourdet, de Saint-Georges, et Varnises. On y voit que le seigneur de Saint-Georges était « Guion Chastagner, chevalier ; et le sieur du Bourdet était Jacques de Rochechouart. On y « voit aussi qu'en ce temps-là, le Bourdet était une châtellenie de Frontenay l'Abattu. »

La seigneurie de la Mothe–Chandenier qui donna son nom à une branche de la maison de Rochechouart est située à deux lieues de Loudun, département de la Vienne. Il y existe encore un superbe château. On y voit une magnifique table en marbre blanc soutenue par des sphinx portant l'écusson des Rochechouart. Le célèbre marquis de Chandenier, capitaine des gardes sous Louis XIII, appartenait à cette branche de la famille de Rochechouart.

NOTICE SUR LA FAMILLE ACARIE-DU-BOURDET

Cette famille qui s'est illustrée dans l'armée française et qui a eu l'honneur de compter parmi ses membres la bienheureuse Acarie, sœur Marie de l'Incarnation, mérite une mention particulière.

Plusieurs des membres de cette famille ont occupé de hauts grades dans l'armée et se sont distingués dans les guerres du XVIᵉ et du XVIIᵉ siècle. Il est intéressant de les citer dans l'ordre chronologique et de donner en même temps quelques détails historiques sur chacun d'eux. Cette famille est fort ancienne, mais le premier de ses membres sur lequel nous possèdions des renseignements certains est :

Méry Acarie seigneur de Crézannes, en Poitou, marié le 15 janvier 1496 à Andrée du Rochechouart, fille de Jacques de Rochechouart du Bourdet. Sa femme ayant hérité de le seigneurie du Bourdet après la mort de ses deux frères, il devint seigneur du Bourdet et mourut en 1513. Il était probablement père de :

Jean Acarie du Bourdet qui se rendit célèbre par ses hauts faits d'armes, parmi les huguenots. Comme il était aussi seigneur de Tugeras, en Saintonge, non loin de Jonzac, il soutint la guerre en Périgord comme chef d'une compagnie franche.

Il est cité dans l'histoire des grands capitaines par Brantôme :

« Lorsque le 30 juin 1559, Henry II fût mortellement blessé par Montgomery, il montait
« un cheval qui s'appelait : le Turc. C'était sans doute un de ces étalons arabes, que les
« sultans de Constantinople envoyaient souvent à titre de présents aux rois leurs alliés.
« Après la mort du roy, arrivée le 10 Juillet suivant, le duc de Savoye fit don de cet animal
« de prix, au capitaine Bourdet un des plus vaillants gentilshommes de France. »

Il est cité aussi dans l'histoire universelle de d'Aubigné, entr'autres fois, page 224 :

« . . . . . Le Bourdet, chef d'un corps de troupes en Guienne, huguenot, sous les ordres de Duras. »

Et aussi, page 326 — siège de Chartres en 1568.

« . . . . . Le Bourdet Xaintongeois, fut commandé pour, à la faveur de quelque attaque légère, faire une reconnaissance de brèche, ce qu'ayant fait et parfait au petit pas, il tourna visage à ceux qui le tiraient pour leur dire : « Vous le paierez, galants » et aussitôt fut tué d'une arquebuse entre les deux yeux. Le regret de ce gentilhomme courtois et vaillant, fit donner les soldats sans ordre et sans apparence au ravelin, qu'ils emportèrent etc. »

Il était probablement père de :

Messire Jean Acarie du Bourdet, chevalier de l'ordre du roi, gentilhomme ordinaire de sa chambre, capitaine d'une compagnie de gardes françaises.

Il est cité dans Neufville avec son fils Acarie–du–Bourdet, maréchal de camp, et son petit fils Louis-François Acarie–du–Bourdet, qui commandèrent successivement la même compagnie des gardes. Tome III, pages 276, 342, etc. (Table alphabétique, du Bourdet) histoire

des gardes françaises. « La compagnie d'Avrolles fut commandée en 1612 par N. de Bourdet...
« Il y avait été nommé par le duc d'Epernon, il avait rang de colonel. Son fils Louis lui
« succèda dans le commandement de cette compagnie en 1631. Il fut chef de toutes les com-
« pagnies des gardes à Casal, en 1640 ; il y reçut 22 blessures et devint maréchal de camp
« en 1649. Son petit-fils lui succèda et fut tué en 1656. »

Louis Acarie reprit sa compagnie et la vendit en 1657 après avoir fait le siège de Turin,
étant, déjà, très avancé en âge.

Jean Acarie est encore cité dans une déclaration de biens que j'ai trouvée dans les
anciennes archives du château d'Epannes, on y lit : « Haut et puissant messire Jean Acarie,
« chevalier de l'ordre du roi, notre sire, gentilhomme ordinaire de sa chambre, capitaine
« d'une compagnie de 50 chevau-légers et d'une compagnie de gens de pied, seigneur de la
« Gore en 1606. » Il se distingua, au siège de Montauban, en 1612. Voir Neufville. Il eut
pour enfants :

1º *Louis Acarie du Bourdet* dont l'article suit :

2º *Réné Acarie du Bourdet*, maréchal de camp, le 27 mars 1649 ; est connu par la chronologie de Pinard. On peut y voir sa vie, au rang des maréchaux de camp.

Il résulte d'une lettre écrite par Paul Philippe, vicomte du Bourdet, le 22 juin 1743 et
conservée dans mes archives, que Réné Acarie avait épousé Mlle de La Rochefaucaud, dont il
eut un fils, Pierre.

Pierre Acarie du Bourdet épousa Charlotte de Bacqueville. Ils eurent pour enfants :

Pierre Acarie du Bourdet, baron du Bourdet, qui est mort sans enfants. En lui s'éteignit
la postérité mâle de cette branche, la branche aînée étant éteinte en la personne de Louis
François, tué au siège de Valenciennes.

3º *Charlotte Acarie du Bourdet* épousa Charles de Poussard–de–Fors–du–Vigean. Leur
fille fut la duchesse de Richelieu, dame d'honneur de la Dauphine sous Louis XIV.

*Louis Acarie du Bourdet, capitaine d'une compagnie des gardes françaises en 1631,
maréchal de camp le 10 mars 1649.* On voit qu'il fut nommé général la même année et dans
le même mois que son frère cadet René, dont nous avons parlé plus haut : il est connu par la
chronologie historique et militaire de Pinard, livre d'une authenticité officielle, comme le
P. Anselme et Neufville, on peut y voir sa vie tome VI. p. 250. Il est cité dans l'histoire de
l'ancienne infanterie française par Suzanne, capitaine d'artillerie, aujourd'hui général, tome II
p. 63 environ, histoire des gardes françaises vers 1640 :

« Les huit compagnies qui étaient en Italie, servirent le 29 avril à l'attaque des retran-
« chements de Liganez devant Casal. Elles y furent repoussées trois fois par un feu à bout
« portant, sans se laisser décourager. Elles revinrent une quatrième fois à la charge, pénétrè-
« rent jusqu'au milieu des bataillons espagnols, et s'emparèrent de la principale redoute, ce
« qui détermina la chute de toutes les autres. Le capitaine du Bourdet (1) qui commandait
« le bataillon y reçut 22 blessures qui ne l'empêchèrent pas de servir au siège de Turin, où
« les gardes se rendirent ensuite. »

« (1) Note de l'auteur. Louis Acarie du Bourdet, capitaine aux gardes dès 1642 parvint au grade de maréchal
de camp le 10 mars 1649. Il donna sa compagnie à son fils en 1651. Mais celui-ci ayant été tué devant Valenciennes en 1656, le père la reprit et ne s'en démit qu'en 1657. »

Louis du Bourdet est encore cité dans Neufville tome III, page 264. Nous avons vu à l'article de Jean Acarie, son père, qu'il est aussi nommé dans cet auteur, même volume, pages 276 et 342. Il épousa dame Philippe-du-Chemin-de-Chartuzac, dont il eut pour enfants :

1° *Louis-François Acarie du Bourdet* dont l'article suit :

2° *Catherine-Acarie du Bourdet* épousa en 1647 Charles de Cugnac deuxième du nom, seigneur de Caussade, qui devint seigneur du Bourdet, après la mort de son beau-père, Louis Acarie, son beau-frère, Louis-François Acarie, étant mort avant son père.

3° *Louise-Acarie du Bourdet*, qui épousa messire Honoré Parfait, chevalier, seigneur de Fontenay, Boisredon, etc. Elle est citée ainsi que sa sœur dans une lettre du 22 juin 1743. (Archives du château d'Epannes.)

Messire Louis-François Acarie du Bourdet, capitaine aux gardes françaises. Il est cité dans l'histoire de Suzanne, tome 11, page 77.

« En 1656, le régiment fut partagé entre les deux armées des maréchaux de Turenne et de la Ferté. Ces deux maréchaux se réunirent le 15 juin pour faire le siège de Valenciennes. Les gardes furent fort maltraités dans la sortie que firent les assiégés dans la nuit du 15 au 16 juillet, pendant que le prince de Condé attaquait les lignes de l'armée française. Les officiers qui furent tués ou qui moururent des blessures reçues dans cette malheureuse affaire étaient les capitaines du Bourdet, etc.... » Il avait épousé N. de Mazotte dont il eut une fille :

Angélique-Acarie du Bourdet qui épousa Charles de Durfort, marquis de Civrac.

Une autre branche de la famille du Bourdet existait en même temps et habitait Paris vers 1580. Elle a eu l'honneur d'avoir un de ses membres, messire Acarie, maître des comptes, marié en 1583 à *Barbe Avrillot*, qui étant veuve, avec quatre enfants, entra en religion et est devenue la *bienheureuse Marie de l'Incarnation*, connue sous le nom de la *bienheureuse Mme Acarie*. Elle était fille de Nicolas Avrillot et de dame Marie Lhuillier, tous deux de famille noble ; son mari suivit le parti de la ligue et fut exilé à Villers-Cotterets. Elle fut béatifiée le 5 juin, alias le 29 mai 1791 par S. S. le pape Pie VI. Sa vie a été écrite par M. de Falloux, membre de l'Académie française. Il cite parmi les alliances celle des La Rochefoucaud, comme nous l'avons vu plus haut, à cause du mariage de René Acarie avec une La Rochefoucaud (p. 114). La Bienheureuse Acarie est en grande vénération à l'église Saint-Méry, à Paris, et dans l'ordre du Carmel, dont elle est la fondatrice en France. Je possède quelques parcelles de ses reliques et j'ai fait placer sa statue dans l'église d'Epannes.

J'ai donné ces détails, ici, par la raison que si l'on s'honore à bon droit, de la gloire militaire acquise par ses ancêtres et par les alliés de sa famille, l'on doit s'honorer encore bien plus, de la gloire éternelle acquise par ceux qui ont été mis au nombre des saints.

Je vais reprendre, maintenant l'histoire de Charles II de Cugnac où je l'avais laissée (page 111).

+ Charles de Cugnac, deuxième du nom, eut, de son mariage avec Catherine Acarie du Bourdet, quatre enfants :

1° JEAN-LOUIS, dont l'article suit :

2° JEAN-LOUIS DE CUGNAC, *auteur d'un rameau établi à La Fère, en Picardie ;*

3° ALEXANDRE EMMANUEL DE CUGNAC, *capitaine dans le régiment des fusiliers du Roi,* en 1680, mort sans alliances ;

4° MARIE AGNÈS DE CUGNAC épousa par contrat du 18 juillet 1673, messire Jean Pascaut, chevalier, seigneur baron de Poléon, en Aunis.

✕ Leurs noms sont relatés dans plusieurs actes notariés conservés dans mes archives.

1° Cession faite le 3 juillet 1717 par la comtesse du Bourdet, avec procuration de son mari Jean-Louis, brigadier des armées du Roi, du consentement du comte de Poléon, son beau-frère, du vicomte du Bourdet, son neveu, etc.

2° Un acte d'huissier, où l'on voit que Marie-Agnès, dame de Poléon, avait eu une fille Angélique, qui était héritière d'une moitié de ses biens.

D'après une tradition de famille, il y aurait eu une querelle entre les Poléon et les Cugnac, qui aurait amené un duel de trois frères Poléon, contre trois frères Cugnac, dans lequel l'aîné des Cugnac, préoccupé de son jeune frère, qui se battait à ses côtés, fut tué par son adversaire.

Je vais mentionner, ici, quelques actes notariés qui ont rapport à Charles II de Cugnac et en donner quelques extraits.

Son contrat de mariage est produit dans les preuves de page de Gaspard de Cugnac. Il avait été reçu par Me Collon, notaire à Tugéras, en Saintonge. Cette seigneurie qui appartenait à messire Louis-Acarie, son beau-père, était située près de Puyrigaud et fut, sans doute, l'occasion de l'alliance des Cugnac avec la fille des Seigneurs du Bourdet qui est situé près de Niort. Ce contrat est signé par les parents, parmi lesquels on remarque six Galard de Béarn, on y voit aussi que Charles II de Cugnac habitait Caussade, ensuite Puyrigaud, lorsqu'il eût vendu Caussade à sa sœur Suzanne. Il habita ensuite le Bourdet, après la mort de son beau-père, au siège de Valenciennes.

Charles de Cugnac est cité avec le titre de marquis de Cugnac, dans un acte notarié — pièce originale — qui est une cession faite par sa belle-fille, la comtesse du Bourdet, femme de Jean-Louis. On y nomme aussi Jean-Louis, chevalier de Saint-Louis, brigadier des armées du roi et son épouse qui habitait Puyrigaud.

Il est cité encore, dans un état de lieux dressé à Puyrigaud après sa mort ; il y est nommé seigneur du Bourdet, Puyrigaud, Caussade. (Voir aux archives d'Epannes.)

On voit, par tout ce qui précède, que les Cugnac de Caussade et les Acarie du Bourdet appartenaient au parti calviniste, et qu'ils combattirent avec Henri IV. J'espère qu'ils se convertirent au catholicisme avec lui, mais cependant il se peut faire que la conversion des Cugnac du Bourdet n'eut pas lieu avant celle de Mme de Maintenon, leur parente. A cette époque, une grande partie des seigneurs du Poitou étaient encore de la religion réformée, et ils furent convertis par les prédications de Fénelon, archevêque de Cambrai, que Mme de Maintenon avait envoyé en mission dans son pays natal.

+ XIV. **Jean-Louis de Cugnac,** *chevalier, seigneur, marquis du Bourdet, seigneur de Puyrigaud,* etc., *enseigne des gardes du corps du roi,* était en 1680, *capitaine dans le régiment des fusiliers du roi,* puis *colonel d'infanterie.* Il partagea avec ses frères les biens provenant de la succession de leurs parents, était, en 1689, exempt dans la deuxième compagnie des gardes du corps, et se distingua, en cette qualité, au combat de Leuze, en 1691, en eut l'aide-majorité, après la mort du chevalier de la Chaise, qui fut tué dans cette action ; fut ensuite enseigne par l'avancement de M. de Chaseron.

✕ Le grade d'enseigne des gardes du corps du roi, équivalait à celui de mestre de camp, le grade de lieutenant, à celui de général.

Jean–Louis est nommé dans une copie de l'acte de renonciation de Mme du Bourdet, extrait des registres des greffes de Paris :

« Jeanne–Marie–Antoinette de Châteauneuf, veuve de messire Jean-Louis de Cugnac « vivant, chevalier, marquis du Bourdet. »

Voir aux archives d'Epannes, n° 11.

On peut également mentionner les actes suivants, conservés dans les archives d'Epannes.

Dossier A, n°ˢ 3 et 12. Un inventaire pour enfants mineurs :

« A la requête de dame Marguerite de Châteauneuf et de messire Eléonore de Goussé « de La Roche-Allard, en nom et comme ayant ordre de dame Jeanne-Marie-Antoinette de « Châteauneuf, veuve et non commune de biens de feu messire Jean-Louis, marquis de « Bourdet. » La dame de La Roche-Allard, demeurant paroisse de Genouillé, en Saintonge, et la dame du Bourdet, demeurant à Paris. 17 février 1694. »

Dossier A, n°ˢ 3 et 13. Acte pour louer la grande métairie du Bourdet, à moitié, quitte des devoirs féodaux.

« Ville et duché de Fontenay. Haute et puissante dame Antoinette de Châteauneuf, « épouse de haut et puissant messire Jean-Louis de Cugnac, chevalier, seigneur, marquis « du Bourdet, 6 février 1690. »

— Bail de ferme.

« Prince de Rohan, duc de Frontenay, etc. Antoinette de Châteauneuf, veuve du mar-« quis de Bourdet, 10 octobre 1713. »

— Acte devant le parlement de Guienne. Sont nommés :

« Dame Angélique-Acarie du Bourdet, épouse de messire Charles de Durfort, chevalier, « seigneur, marquis de Civrac, et messire Jean-Louis de Cugnac, chevalier, marquis du « Bourdet, capitaine exempt dans les gardes du corps, y servant actuellement ; Jean-Louis « et Alexandre-Emmanuel de Cugnac, chevaliers, seigneurs de Puyrigaud, l'un lieutenant-« colonel du régiment de Périgord, et l'autre, capitaine dans le régiment des fusiliers du « roi, présens par procuration du 18 janvier 1688, et le marquis de Poléon, époux de « Marie–Agnès de Cugnac, 26 mai 1688. »

— Acte notarié où sont nommés :

« Messire Honoré Parfait, chevalier, seigneur de Fontenay, Boisredon, etc., et dame « Louise–Acarie du Bourdet, son épouse, demeurant au château de Boisredon ; Jean-Louis, « marquis du Bourdet, mestre de camp de cavalerie et enseigne des gardes ; Angélique-« Acarie, veuve de Charles de Durfort ; Jean–Louis, chevalier du Bourdet, seigneur de « Puyrigaud, colonel du régiment de Laonnois, 17 janvier 1693. »

— Deux actes notariés de 1696, sans renseignements nouveaux.

Jean-Louis est cité dans l'histoire et état de la maison du roi, de l'abbé de Neufville, tome I, pages 257 et 5 des additions et corrections :

« Jean–Louis de Cugnac, marquis du Bourdet, en Saintonge. Il était, en 1680, capitaine « dans le régiment des fusiliers du roi, et en 1689, exempt dans la compagnie. Il se distingua, « en cette qualité, au combat de Leuze, en 1691, en eut l'aide-majorité après la mort du

« chevalier de la Chaise, qui fut tué dans cette action ; fut ensuite enseigne par l'avancement
« de M. de Chaseron. Il mourut en 1693 (1). Il laissa entre autres enfants, M. du Bourdet,
« lieutenant de la compagnie, dont il est parlé ci-devant. »

Les renseignements de ce livre sont considérés comme officiels.

L'histoire des chevaliers de Saint-Louis, par Théodore Anne, nous apprend que Jean-
Louis, marquis du Bourdet, était chvalier de Saint-Louis du 1er février 1694, c'est-à-dire
de la seconde promotion de l'Ordre, ce qui donne un grand prix à cette nomination, vu la
rareté des croix de Saint-Louis, données à cette époque, où elles ne furent données que pour
des faits d'armes et la bravoure la plus éclatante. La fondation de l'Ordre est d'avril 1693.

Tome I, pages 126 et 127.

« La promotion du 1er février 1694 comprenait, outre les personnages déjà cités, les
« officiers dont les noms suivent et qui sont inscrits, comme les premiers, sur le registre
« déposé aux archives de la guerre..... du Bourdet, enseigne des gardes du corps. »

Le motif devait être sa valeur à la bataille de Nerwinde, où se trouvait la maison du roi,
dans l'armée du maréchal de Luxembourg.

Si les archives de la famille n'ont pas conservé trace de cette nomination, c'est que
Jean-Louis mourut l'année 1694, et que tous les actes que nous avons, sont antérieurs à cette
nomination. Il n'en est pas moins vrai que c'était un oubli déplorable, et qu'il est heureux
pour la famille, que cette illustration ait été retrouvée.

Je reprends la généalogie de Lépine :

+ Jean-Louis mourut au mois de janvier 1694, se rendant à Paris pour obéir aux ordres
du roi.

✕ Nous avons vu que Neufville le fait mourir en 1693. Ces deux dates ne s'accordent
pas avec sa promotion de chevalier de Saint-Louis qui est du 1er février 1694, à moins
d'admettre qu'il ait été nommé par le roi au moment de sa mort, et maintenu sur la promotion qui ne fut datée que de quelques jours après. D'après un renseignement que j'ai copié
chez M. d'Hosier, en 1849, Jean-Louis serait mort le 27 janvier 1694 et serait enterré dans
l'église de Saint-Roch, à Paris. J'ai recherché sa tombe, mais elle y est ignorée.

D'après les traditions de la famille, Jean-Louis de Cugnac était l'ami de Mme de
Maintenon, qu'il avait connue, sans doute, en Poitou, où elle avait été élevée au château de
Mursay, près de Niort. Il était, de plus, beau-frère de son cousin germain, messire Philippe
de Valois, marquis de Villète, qui avait épousé Marie-Anne de Châteauneuf, le 20 janvier
1662. Une querelle d'intérieur avait brouillé Mme de Maintenon avec Mme de Caylus, sa
nièce à la mode de Bretagne. Le roi savait que le marquis du Bourdet, qui était l'oncle de
Mme de Caylus, était leur ami commun, et qu'il était seul capable de les raccommoder. Il lui
fit alors dire de se rendre à la Cour immédiatement. Le marquis du Bourdet partit, quoique
malade, et pendant le voyage il mourut à Orléans. Le roi fut vivement touché de sa mort et
se chargea de ses enfants dont il fit entrer les deux aînés dans ses pages.

Voici la filiation qui établit ces parentés :

B. de Valois, marquis de Villète, épouse Louise d'Aubigné de Mursay, tante de Mme de
Maintenon. Ils eurent pour fils :

(1) Il y a, suivant moi, une erreur de date de quelques mois.

Philippe, marquis de Villète, cousin germain de Mme de Maintenon, qui épousa Marie-Anne de Châteauneuf, sœur d'Antoinette de Châteauneuf, épouse de Jean-Louis de Cugnac, marquis du Bourdet. Ils eurent pour fille :

Marguerite de Valois-Mursay de Villète, qui épousa Jean, comte de Lévis-Caylus.

On y voit que Mme de Caylus était nièce du marquis de Cugnac du Bourdet. C'est l'auteur des *Souvenirs de Mme de Caylus*.

✝ Jean-Louis de Cugnac avait épousé, par contrat du 4 août 1680, reçu par Lambernau, notaire à Coulonges-les-Royaux, en Poitou, au château de Dislai, paroisse d'Ardin, demoiselle Jeanne-Marie-Antoinette de Châteauneuf, fille de messire Gaspard de Châteauneuf (1), seigneur de Dislai et d'Ardin, etc. etc. et de dame Marie-Antoinette de Bezins en présence de haut et puissant seigneur Hélie de Sainte-Hermine, de dame Marie-Anne-Hipolite de Châteauneuf, épouse de haut et puissant seigneur Philippe de Valois, chevalier, seigneur de Mursay, Villète, etc., capitaine d'un des vaisseaux du roi, de messire César de Montalembert, seigneur de Cergne, etc., leurs proches parents.

✕ Ce contrat est rapporté dans les preuves de page de Gaspard de Cugnac. L'acte de mariage se trouve encore dans les registres de la commune d'Ardin. J'en ai pris la copie qui est dans les archives du château d'Epannes.

Antoinette de Châteauneuf mourut le 27 septembre 1727, au château du Bourdet, comme on le voit dans un acte de notoriété qui est aussi dans les archives du château d'Epannes.

✝ De ce mariage naquirent six enfants :

✕ 1° L'aîné a occupé une place importante dans l'histoire et les nombreux passages où il est cité, m'engagent à faire sur lui un article spécial.

VIE DE GASPARD DE CUGNAC, MARQUIS DU BOURDET

✝ GASPARD-LOUIS-PHILIPPE DE CUGNAC, *marquis du Bourdet,* né dans la paroisse d'Eschiré, au diocèse de Saintes, le 12 mai 1681, fut mis, ainsi que Charles-Denis, son frère, le 24 février 1694, sous la tutelle de Jeanne-Marie-Antoinette de Châteauneuf, leur mère; fut reçu *page du roi Louis XIV, dans sa petite écurie, sur ses preuves faites,* le 30 mai 1697; commença à servir en 1700, eut *un bâton d'exempt dans les gardes du corps,* par lettres de retenue du 10 mars 1702, et se trouva, en cette qualité, dans toutes les occasions où fut le corps. *Le roi lui donna un régiment,* en 1706 (2); *l'aide-majorité* et une *enseigne de la seconde compagnie des gardes du corps,* en 1720; *une lieutenance,* en 1732, après la mort de monsieur de Saint-Chamans; fut nommé *brigadier,* en 1734 et *maréchal des camps et armées du roi,* en 1738.

✕ Gaspard est nommé dans un acte de cession, déjà cité, p. 171 :

« 3 juillet 1717 ..... haut et puissant seigneur, messire Louis-Gaspard-Philippe de « Cugnac, marquis, seigneur du Bourdet, etc., exempt des gardes du corps du roi et mestre « de camp de cavalerie, demeurant en son château du Bourdet. »

Il est question dans cet article du seigneur d'Alloné-des-Agneaux qui avait épousé, d'après d'autres renseignements, une demoiselle Acarie, sœur de Caterine-Acarie, épouse de Charles de Cugnac.

(1) Mademoiselle de Châteauneuf avait deux sœurs mariées, dont la postérité est représentée aujourd'hui, par la maison d'Aubigny à Falaise, et par les seigneurs de la Rochejacquelein et de Suzannet en Poitou.
(2) Il avait alors vingt cinq ans.

C'est, sans doute, celui dont parle Sully, tome V, p. 447 :

« François d'Alloné-des-Agneaux, nommé par le roy lieutenant de roi de Saint-Jean
« d'Angely, dont le duc de Rohan était gouverneur. » Il avait environ quatre-vingts ans.

Les preuves de Gaspard existent encore et sont conservées à Paris, dans la bibliothèque
royale, impériale ou nationale, suivant le gouvernement existant en France, rue Richelieu,
à Paris. Elles y sont placées dans le cabinet du Saint-Esprit, section des manuscrits. J'en ai
une copie officielle, je l'ai fait faire par un notaire. Voir aux archives d'Epannes.

J'ai, en outre, deux autres exemplaires de ces preuves, mais qui n'ont plus le même
caractère officiel. L'une vient, je crois, de l'ancien cabinet d'Hoziers, elle a le mérite de
contenir les actes dans leur entier, tandis que la première n'en a que des résumés. L'autre
a été tirée des manuscrits du marquis d'Aubay, mort dans son château d'Aubay, près de
Nîmes en 1717. Elle a été recueillie par M. Pierre de Cugnac-Tourondel, anciennement
capitaine d'infanterie au régiment de Royal-Vaisseau, qui l'a trouvée à Bagnols, dans un
voyage qu'il y a fait en octobre 1809.

Il existe encore dans les archives d'Epannes une lettre du 22 juin 1743, adressée au
marquis du Bourdet, maréchal de camp des armées du Roy, à la Fère en Picardie signée de
son frère le vicomte du Bourdet.

Je possède, à Epannes, un beau portrait de Gaspard. Il est en cuirasse et porte une
écharpe blanche, en sautoir de droite à gauche. L'écharpe blanche était le signe du commandement en chef, comme aujourd'hui les plumes blanches sur les chapeaux des généraux en chef.
Ce portrait a été envoyé à nos grands-pères du Bourdet, lors de l'extinction de la branche
de Cugnac de la Fère.

Les preuves de cour, relevées aux archives nationales, hôtel Soubise, ancien palais des
Guise, à Paris, rue des Francs-Bourgeois, dont nous avons parlé plus haut, font mention :
« de la branche des seigneurs de Caussade, titrés marquis du Bourdet qui a fourni un colonel
« des gardes du corps. » C'est Gaspard de Cugnac.

La chronologie historique et militaire de Pinard, livre reconnu comme officiel, donne
l'histoire de Gaspard, tome VII, page 155 :

Histoire des maréchaux de camp

« *Du Bourdet* (Gaspard-Louis-Philippe de Cugnac, marquis).

« Maréchal de camp, le 1er mars 1738, âgé de cinquante-sept ans.

« Mousquetaire en 1696, il fit cette campagne et la suivante en Flandre se trouva au
« camp de Compiègne en 1698, en Flandre, en 1701.

« Exempt de la compagnie des gardes du corps du roi (aujourd'hui Beauvau) par
« retenue du 10 mars 1702, il se trouva au siège d'Ech.... ren en 1703, à la bataille de
« Ramilies en 1706, à celle d'Oudenarde en 1708, de Malplaquet en 1709, aux sièges de
Douai et Quesnoi en 1712, à ceux de Landau et de Fribourg en 1713.

« Il obtint, le 22 février 1716, une commission pour tenir rang de mestre de camp de
« cavalerie, devint aide-major de sa compagnie, le 18 décembre 1720, avec rang d'enseigne
« par brevet du même jour, troisième enseigne le 1er avril 1727, deuxième enseigne, le
« 16 avril 1729 ; premier enseigne, le 25 janvier 1731 ; troisième lieutenant, le 13 jan-
« vier 1732.

Par ordre du Ministre Secrétaire d'Etat de la guerre,

Le Conseiller d'Etat, directeur de la comptabilité générale, certifie que des registres matricules et documents déposés aux archives de la guerre, a été extrait ce qui suit :

NOMS ET SIGNALEMENT	DÉTAIL DES SERVICES	
du Bourdet (Gaspard-Louis-Philippe, marquis.)	Mousquetaire en............	1696
	Exempt de la Compagnie des gardes du corps du Roi, devenue compagnie Beauvau..	10 mars 1702
	Mestre de camp de cavalerie...	24 février 1716
	Aide-major de la compagnie des gardes du corps avec rang d'enseigne le..............	18 déc. 1720
	Troisième enseigne, le........	1ᵉʳ avril 1727
	Deuxième enseigne, le...... ..	16 avril 1729
	Premier enseigne, le..........	25 juin 1731
	3ᵐᵉ lieutenant de la compagnie.	13 juin 1732
	Brigadier, le............	20 février 1734
	2ᵐᵉ lieutenant de sa compagnie.	28 sept. 1737
	Maréchal de camp, le........	1ᵉʳ mars 1738
	Quitte le service........	mai 1742
	Décédé le.................	20 mai 1761
	Campagnes, 1696 à 1697 — en Flandre, de 1701 à 1713, en Flandre et sur le Rhin, 1735 à 1737 sur le Rhin.	

En foi de quoi le présent certificat a été délivré pour servir et valoir ce que de raison.

Paris, 10 mars 1860.   *Signé :* PETITET.

« Brigadier par brevet du 20 février 1734, employé en cette qualité à l'armée du Rhin,
« par lettres du 1er avril 1735, il se trouva à l'affaire de Clausen, devint deuxième lieutenant
« de sa compagnie, le 28 septembre 1737, obtint le grade de maréchal de camp, par brevet
« du 1er mars 1738 et quitta sa brigade et le service en mai 1742. »

Je me suis fait délivrer une copie officielle des actes de service de Gaspard, au ministère
de la guerre, elle est dans les archives d'Epannes. En voici un *fac simile*. (voir à la page
précédente).

On trouve aussi plusieurs fois le nom de Gaspard de Cugnac dans *l'état de la maison
du Roi de Neufville*, tome III, pages 2 et 3 :

« 2me Compagnie des gardes du corps français.

« ... Gaspard–Louis–Philippe de Cugnac, du Bourdet, troisième lieutenant fait briga-
« dier, le 20 février 1734. »

Voir encore le tome I, pages 250 ou 260.

Gaspard fut nommé chevalier de Saint-Louis, sans que les historiens aient pu retrouver,
comme pour tant d'autres, la date de sa nomination. Mais son titre est prouvé par la qualité
de parrain qu'on lui trouve dans les réceptions de chevaliers de Saint-Louis. Voici ce que
dit, à ce sujet, Théodore Anne dans son *histoire des chevaliers de Saint-Louis*, tome II,
page 24 :

« Officiers portés chevaliers de Saint-Louis de 1734 à 1748. — note (5). Nous n'avons
« pu retrouver la nomination du marquis du Bourdet (Gaspard–Louis–Philippe de
« Cugnac) lieutenant des gardes du corps, brigadier en 1734, maréchal de camp en 1738
« (*état militaire* 1759).

« Le registre de 1731 à 1736 dit : *Cugnac* est de Périgueux. Garde du corps du Roi
« depuis 15 ans, dans la compagnie de Charost, capitaine d'une compagnie de nouvelle levée
« en 1733, mort en 1745. »

Je ne sais quel est ce dernier Cugnac, d'après les dates, ce ne peut être Gaspard.

On lit dans le même ouvrage, page 101.

« Chevalier de Saint-Louis dont le titre est prouvé par la qualité de parrain.

Extrait des registres de l'ordre, archives de la guerre.

« *Du Bourdet*, maréchal de camp, ci-devant lieutenant des gardes du corps, compagnie
« de Charost, chargé de recevoir M. Brinsac, sous-brigadier de la même compagnie, nommé
« chevalier de Saint-Louis, le 31 janvier 1747. »

Le portrait de Gaspard ne porte pas la croix de Saint–Louis, mais on peut se demander
s'il était d'usage, en ce temps, de la porter ainsi sur une cuirasse où il n'y a pas de place
pour l'attacher.

Gaspard est encore cité dans la *France militaire*, tome II, page 56.

« *Gaspard-Louis-Philippe de Cugnac, marquis du Bourdet*, nommé maréchal de camp
« en 1738. »

L'histoire des chevaliers de Saint–Louis, par d'Aspect, nomme un du Bourdet cité pour
sa haute valeur à la seconde bataille d'Hochstett. C'est Gaspard ou Jean–Louis de Cugnac de
La Fère.

Enfin voilà ce qui prouve encore que Gaspard fut chevalier de Saint–Louis.

On trouve dans les archives du ministère de la guerre dans le sceau de l'ordre militaire de Saint–Louis à partir de 1719 :

« Sceau du 24 janvier 1745.

« 8 janvier 1743. — Lettres de 2000 francs de pension pour *M. du Bourdet*, maréchal « de camp, cy–devant lieutenant des gardes du corps du roy, compagnie de Charost par « mort de Kleinholt. »

De plus, dans un acte de notoriété de 1728, qui est à Épannes, on lit :

« *Gaspard-Louis-Philippe de Cugnac*, chevalier, seigneur du Bourdet, et autres places, « enseigne des gardes du corps du roy et chevalier de l'ordre militaire de Saint-Louis. »

Le duc de Luynes, gendre et continuateur de Saint-Simon, parle plusieurs fois de Gaspard de Cugnac dans ses mémoires :

On y lit, tome I, page 107, octobre 1736 :

« La reine donna audience, il y a deux ou trois jours, aux envoyés de M. le duc de « Modène. C'était dans le cabinet qui est avant la chambre de la reine. On a déjà fait la « description de ces audiences, dans d'autres occasions.

« *Monsieur du Bourdet*, chef de brigade, qui était de service chez la reine, demanda « à Madame de Luynes s'il devait se mettre derrière le fauteuil de Sa Majesté. Madame de « Luynes lui dit qu'il le pouvait, croyant que c'était le droit des officiers des gardes, mais « cela est contre l'usage et les droits du chevalier d'honneur. Lui seul, ou un valet de « chambre de la reine, à sa place, ont droit d'être derrière le fauteuil dans la chambre de la « reine, et dans ce cabinet. »

Même ouvrage, page 427 ; 27 décembre 1737.

« Mardi dernier, veille de Noël, M. de Stainville, envoyé de M. le duc de Lorraine, prit « son audience de congé du roi et de la reine ; cette audience fut publique. La reine le « reçut dans son grand cabinet avant sa chambre. M. de Nangis était derrière le fauteuil de « la reine avec *M. du Bourdet*, chef de brigade. »

Même ouvrage, deuxième volume, page 45 :

« Après ce travail du roi, avec M. d'Angervilliers, la promotion des lieutenants géné- « raux et des maréchaux de camp fut déclarée.

Promotion du 24 février 1738.

Lieutenants généraux 36.

Maréchaux de camp 55.

31ᵉ *du Bourdet*, garde du corps.

« page 482, table. Renvoi de la page 45 susdite. *Bourdet (Gaspard-Louis-Philippe de* « *Cugnac, marquis du)* maréchal de camp. »

« Gaspard est cité encore dans un mémoire pour :

« Dame A.Daits épouse de messire de Boisseuil, contre messire *Louis-Gaspard-Philippe* « *de Cugnac*, chevalier, seigneur du Bourdet, lieutenant des gardes du corps du roi, mestre « de camp de cavalerie, chevalier de l'ordre de Saint-Louis. » (Voir aux archives d'Epan- nes, numéro 26.

+ Gaspard de Cugnac est mort sans alliances, âgé de quatre-vingts ans.

✕ On lit dans l'état militaire de France pour 1726, page 123 :

« Maréchaux de camp morts depuis le 1ᵉʳ novembre 1760 jusqu'au 1ᵉʳ novembre 1761 :
« *M. le marquis du Bourdet.* »

_____

+ 2° Le second fils de Jean–Louis de Cugnac fut :

CHARLES–DENIS DE CUGNAC, *lieutenant* (1) *de vaisseau*, né en 1684, épousa demoiselle N. de Luchet et laissa un fils qui servit dans la marine, et une fille morts l'un et l'autre sans postérité.

✕ Il fut reçu *garde de la marine*, à l'âge de quinze ans, comme on le voit dans une pièce originale, fort précieuse, dans les archives d'Epannes. Elle est signée de Ponchartrain : (Phelippeaux) ministre de la marine et scellée de son sceau.

Il était capitaine d'une compagnie de la marine à Rochefort en 1717, comme on le voit dans un acte de cession consenti par Madame du Bourdet, déjà cité pages 171 et 178.

Il était lieutenant de vaisseau en 1735, comme on le voit dans un ordre du roi au seigneur du Bourdet, lieutenant de vaisseau, signé Louis et plus bas Phelippeaux, du 30 mai 1735 ; et dans un congé qui lui fut accordé en septembre 1720 et qui est signé L. A. de Bourbon et par le maréchal d'Estrées. Pièce originale, mutilée. (Voir aux archives du château d'Epannes.)

Enfin, il fut nommé *chevalier de Saint–Louis* en 1721, et *capitaine de vaisseau* en 1738, comme on le voit dans l'histoire des chevaliers de Saint-Louis de Théodore Anne, page 125.

« Année 1721.

« *Du Bourdet*, lieutenant de vaisseau.

« Note de l'auteur (9). Du Bourdet est du Poitou, garde–marine en 1699, enseigne de
« vaisseau en 1703, lieutenant de vaisseau en 1712, capitaine de vaisseau en 1738, mort à
« l'île d'Aix sur la Saint–Philippe, le 4 décembre 1739, (Alphabet Lafillard), chevalier de
« Saint–Louis le 23 décembre 1721 (liste des membres de l'ordre de 1693 à 1754. Registre
« des ordonnances n° 1, folio 28). »

Il est cité dans un acte de notoriété déjà mentionné précédemment :

« Charles de Cugnac, chevalier, lieutenant de vaisseau du roy et chevalier de l'ordre
« militaire de Saint-Louis. »

Je possède, à Epannes, un beau portrait de Charles–Denis.

Il est encore connu par deux pièces existant au château d'Epannes qui sont : deux ordres du roi au seigneur du Bourdet, l'un du 30 avril 1725, et l'autre du 13 février 1736.

Son fils, Jean-Louis de Cugnac du Bourdet, né en 1716, fut lieutenant de vaisseau et chevalier de Saint–Louis, comme on le voit, dans le même ouvrage de Théodore Anne :

« Promotion du 19 octobre 1756.

« *Du Bourdet*, lieutenant de vaisseau. »

Et aussi dans une procuration pour l'héritage de Gaspard, marquis du Bourdet, en 1760 :

« Messire *Jean-Louis de Cugnac du Bourdet*, chevalier de l'Ordre royal et militaire de
« Saint-Louis, ancien lieutenant de vaisseau du roi, du département de Rochefort, demeu–
« rant en ce lieu de Mauzé. »

_____

(1) **La généalogie de Lépine est incomplète; comme on le voit plus bas, il fut capitaine de vaisseau.**

La date de sa naissance, 1716, et celle de sa mort, nous sont connues par une brochure publiée en 1850, par M. du Bois, curé de Mauzé. On y voit que Jean-Louis mourut le 31 janvier 1766, et que son tombeau existe encore dans l'église de Mauzé. (Voir la brochure aux archives du château d'Epannes.)

+ 3° Le troisième fils de Jean-Louis, marquis du Bourdet, fut :

PAUL-PHILIPPE dont l'article suit :

4° Le quatrième fut : N. DE CUGNAC, mort jeune.

5° Le cinquième enfant fut : MARGUERITE DE CUGNAC, religieuse à Fontenay-le-Comte, en Poitou, en 1714, comme on le voit dans une quittance de sa dot, conservée dans les archives d'Epannes :

« ✗ Quittance de la dot de demoiselle *Marguerite-Marie de Cugnac*, fille de feu Jean-
« Louis de Cugnac, reçue religieuse au couvent de Notre-Dame de Fontenay, en 1714, de
« son propre consentement et sans y avoir été engagée, etc., y figurent : Gaspard, marquis
« du Bourdet, Charles, Paul-Philippe et Louise. » Elle était née en 1682. (Voir l'article de tutelle aux preuves de page.)

+ 6° Le sixième enfant de Jean-Louis, marquis de Cugnac du Bourdet, fut : LOUISE DE CUGNAC, mariée, après l'an 1714, à M. Boisseau de la Galernerie.

✗ D'après l'acte de tutelle des preuves de page, il appert qu'elle était née en 1685, et d'après un acte de notoriété, déjà cité, qu'elle ne vivait plus en 1728.

On voit aussi dans ce dernier acte que messire Boisseau de la Galernerie (dont il était seigneur) était lieutenant de cavalerie au régiment de la Ferronnaye en 1728.

Elle est nommée dans l'acte de procuration cité dans la page précédente: Il y est dit qu'elle eut une fille appelée Louise, qui épousa messire Jacques-Antoine Rolland, chevalier, seigneur de la Poussarderie. Cette famille, complètement ruinée par la Révolution, existe encore à Mauzé (Deux-Sèvres), mais le seul fils de M. de Rolland, officier d'infanterie, aussi brave que distingué, a été tué au siège de Sébastopol, en 1855.

Voir aux archives d'Epannes une pièce intitulée : Estimation de la terre noble de la Poussarderie.

La famille de la Galernerie existe encore. M. de la Galernerie habite la Martinique.

+ XV. **Paul-Philippe de Cugnac,** *vicomte de Cugnac, seigneur du Bourdet,* etc. *capitaine de dragons,* naquit en 1694, était cornette de dragons en 1714, fut choisi pour commander l'arrière-ban, qui fut convoqué, lorsque les Anglais tentèrent de faire une espèce de débarquement à la Rochelle en 1751.

✗ D'après une tradition conservée encore aujourd'hui parmi les habitants du Bourdet, il avait réussi à empêcher le débarquement des Anglais par le stratagème suivant : Comme il faisait entrer ses troupes par la porte de la ville qui est en vue de la mer, il remarqua que les ennemis l'observaient avec attention et il comprit qu'ils comptaient ses soldats. Il les fit aussitôt sortir de La Rochelle par une porte dérobée aux vues de la mer et rentrer par la première porte. Il continua cette manœuvre pendant plusieurs jours, ayant soin quelquefois de faire changer de costume à ses troupes. Les Anglais, persuadés qu'il était arrivé une armée nombreuse dans la ville de La Rochelle, n'osèrent pas débarquer et se retirèrent.

Il est cité dans le mémoire du 26 août 1740, coté n° 26, aux archives du château d'Epannes, dont nous avons déjà parlé plus haut. Il y est dit : capitaine de dragons au régiment de Saint-Même.

D'après l'acte de tutelle des preuves de page, Paul était né en novembre 1692 et non en 1694, comme l'avait dit la généalogie de Lépine.

Il est nommé dans l'acte de procuration mentionné précédemment.

« *Haut et puissant seigneur, messire Paul-Philippe de Cugnac,* chevalier, seigneur, *vicomte du Bourdet,* et lieutenant de dragons. »

Il existe aux archives d'Epannes, une lettre de Paul-Philippe, déjà citée, du 22 juin 1743. Elle est signée : le vicomte du Bourdet et adressée au marquis du Bourdet, maréchal de camp des armées du roi. Il existe aussi une nomination de sénéchal de la châtellenie du Bourdet, attribuée à Paul-Philippe.

+ Il avait épousé, en 1736, demoiselle Marie-Angélique de Ranques, fille de messire N. de Ranques, seigneur du Bois-Potuyau, et de dame N. de Bozon.

✕ Ce contrat a été passé aux Essarts, en Poitou. D'Aubigné, dans ses mémoires et dans son histoire universelle, parle d'un Ranques qui servait dans l'armée d'Henri IV. Parmi ces passages, nous citerons seulement le suivant, page 345, de l'édition des mémoires publiée par Lalanne :

« Prise de Niort..... Toutes choses venaient à souhait, pour cette exécution, comme en « ce que Ranques, qui avait travaillé aux préparatifs *aiant* pris un chemin à part pour se « trouver au rendez-vous, avait rencontré et pris quatre hommes de cheval de la garnison « de Niort qui s'y *alaient* jeter *aiant* veu et recognu ces troupes qui marchaient. »

(Voir encore dans l'histoire universelle, tome II, chapitre XVI.)

Il eut de ce mariage six enfants :

+ 1° N. DE CUGNAC DU BOURDET, mort *enseigne de vaisseau* à 21 ans.

2° LOUIS-PHILIPPE dont l'article suit :

3° LOUISE DE CUGNAC, mariée à M. Monnier d'Availles, capitaine au régiment de Royal-Etranger, chevalier de l'ordre royal et militaire de Saint-Louis.

4° RADEGONDE DE CUGNAC, épouse de M. de Grimouard, seigneur du Péré, dont elle n'a pas eu d'enfants.

✕ M. de Grimouard était veuf de Mlle du Petit-Thouars, dont il avait quatre enfants L'aîné Emmanuel fut le grand-père d'Herminie des Collards, marquise de Cugnac.

5° ANTOINE-LOUIS-PHILIPPE DE CUGNAC, né le 18 juin 1736.

6° JEAN-BAPTISTE-PAUL DE CUGNAC, né le 14 janvier 1739.

Ces deux derniers enfants sont, sans doute, morts en bas âge. Leurs naissances ont été relevées sur les registres de la paroisse du Bourdet.

+ XVI. **Louis-Philippe de Cugnac,** *marquis de Cugnac, seigneur du Bourdet,* etc. né en 1740, a servi pendant la guerre de Sept Ans dans *le régiment de Bourbonnais-infanterie,* d'où il est sorti *capitaine ;* a émigré en 1791 ; a fait la *campagne des Princes* et devait faire partie d'une seconde expédition qui eût suivi celle de Quiberon. Rentré en France en 1800, il n'a rien retrouvé de sa terre du Bourdet, son seul patrimoine. Il n'a pas eu la consolation de voir le retour du roi, étant mort le 26 mai 1809, âgé de 69 ans.

✕ Il a été enterré à Surimeau, près Niort. Un service fondé à perpétuité se célèbre tous les ans au Bourdet, le jour anniversaire de sa mort.

Je possède son portrait fait par sa fille, Mme d'Availles, en uniforme de l'armée de Condé.

D'après les traditions du Bourdet, il était d'une force herculéenne et le souvenir de ses luttes et de ses travaux y est resté légendaire.

Il avait épousé en 1775, demoiselle Marie-Madeleine-Alexandrine de Razes-d'Auzances, fille de M. le comte d'Auzances et de Anne-Madeleine de Villebois.

Nous avons dans les archives d'Epaunes :

1º Un extrait de son acte de baptême des registres de la paroisse du Bourdet. On y voit qu'il était né le 16 novembre 1740, et qu'il eut pour marraine Jeanne de Mesme-Montaigne.

2º Une copie de son acte de mariage, extraite des registres des actes de naissances, mariages et décès de la commune de Migné, année 1775. Il y est nommé :

« Messire *Louis-Philippe*, *marquis de Cugnac*, chevalier, seigneur du Bourdet, fils majeur de feu messire *Paul-Philippe*, *marquis de Cugnac*. »

3º Une autre copie du même acte, extraite en 1859, des registres du tribunal civil de Poitiers. Pièce officielle où l'on voit que messire *Louis-Philippe*, *marquis de Cugnac*, fût marié dans la chapelle du château d'Auzances, et que le comte d'Auzances, père de la mariée, était capitaine de dragons et chevalier de Saint-Louis.

4º Son contrat de mariage, extrait, le 11 février 1861, de l'étude de messire Bodin notaire à Poitiers, et passé le 11 avril 1775, par devant messire Bourbeau, notaire en cette même ville. Il y est nommé :

« *Haut et puissant seigneur messire Louis-Philippe de Cugnac, marquis de Cugnac*, « chevalier, seigneur du Bourdet. »

La famille de Razes, aujourd'hui éteinte, était une famille d'ancienne chevalerie. Plusieurs de ses membres ont occupé les premières charges du Parlement de Poitiers. On les voit cités dans toutes les histoires du Poitou. Jean de Razes, comte d'Auzances, avait épousé Marie de Maquenon, en 1654. Jean de Razes, 2ᵐᵉ du nom, Marie-Françoise de Choupes, en 1697, et son fils Madeleine de Villebois. Je possède à Epannes un très beau portrait de Marie de Maquenon. On lit derrière la toile : Philippus de Graves pinxit, 1682. Ce peintre était un des meilleurs du temps de Louis XIV.

Une autre branche de la famille de Razes, qui descendait, croit-on, de Jean de Razes, époux de Marie de Maquenon, existait aussi à Poitiers. Alexandrine de Razes, qui épousa N. de Boisseuil, seigneur d'Epannes, était de cette branche. Herminie des Collards, marquise de Cugnac, est son arrière-petite-fille.

Le château d'Auzances est situé près de Poitiers, dans la commune de Migné, sur les rives de l'Auzances. Ses restes attestent encore la grandeur de ses anciens seigneurs qui possédaient aussi à Poitiers le bel hôtel d'Auzances, où le roi Louis XIII avait logé quand il avait visité Poitiers.

Une sœur de Madeleine-Alexandrine de Razés, Anne-Marie de Razes, avait épousé François-Victor Duclos de la Fouchais, capitaine de dragons, demeurant au château de la Molière, près Rennes. Sa postérité est représentée, aujourd'hui, par la famille Huchet de Quennetin.

+ Louis-Philippe de Cugnac eut de ce mariage :

1º JULES-ÉMILIEN qui suit ;

2º ALEXANDRINE DE CUGNAC, née le 16 mai 1770, épousa Michel-Charles-Amateur Avice, seigneur de Mougon, qui avait fait les campagnes de l'armée de Condé. Il était d'une ancienne maison du Poitou et eut de son mariage deux filles :

✕ La première épousa Achille de Savignac de Montamy, d'une ancienne famille du Poitou, demeurant au château de Montamy, en Normandie, dont il avait hérité de son oncle, N. d'Arclay, comte de Montamy, à condition qu'il porterait le nom de Montamy. Il a eu une fille, Camille, qui a épousé Charles, vicomte de Cugnac.

La seconde épousa Charles Avice de la Carte de Surimeau. Elle a eu trois enfants, dont l'aîné Fernand, habite le château de Surimeau, près Niort (1). Ce château était une ancienne propriété des d'Aubigné. Le frère de Mme de Maintenon a porté le nom de baron de Surimeau.

3º PAULINE DE CUGNAC, née le 22 avril 1784, avait épousé Armand–Charles–Emmanuel Monnier d'Availles, son cousin germain, dont elle a eu un garçon et une fille. Pauline de Cugnac est morte en 1842 et son mari en 1851.

Son fils Charles d'Availles, a épousé Mlle Amélie de Martigny. Ils habitent le château d'Availles, près Niort (2). Ils ont trois enfants : un fils Charles, qui a épousé, le 3 septembre 1878, Mlle Marie de Caumels, fille du marquis de Caumels et de Mlle de la Roquette de Quatrefages ; une fille Marguerite, qui a épousé René Guillemot de Liniers, et une autre fille Louise, qui a épousé Raoul Louveau de La Règle.

Sa fille Louise d'Availles, a épousé Gédéon de Clervaux, décédé en 1863 (3), dont le fils a épousé Louise de Meynard, nièce d'Aglaé de Meynard, marquise de Cugnac. Ils habitent le château de Suiré, près de Niort. Ils ont une fille Marie, mariée le 24 septembre 1890, au comte Charles de Lastie-Saint-Jal, dont un fils Henri.

+ XVII. **Jules-Emilien, marquis de Cugnac**, né le 14 novembre 1782, fut député en 1815, à Angers, par la garde royale de son département, et ce fut le 23 et le 24 mars qu'il eut l'honneur d'être présenté à Mgr le duc de Bourbon, à son quartier général de Beaupreau, pour offrir à ce prince les services de la garde royale des Deux–Sèvres.

✕ Il fut nommé membre du Conseil municipal de Niort, par ordonnance du roi, le 18 janvier 1816 ; membre du Conseil d'arrondissement, par ordonnance du roi, du 5 mai 1816, et lieutenant de la garde nationale de Niort, par brevet de Monsieur, comte d'Artois, du 13 août 1817. Il y est nommé : « Le sieur marquis de Cugnac (Jules-Emilien). »

Voir encore aux archives d'Epannes deux actes notariés de Jules–Emilien marquis de Cugnac, l'un du 18 octobre 1857, passé en l'étude de Mᵗᵉ Gorgus, notaire à Niort, l'autre du 7 février 1856, passé en l'étude de Mᵗᵉ Massion, notaire à Paris.

En 1860 les officiers de l'armée qui portaient des titres, ayant été mis en demeure de justifier des droits qu'ils avaient à les porter, le fils aîné de Jules-Emilien de Cugnac, Louis Jules comte de Cugnac, alors capitaine d'artillerie, fit présenter à la chancellerie, au conseil du sceau des titres, les preuves des droits de son père au titre de marquis. Ces preuves éta—

---

(1) Le château de Surimeau n'appartient plus à la famille Avice. Il a été vendu en 1883 à M. de Werbier.

(2) Il est mort au château d'Availles le 28 octobre 1886.

(3) Louise d'Availles est morte le 31 juillet 1890.

blissent que la branche de Cugnac–de–Caussade et du Bourdet possédait le titre de marquis depuis deux cents ans. Cette ancienneté est considérée comme possession immémoriale. La chancellerie admet la possession centenaire comme suffisante. Cette possession fut établie au moyen de trois actes authentiques et officiels constatant le titre de marquis à chaque génération. En conséquence le gouvernement reconnût par un décret, inséré au bulletin des lois, les droits du marquis de Cugnac (Jules-Emilien) à la possession de son titre de marquis. Voici un extrait de ce décret du 9 février 1861, qui est aux archives du château d'Epannes.

« Ministère de la guerre.

« Vu la requête présentée au nom de M. de Cugnac (Jules-Emilien) propriétaire, né le « 14 novembre 1782, au Bourdet (Deux-Sèvres), demeurant à Beceleuf, tendant à obtenir la « confirmation du titre héréditaire de Marquis qui a appartènu à ses ancêtres ;

« Vu l'avis émis par le Conseil du sceau des titres ;

« Sur le rapport de notre garde des sceaux, ministre secrétaire d'état au département de la justice.

« Nous *maintenons* et *confirmons* en faveur de M. de Cugnac (Jules–Emilien) le titre « héréditaire de marquis pour en jouir, lui et sa descendance directe, légitime, de mâle en « mâle, par ordre de primogéniture. »

Il avait épousé, le 26 juillet 1813, demoiselle Marie-Julie-Henriette-Aglaé de Meynard, fille de M. le comte de Meynard et de dame Esther-Henriette Harouard de Saint-Sornin.

La famille de Meynard, originaire du Quercy, a pour auteur Jean de Meynard, seigneur de Chaussenezoulx qui vivait vers 1270. Elle s'établit en Saintonge à la fin du XVIIᵉ siècle, par suite du mariage de Jean de Meynard, chevalier, seigneur de Saint-Michel, capitaine aide-major au régiment de Thiérache avec Angélique Régnier, fille de Pierre, écuyer du roi, conseiller au présidial de la Rochelle, maître de ses ports et havres. Côme de Meynard, père de la marquise de Cugnac, et son frère fusillé à Quiberon, servaient dans le régiment du roi, infanterie, Sévère servait dans les dragons et, en 1781, il fit ses preuves pour monter dans les carosses du roi.

Le marquis de Cugnac avait été entièrement dépossédé par la révolution de sa terre du Bourdet. Il avait hérité de sa mère du château d'Auzances, qu'il vendit en 1810. Après son mariage, il acheta la terre de Beauregard, le 3 février 1816. Il est mort à Niort le 24 octobre 1871, à l'âge de 89 ans. La marquise de Cugnac est morte à Niort le 29 juin 1874, à 85 ans.

Il a eu de son mariage huit enfants :

1° LOUIS-JULES qui suit :

2° PAUL-HENRI, COMTE DE CUGNAC né le 23 septembre 1819. Il a épousé le 27 septembre 1853 Aurélie de Saint-Légier de la Sausaye, fille de feu le marquis de Saint-Légier de la Sausaye et de Célestine de Saint-Légier. Ils habitaient le château de la Barrière, commune d'Ozillac près Jonzac (Charente–Inférieure).

Il est mort le 3 septembre 1878. Sa femme Aurélie de Saint-Légier, est morte le 27 mai 1880.

La famille de Saint-Légier, originaire de la Bourgogne, issue de Warin, frère de l'illustre Saint Légier, évêque d'Autun, grand maître de France sous Clotaire II. Elle est établie en Saintonge depuis 1421. Guillaume de Saint-Légier était capitaine de cinq cents

17

francs-archers saintongeois, sous Louis XI, Foucault de Saint–Légier était gentihomme de la maison du roi sous François II. Louis René de Saint–Légier, marquis de la Sausaye, fut à l'âge de vingt–sept ans emporté par un boulet anglais au combat naval de Trinquemalé. C'était l'arrière grand-père de la comtesse Paul de Cugnac.

Ils ont laissé dix enfants :

I. MARIE–JULES-BERTRAND DE CUGNAC, né le 18 août 1854, est entré dans les ordres, au séminaire de Saint-Sulpice, et a été ordonné prêtre le 15 juin 1878.

II. GUY-MARIE–GUILLAUME, COMTE DE CUGNAC, né le 9 mars 1858. Entré à *Saint-Cyr* en 1877, nommé *sous-lieutenant au 6ᵐᵉ de ligne* le 1ᵉʳ octobre 1879, sous–lieutenant au corps d'occupation de Tunisie le 9 juin 1884, nommé *lieutenant au 27ᵉ de ligne* le 25 novembre 1883, passé par permutation au 123ᵉ de ligne le 16 décembre 1886, nommé *capitaine au même régiment* le 2 octobre 1891. Il a épousé le 11 octobre 1887 Louise de Laage, fille de M. de Laage et de Mlle Louveau de la Règle.

Ils ont pour enfants :

a. PAUL–MARIE–THÉOPHILE DE CUGNAC, né à la Rochelle, le 12 novembre 1889.

b. MARIE–EMMANUELLE-LOUISE DE CUGNAC, née à la Rochelle le 25 décembre 1890.

c. JEAN–ELIE–MARIE–JULES DE CUGNAC, né à la Rochelle, le 3 décembre 1891, mort le 10 avril 1893.

d. JEAN–MARIE–JOSEPH DE CUGNAC, né le 21 septembre 1893.

La famille de Laage, originaire de Saintonge, descend de Élie de Laage, écuyer, conseiller du roi, seigneur de Meux et de Saint-Germain, receveur des tailles et des élections de Poitiers en 1710.

III. MAURICE, VICOMTE DE CUGNAC, né le 16 octobre 1859. Employé au chemin de fer du Midi. Il a épousé le 21 mars 1889 Marthe de Vallée, fille de feu M. de Vallée et de Mlle de La Jus, ils ont deux enfants :

a. AURÉLIE–LOUISE–FRANÇOISE-MARIE–BÉATRICE DE CUGNAC née le 3 avril 1891.

b. YVONNE-MARIE–BERTHE–EMMA DE CUGNAC, née le 11 août 1893.

La famille de Vallée de Montsauson est originaire de Saintonge. Elle remonte à Pierre de Vallée qui vivait vers 1520. Louis de Vallée fut maintenu dans sa noblesse en 1666 par d'Aguesseau. Louis et Charles de Vallée furent reçus pages du roi, le 13 janvier 1723. Thomas le fût également sur preuves de noblesse faites par devant d'Hozier en 1709. Cette famille est alliée aux Cumont et aux Beaumont.

IV. HENRI DE CUGNAC, mort jeune.

V. HENRI DE CUGNAC, né le 18 février 1864. Employé à la Banque de France, il est entré au noviciat des Jésuites, à Vittoria, le 27 janvier 1890.

VI. RAYMOND DE CUGNAC, né le 16 juillet 1866, il est entré le 3 décembre 1887 au 16ᵉ régiment de dragons, nommé sous–maître de manège en mai 1891.

VII. EMMANUEL DE CUGNAC, né le 23 octobre 1869, mort le 16 septembre 1884, à l'âge de 14 ans.

VIII. MARIE-EDITH DE CUGNAC, née le 27 juillet 1855.

IX. MARIE-THÉRÈSE-ANTOINETTE DE CUGNAC, née le 22 janvier 1861. Entrée au novicia des Filles de la Sagesse, le 29 septembre 1886, a pris l'habit le 29 septembre 1887, et prononcé ses vœux en septembre 1892.

X. BERTHE DE CUGNAC, née le 11 novembre 1868.

XI. ISABELLE DE CUGNAC, née le 19 juin 1871.

3° SÉVÈRE LÉON DE CUGNAC, né le 8 août 1821, mort en janvier 1823.

4° CHARLES-AMÉDÉE VICOMTE DE CUGNAC, né le 2 juillet 1823 a épousé le 18 février 1851 Charlotte-Camille de Savignac-de-Montamy, fille de sa cousine germaine Antonine de Mougon, épouse de Achille de Savignac-de-Montamy et petite-fille de Pauline de Cugnac. Ils demeuraient au château de Montamy, département du Calvados. La terre de Montamy vient par alliance de la famille d'Arclay pour qui elle avait été érigée en comté.

Charles de Cugnac est mort le 9 mars 1889. Sa femme Camille de Savignac-de-Montamy est morte le 11 décembre 1891.

Ils ont eu trois filles :

I. MARIE DE CUGNAC, née le 7 janvier 1853, morte le 8 février 1865.

II. ANTONINE DE CUGNAC, née le 18 septembre 1854, mariée le 28 mai 1877 au baron Henri Thibault de Neuchaise.

La famille Thibault de Neuchaise est originaire du Poitou. Elle possédait le domaine de Neuchaise dès les premières années du dix-septième siècle. Elle est alliée aux Belsunce.

III. ALICE DE CUGNAC, née le 11 septembre 1855, mariée le 14 janvier 1880 au vicomte Henri de Larocque-Latour, son cousin; ils habitent le château de Cramahé près de la Rochelle.

La famille de Larocque-Latour, une des plus anciennes de la Guienne, a été maintenue comme étant issue d'ancienne extraction par jugement de Louis de Bezons, intendant de cette province en 1698. Jean de Larocque-Latour, chevalier de Malte, capitaine au Royal Cravate cavalerie, se fixa en Aunis par suite de son mariage avec Joséphine Harouard de Saint-Sornin.

5° LOUIS-MARIE- GASTON DE CUGNAC, né le 14 mars 1826, mort au château de Beauregard le 3 janvier 1841.

6° MARIE-MAXIME-JOSEPH, BARON DE CUGNAC, né le 8 avril 1828, directeur de l'école de dressage de Rochefort, a épousé le 16 octobre 1865, sa cousine germaine Aglaé de Meynard, fille du comte de Meynard et d'Emilie d'Escaffe. Ils habitent la terre de la Garde-aux-Valets, commune de Croix-Chapeau près de la Rochelle. Ils ont eu une fille.

JULIETTE DE CUGNAC, née le 14 août 1866 morte le 1er avril 1880.

6° MARIE-FRANÇOISE-AGLAÉ DE CUGNAC, née en juin 1814 et tenue sur les fonds de baptême par le marquis de Cugnac-Dampierre, est décédée en bas âge.

8° MARIE-ALEXANDRINE, dite ADINE DE CUGNAC, née le 1er mars 1816, mariée le 11 juin 1845, à Frédéric de Chantreau-de-la-Jouberderie, chevalier de la Légion d'honneur, ancien sous-préfet de la Restauration, neveu du général vendéen. M. de Chantreau est mort à Niort le 11 avril 1872, âgé de 83 ans.

La famille de Chantreau appartient à l'ancienne noblesse du Poitou. Elle a été illustrée dans la guerre de la Vendée par le chevalier de Chantreau, commandant d'un corps d'armée dans la guerre vendéenne et nommé maréchal de camp et chevalier de Saint-Louis par Louis XVIII en 1817.

XVIII. **Louis-Jules marquis de Cugnac**, né le 20 janvier 1818, fût reçu le 42ᵐᵉ à l'école Polytechnique le 1er novembre 1838, *sous-lieutenant élève du génie*, puis *sous-lieute-*

nant élève d'artillerie par permutation, *capitaine d'artillerie* le 14 février 1848, *officier d'ordonnance du ministre de la guerre et du maréchal commandant en chef l'armée d'Orient*, il a pris part à la *campagne d'Orient* en 1854 et à la *campagne d'Italie* en 1859. Nommé *chef d'escadron d'artillerie* le 12 août 1861. Il a été retraité avec pension de 2094 fr. par décret du 18 décembre 1866.

Il fut nommé *chevalier de l'ordre impérial de la Légion d'honneur* le 31 décembre 1851, et *officier du même ordre* le 31 octobre 1866. Il avait reçu, en 1855, la *décoration de 3ème classe de l'ordre impérial ottoman du Medjidié*, et fût nommé *chevalier de l'ordre royal des Saint-Maurice et Saint Lazare de Sardaigne* et décoré de la *médaille commémorative de la guerre d'Italie* en 1860.

Volontaire, comme chef d'escadron d'artillerie en 1870, pendant la guerre de France, il a fait partie de l'armée qui soutint glorieusement dans Paris, le siège, le blocus et le bombardement que les Prussiens en firent pendant six mois. Il a été retraité une deuxième fois en 1871, avec augmentation de sa pension.

Il a épousé, au château d'Epannes, le 7 septembre 1853, par contrat passé devant Me Demay notaire à Niort, Louise–Marie-Herminie des Collards-des–Hômes, fille de Luc des Collards–des–Hômes et de Thècle-Nathalie de Grimouard.

La famille des Collards est une ancienne famille de chevalerie de la province du Berry. On peut voir sa généalogie dans le vieux nobiliaire de Thomas de la Thomassière et aussi dans des preuves de noblesse d'extraction faites devant l'intendant de la province dans le XVIIIe siècle, et dont un exemplaire est aux archives du château d'Epannes. Il y avait sous Louis XVI trois des Collards, gardes du corps qui firent tous les trois partie de l'armée de Condé. La propre tante d'Herminie des Collards avait épousé le baron de la Châtre. La famille des Collards était aussi alliée à la famille du Petit-Thouars qui a donné à la France une suite de marins célèbres.

Le marquis (1) et la marquise de Cugnac d'Epannes que nous appelons ainsi pour les distinguer de leurs cousins le marquis et la marquise de Cugnac de Fondelin, habitent le château d'Epannes par Frontenay-Rohan-Rohan, près Niort, département des Deux-Sèvres. Ils ont trois enfants :

1° HENRI-MARIE-FRANÇOIS dont l'article suit.

2° GASPARD-RÉNÉ-JEAN-MARIE, COMTE DE CUGNAC, né le 11 avril 1861, reçu avec le n° 4 à l'école de Saint-Cyr en 1880. Sorti *sous-lieutenant de cavalerie* le 1er octobre 1883 nommé au 2e chasseurs en 1884, *lieutenant* le 16 février 1888 au 18e chasseurs à Epinal, il est entré en 1891 à l'*Ecole supérieure de guerre* avec le n° 12, *breveté d'état-major* le 12 novembre 1893, *capitaine* le 15 novembre 1893.

Il a épousé le 23 octobre 1889 à Nancy, Marguerite de Vaulgrenant, fille du général de division Péting, baron de Vaulgrenant et de Laurence de Belchamps. Il a été marié par Mgr Turinaz, évêque de Nancy. Marguerite de Vaulgrenant a eu pour témoin le maréchal de Mac–Mahon, duc de Magenta.

La famille Péting, originaire d'Autriche, a sa filiation établie depuis la deuxième moitié du XVIe siècle et possède depuis 1730 la baronie de Vaulgrenant. La famille Péting de Vaulgrenant a fourni bon nombre d'officiers et deux présidents de la Cour des Comptes de Franche-Comté.

(1) Le marquis de Cugnac est mort le 27 novembre 1891.

La famille de Belchamps est connue depuis le xiv° siècle dans le duché de Lorraine. Elle a donné récemment à la France deux lieutenants, des maréchaux de France, deux officiers à l'armée de Condé et un à la grande armée vendéenne.

Jean de Cugnac et Marguerite de Vaulgrenant ont pour enfant :

MADELEINE-LAURENCE-SABINE-MARIE-CHANTAL DE CUGNAC, née le 2 mars 1891, tenue sur les fonts baptismaux par le marquis de Cugnac et la baronne de Vaulgrenant, ses grands-parents.

3° JEANNE-MARIE-ADINE DE CUGNAC, née le 11 octobre 1855.

XIX.Henri-Marie-François, marquis de Cugnac, chef des noms et armes de la famille de Cugnac, né le 31 août 1859, tenu sur les fonts baptismaux par le vicomte Henri de Cugnac, dernier représentant de la branche de Tourondel de Lille et Madame de Chantreau, sœur de son père. Reçu à l'école de *Saint-Cyr* en 1877, sorti *sous-lieutenant de cavalerie* le 1er octobre 1879, nommé au 7° *cuirassiers* en 1880, *lieutenant* au 15° *chasseurs* le 10 mai 1884, *capitaine* au 9° *dragons* le 25 septembre 1890, passé par permutation au 3° *cuirassiers* le 25 août 1892, *capitaine commandant* le 20 novembre 1892.

Il a épousé le 10 mai 1890, à Paris, à Saint-Philippe-du-Roule, Marie-Josephe-Louise-Caroline de Truchi, fille du vicomte Ludovic de Truchi, et de Marie de Castillon de Saint-Victor, qui habitent le château de Verlin (Yonne). Il a été marié par Mgr de Briey, évêque de Meaux, et a eu pour témoin le marquis de la Rochejacquelein, son cousin.

La famille de Truchi de noblesse immémoriale est originaire de Centalo dans le marquisat de Saluces, en Italie. En 1558 elle y était déjà regardée comme noble et ancienne. A cette époque lors de la prise du marquisat par les Espagnols, puis par le duc de Savoie, François de Truchi ayant perdu tous ses biens vint se fixer en Dauphiné. Pierre de Truchi se fit délivrer en 1647 par Christine de France, régente de Savoie, des lettres patentes attestant l'origine noble et ancienne de sa famille et établissant ses alliances avec les plus anciennes maisons d'Italie. Ces lettres furent enregistrées à Turin, et Louis XIV lui délivra des lettres confirmatives de noblesse, enregistrées en 1667 successivement à la Chancellerie de France et au Parlement de Bourgogne. L'original des lettres de Christine est conservé dans la famille. Les Truchi ont porté les titres de comtes de Truchi, de Varennes, de Lays, de Terrans, barons du Môle. Ils ont fourni des chevaliers de Saint-Louis, des capitaines de cavalerie, un colonel de cuirassiers, et un mestre de camp des chevaux légers de la garde, écuyer de la reine Marie-Antoinette.

La famille de Castillon de Saint-Victor est originaire de Castillon du Gard, près d'Alès Pierre, vicomte de Castillon fit partie de la 1re croisade en 1090. Raymond et Géraud de Castillon firent aussi partie de la même croisade. L'écusson de Pierre de Castillon est au musée de Versailles. (La noblesse de France aux Croisades par P. Roger, 1845). Signalons ensuite François de Castillon 1er baron de Saint-Victor (1543) Antoine de Castillon, 1er marquis de Saint-Victor (1668), Louis de Castillon, marquis de Saint-Victor lieutenant-général en 1700, Joseph, oncle de la marquise de Cugnac, qui a épousé la princesse] Cantacuzène, descendante des empereurs grecs.

François de Cugnac et Marie-Louise de Truchi ont pour enfants :

1° FRANÇOIS-JULES-MARIE-BERTRAND DE CUGNAC, né le 28 juin 1891, tenu sur les font baptismaux par Jules, marquis de Cugnac et la vicomtesse de Truchi, ses grands-parents.

2° ARNAUD-JOSEPH-MARIE-FRANÇOIS DE CUGNAC, né le 12 septembre 1892, tenu sur les fonts baptismaux par le baron Joseph de Cugnac, frère de son grand'père et la marquise de Cugnac-Giversac, mère du dernier marquis de Cugnac-Giversac.

BRANCHE ÉTABLIE A LA FÈRE EN PICARDIE

ÉTEINTE

XIV + **Jean Louis de Cugnac,** *chevalier seigneur de Puyrigaud,* dit *le chevalier du Bourdet,* deuxième fils de Charles II seigneur du Bourdet et de Catherine Acarie, était entré *Enseigne dans le régiment de Bretagne* dès le 18 août 1669. Il passa *lieutenant dans le régiment des fusiliers du Roi* (depuis *Royal-Artillerie)* à sa création, le 4 février 1671 ; et fit avec ce régiment toute la guerre de 1672 à 1678 ; se trouva à tous les sièges ; *parvint à une compagnie* le 15 juin 1682, et la commanda au siège de Luxembourg en 1684.

Major du régiment de Périgord, lors de sa formation, le 10 janvier 1684 il devint *Lieutenant-Colonel* du même régiment le 1er octobre 1688, servit avec ce régiment à l'armée d'Italie et se trouva au siège de Cahours, à la bataille de Staffarde, à la prise de plusieurs villes, au siège de Suze en 1690 ; aux sièges de Nice, de Montallan, de Villefranche, de Veillane, de Carmagnoles, et du château de Montmélian en 1691 et à la défense de Pignerol et de Suze en 1692.

Colonel du régiment de Laonnois, à sa création, par commission du 4 octobre de cette dernière année, il le commanda sur les côtes en 1693 ; à l'armée d'Allemagne, en 1694 ; au siège et au bombardement de Bruxelles, en 1695, sur la Meuse en 1696 et en Flandres en 1697 ; à Luxembourg pendant la campagne de 1701 ; à l'armée d'Allemagne et à la bataille de Frédélingen en 1702 et obtint le grade de *Brigadier par Brevet du 23 décembre 1702.*

Employé à l'armée de Bavière par lettres du 24 février 1705, il servit au siège de Kell, se trouva à l'attaque des retranchements d'Hornberg, au combat de Munder-Kirchen, à la première bataille d'Hochstett, au mois d'août 1704, sous les ordres du Maréchal de Marchin. Il continua de servir à l'armée du Rhin sous le même général en 1705 ; fut nommé *chevalier de Saint-Louis,* la même année, était au siège de Barcelone, sous le Maréchal de Tessé, en 1706, à la bataille d'Almanza et au siège de Lérida, en 1707, à celui de Tortose en 1708. Il ne fit point la campagne de 1709, et quitta le régiment et le service au mois de mars 1710.

Ainsi, il avait pris part à 7 batailles, à 19 sièges et à 24 campagnes. On peut citer ses états de service pour répondre aux écrivains ignorants ou de mauvaise foi qui ont prétendu que les généraux de la noblesse gagnaient leurs grades dans les antichambres.

Les états de service qui suivent sont extraits de la *Chronologie historique et militaire* de Pinard, tome VIII, page 115.

« *du Bourdet (Jean-Louis de Cugnac)* chevalier.»

On les trouve aussi dans les archives du ministère de la guerre. J'en ai obtenu un extrait officiel dont je donne ici un fac-simile.

Par ordre du ministre secrétaire d'État de la guerre,

Le Conseiller d'État, directeur de la comptabilité générale, certifie que des registres matricules et documents déposés aux archives de la guerre, a été extrait ce qui suit :

NOM ET SIGNALEMENT	DÉTAIL DES SERVICES
du Bourdet Jean-Louis de Cugnac.	Enseigne au régiment de Bretagne.................... 18 août 1669
	Lieutenant au régiment des fusiliers du Roi........... 4 février 1671
	Capitaine..................... 15 juin 1682
	Major au régiment de Périgord. 1ᵉʳ octobre 1684
	Lieutenant-colonel.......... 20 janvier 1688
	Colonel du régiment Laonnois. 4 octobre 1692
	Brigadier................... 23 décemb. 1702
	Retiré du service............ Mars 1710
	Campagnes :
	1672 à 1678; 1689 à 1692, Italie
	1693, Sur les côtes
	1694 à 1697, Allemagne et Flandres
	1701 à 1704, Allemagne
	1705 à 1708, Espagne

En foi de quoi le présent certificat a été délivré pour valoir et servir ce que de raison.

Paris, 28 août 1860.   *Signé :* PETITET.

Il avait épousé, par contrat du 10 novembre 1698 demoiselle Louise de Froidour, fille de Claude de Froidour, écuyer, conseiller et procureur du Roi au baillage et maîtrise des eaux et forêts du Conté de Marle, de La Fère et du baillage du Vermandois à Saint–Quentin et de dame Marie Danië, dont il eut :

1° JEAN LOUIS HONORÉ qui suit.

2° LOUIS-CHARLES-ANTOINE DE CUGNAC DU BOURDET, né dans la paroisse de Saint–Christophe de Saintes, le 5 avril 1701, fut reçu *page du Roi, dans sa petite écurie*, au mois d'avril 1714.

✕ Les preuves qu'il fit, à cette occasion, devant Chérin, généalogiste des ordres du roi, sont conservées à la bibliothèque de la rue Richelieu, à Paris, dans la salle appelée : *Le Cabinet du Saint–Esprit*. Cette salle est spécialement consacrée aux archives des familles qui ont compté parmi leurs membres un chevalier du Saint-Esprit.

J'ai vu ces preuves et je ne les ai pas fait copier, parce que j'ai pris copie de celles de Gaspard de Cugnac qui sont à peu près semblables.

L'écusson de la maison de Cugnac qui y est dessiné est ainsi fait :

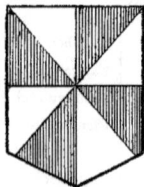

Je le cite parce que quelques membres de notre famille ont inversé les couleurs et portent le 1er giron de gueules. Mais ce ne peut être que par une erreur de graveur. Cet écusson dessiné sur ces preuves, par Chérin, fait foi en pareille matière.

La première pièce de ces preuves est l'extrait de baptême de Charles-Antoine, né le 5 avril 1701 et baptisé le 17 du même mois.

La seule pièce qui ne soit pas mentionnée dans la généalogie est :

« Un partage des biens de Messire Charles de Cugnac, vivant, chevalier, seigneur de « Caussade et de dame Catérine Acarie du Bourdet, *sa fême* (sic), fait le 25 d'avril 1683 « entre Messire Jean Louis de Cugnac, leur fils, chevalier, seigneur du Bourdet, capitaine « dans le régiment des fusiliers du Roi, et Messire Jean Louis de Cugnac, et Alexandre Em-« manuel de Cugnac, ses frères. Acte reçu par Jeheu, notaire à Angoulême. »

+ XV(1) **Jean-Louis de Cugnac du Bourdet**, né le 14 avril 1700 dans la paroisse de Léoville, fut successivement *officier dans un régiment d'infanterie, Lieutenant-Colonel* avec le rang de *Colonel dans le régiment de Bourbonnais, chevalier de l'ordre royal et militaire de Saint-Louis*, nommé *brigadier des armées du Roi* le 20 février 1761, et *maréchal de camp* le 16

✕ (1) L'acte de baptême de Jean-Louis existe encore sur les registres paroissiaux de la paroisse de Léoville. J'en ai un extrait qui est aux archives d'Epannes. C'est cette pièce qui nous a permis d'établir que Jean-Louis-Henri était frère aîné de Louis-Charles et non son fils comme l'avait dit l'abbé de Lépine.

18

avril 1767. Ses services furent récompensés de la place de *Lieutenant du roi de la ville de Saint-Omer* où il est mort sans laisser de postérité.

✕ Les états de service de Jean-Louis existent au ministère de la guerre. Il y est inscrit : *Louis-Honoré*, né à Puyrigaud en Saintonge.

En voici un extrait :

Dattes (*sic*)			
Maréchal de camp 16 avril 1767	Brigadier 20 février 1761	De Cugnac-du-Bourdet, cy-devant Lieutenant-Colonel du régiment de Bourbonnais.	
		Enseigne, le......................	21 septembre 1717
		Lieutenant en second, en..........	1719
		Capitaine, le....................	24 octobre 1727
		Major, le.......................	30 août 1744
		Commandant de bataillon, le........	15 octobre 1747
		Rang de colonel, le...............	1er février 1749
		Pourvu de la lieutenance-colonnelle, le	22 avril 1751
		Lieutenant de Roi de la ville de Saint-Omer, le........	21 janvier 1771

Blessé au nez au siège d'Ipres, mort le 31 mai 1775

La tradition rapporte que cette blessure fut l'enlèvement, par une balle, du cartilage intermédiaire entre les deux narines, ce qui n'avait pas altéré la beauté de sa figure. Voici encore cinq autres extraits des archives du ministère de la guerre, relatifs à Jean-Louis–Honoré :

1° *Jean-Louis de Cugnac*, Maréchal de camp jouissait de :

Pension sur l'ordre de Saint-Louis.................................... 1000 fr.
Appointements en qualité de Lieutenant du roi de Saint-Omer............. 3000 fr.
Emoluments en cette qualité.. 6799 fr.

                                                        Total   10799 fr.

2° Pension à sa veuve :

Bon pour.. 1000 fr.

3° « Lettres du Marquis de Lévis qui demande la place pour le Marquis de Milly et sollicite la pension.

Lettre du Maréchal de Muy qui accorde la pension de 1000 fr. »

4° « *Jean-Louis de Cugnac*, Maréchal de Camp, était né en 1704. Il avait épousé, deux ans « avant sa mort, demoiselle Marie-Madeleine Bony de la Vergne, née le 12 mai 1714, fille du « sieur Jean Bony de la Vergne, chevalier, seigneur de Boisgrenier, à Amiens, d'une an– « cienne famille de chevalerie. »

5° « La Lieutenance du Roi de Saint-Omer étant vacante par la mort du sieur de Mor– « tières, Sa Majesté en dispose en faveur de *M. de Cugnac*, Maréchal de Camp, qui remet « 2000 francs de gratification annuelle dont il jouit. Il mourut le 3 juin 1775. »

Il est cité aussi dans l'*Histoire des chevaliers de Saint-Louis* de Mayas continuée par Théodore Anne tome II, page 24 :

« *De Cugnac-du-Bourdet* (Louis-Honoré) ». Enseigne en 1717, Lieutenant en 1719,
« Capitaine en 1727, Major en 1744, Commandant de bataillon en 1747, rang de Colonel
« en 1749, Lieutenant-Colonel en 1751, Brigadier en 1761, retiré en 1763 avec une pension
« de 2000 livres ; blessé d'un coup de feu au visage à l'attaque du chemin couvert d'Ipres ;
« chevalier de Saint-Louis en 1740 (registres du régiment de Bourbonnais de 1763 à 1776.).»

Il est cité encore dans l'*Histoire de l'ancienne infanterie française*, par Suzanne, 3ᵐᵉ volume, p. 343 :

« *Bourbonnais* — En 1744, il fait partie de l'armée de Flandres, commandée par le Roi
« en personne. Le 28 mai, il ouvre la tranchée devant Menin, etc. Il passe ensuite au siège
« d'Ipres. Le 23 juin, on insulte le chemin couvert de la basse ville. Les grenadiers de Bour-
« bonnais et de Royal Comtois s'y couvrent de gloire et s'en rendent maîtres. Le roi donna à
« tous les survivants des gratifications. Le plus grand nombre avait payé de sa vie ce beau
« succès. Le comte Poniatowski, colonel, y trouva la mort à 20 ans. *Le Capitaine du Bourdet*
« y eut le nez emporté par une balle. »

Il est aussi cité dans les *Souvenirs du marquis de Valfons*, lieutenant-général des armées du Roy.

« Siège d'Ypres — 1744 — *du Bourdet*, capitaine de grenadiers, fut blessé, je lui donnai
« la main pour se relever et aller se faire panser. »

L'histoire de Jean-Louis de Cugnac est donnée par Pinard dans la *Chronologie historique et militaire*, tome VIII, page 523, à l'article des brigadiers, parce qu'il n'avait pas encore le grade de maréchal de camp lorsque cet ouvrage fut composé. Je ne l'ai pas copiée, ici, parce qu'elle ne donne pas d'autres renseignements que ceux qui sont déjà inscrits dans cette généalogie, et aussi parce que je vais donner les états de service de Jean-Louis qui m'ont été fournis par le ministère de la guerre.

En voici le fac-simile à la page suivante :

MINISTÈRE DE LA

GUERRE

———·———

7ᵐᵉ direction

——

COMPTABILITÉ

GÉNÉRALE

——

BUREAU

des

LOIS ET ARCHIVES

———

Pour extrait,

Signé : Illisible.

Vérifié, le sous-chef,

Signé : Illisible.

Le chef,

Signé : Illisible.

——

Délivré sans frais
à M. de Cugnac, rue
des Saints-Pères, 50,
en réponse à sa de-
mande parvenue en
mars 1860.

Enregistré, n°

Par ordre du Ministre Secrétaire d'État de la guerre,

Le Conseiller d'État, directeur de la comptabilité générale, certifie que des registres matricules et documents déposés aux archives de la guerre, a été extrait ce qui suit :

NOMS ET SIGNALEMENT	DÉTAIL DES SERVICES	
du Bourdet de Cugnac, Jean-Louis.	Officier au régiment de Bourbonnais..................	1717
	Capitaine....................	24 octobre 1727
	Major, le...................	30 août 1744
	Commandant de bataillon, le..	15 octobre 1747
	Rang de colonel............	1ᵉʳ février 1749
	Pourvu de la lieutenance-colonelle, le..................	22 avril 1751
	Brigadier, le...............	20 février 1761
	Maréchal de camp, le.........	16 avril 1767
	Lieutenant de Roi de Saint-Omer, le..................	23 janvier 1771
	Décédé en..................	mai 1775

En foi de quoi le présent certificat a été délivré pour servir et valoir ce que de raison.

Paris, le 10 mars 1860.   *Signé :* PETITET.

On trouve Jean–Louis Honoré de Cugnac, dans l'état militaire de France pour 1762 :

« *M. de Cugnac*, lieutenant-colonel de Bourbonnais 20 février 1761 ».

Et plus bas :

« Bourbonnais, lieutenant-colonel *M. de Cugnac* rang de colonel. »

« 1763 Brigadier d'infanterie — *de Cugnac-du-Bourdet.* »

« 1775 Maréchal de camp — *de Cugnac–du–Bourdet.* »

J'ai fait copier, dans les archives de Saint-Omer, l'acte mortuaire de Jean-Louis-Honoré de Cugnac. Il est dans les archives du château d'Epannes.

En voici la copie :

« *Ville de Saint-Omer — Paroisse de Saint-Denis — décès 1775.*

Le 31 mai 1775 est décédé, administré des sacrements, et le 2 juin a été inhumé dans le
« chœur de cette église, après un service au son de toutes les cloches, *Messire Louis-Honoré-*
« *du Bourdet, marquis de Cugnac,* maréchal de *camps,* commandant pour le roi au gouver-
« nement de Saint-Omer, chevalier de l'ordre militaire de Saint-Louis, âgé de soixante-dix-
« huit ans, époux de dame Marie-Madelaine de Bony-de-la-Vergne.

« Ont été présents à sa sépulture, Monsieur Pierre-Antoine de Légal, sous aide–major
« de la Ville de Saint-Omer, représentant Messire Jean-Baptiste-Honoré de Bony, beau-
« frère du défunt, commissaire de guerre, chevalier de l'ordre royal et militaire de Saint-Louis
« et Messire Jean-Pierre-Nicolas de Lafitte-Capenne, major de cette place, chevalier de l'ordre
« militaire de Saint-Louis. »

La famille de Bony-de-la-Vergne de Tressan est une des familles les plus illustres de la noblesse du Limousin.

Jean–Louis de Cugnac étant mort sans enfants, la branche de la Fère fut éteinte et ses parents du Bourdet recueillirent sa succession, dont il nous reste au château d'Epannes un très beau portrait du maréchal de camp.

Lorsque j'étais capitaine d'artillerie, je fus inspecté l'année 1847 par le général d'artillerie Boileau, gouverneur de l'école polytechnique. Il m'apprit qu'il avait été filleul du général de Cugnac gouverneur de Saint-Omer et qu'il avait été élevé par ses bienfaits. Cette protection inattendue et posthume de notre parent mort depuis 71 ans me valut une grande bien- veillance de la part de mon inspecteur général.

BRANCHE DU MONTEIL OU DU MONTET
EN PÉRIGORD — ÉTEINTE

✝ XII. — **Jean de Cugnac,** deuxième fils de Geoffroy de Cugnac, écuyer, seigneur de Caussade et de Jacquette du Bosc, fut institué héritier universel, par le testament de sa mère, du 5 mai 1629. Il se maria dans la maison du Monteil, paroisse de Saint-Sulpice et laissa de son mariage un fils et deux filles. Il a fourni une branche qui, après avoir fourni plusieurs degrés, s'est éteinte dans la personne d'Elisabeth de Cugnac, mariée le 8 décembre 1757 à Hélie de la Ramière, seigneur de Saint-Hilaire et du Bastit, fils d'Antoine de la Ramière, seigneur des mêmes lieux, et de Marie-Claude d'Ambrugeac, mort le 10 mai 1781, sans laisser d'enfants.

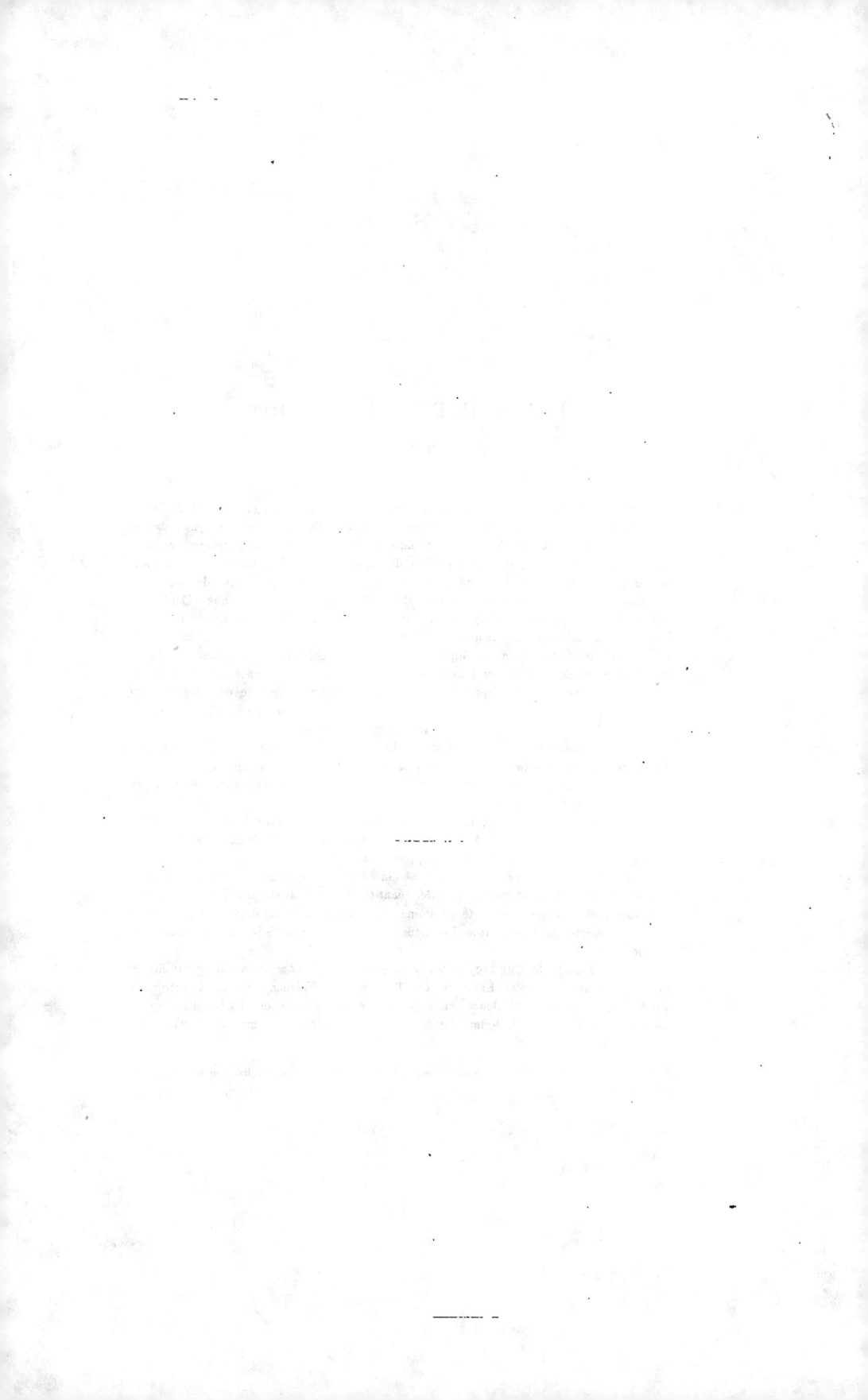

BRANCHE DE PAULIAC éteinte

VIII. **Forton**, nommé aussi **Yvon de Cugnac**, *seigneur de Pauliac, ou Paulhac, de Daglan et capitaine de la ville et château d'Arras*, deuxième fils d'Étienne de Cugnac, damoi-seau, seigneur de Caussade, et de Louise de Rassials, eut en partage, dans la succession de son père, les terres et fiefs de Pauliac, Daglan et Calmont. Il fit faire une enquête (1) à Domme le 28 juin 1489 (v. st.) contre François de Caumont, seigneur de Castelnau (auteur des ducs de la Force), pour établir que Daglan et autres héritages devaient lui appartenir, comme provenant de la succession de Jeanne Vigier, dame de Caussade, femme de Henri de Cugnac, son grand-père ; laquelle en avait hérité de nobles hommes Guillaume et Gilbert de Domme, chevaliers, seigneurs de Domme et de Vitrac, ses bisaïeul et aïeul maternels. On ignore la date de sa mort : on trouve seulement qu'il laissa plusieurs enfants de Jeanne de Carbonnières, sa femme, fille d'Antoine de Carbonnières, écuyer, seigneur de Pellevezy et de Louise d'Abzac de la Douze, qu'il avait épousée en 1494.

✕ Nous trouvons trace, dans l'histoire du siècle suivant, d'un sire de Pauliac, qui devait être un de ses petits-enfants, car il était mestre de camp en 1573.

On lit, en effet, dans l'*Histoire de l'ancienne Infanterie françoise*, par Suzanne, 3° volume, pages 16 et 17 :

« Régiment de Navarre. Siège de la Rochelle en 1573, sous Charles IX. »

L'historien de la Popelinière cite les gardes de Navarre à l'assaut du 26 mai et donne à ce corps pour mestre de camp, M. de Pauliac :

« *Le sieur de Pauliac*, qui menait les Gascons, donna le second rafraîchissement, « mais les Rochelais jetèrent si grande quantité de feux artificiels, grenades, cercles « et autres telles matières que, le capitaine Goas mort et le capitaine Pauliac blessé, « les régiments se retirèrent... Le sieur de Pauliac, mestre de camp, mourut le « 4 juin. »

+ XI. **Isaac de Cugnac**, *écuyer, seigneur de Pauliac* et arrière-petit-fils de Forton, épousa demoiselle Éléonore de Timbrune-de-Valence, fille de François de Timbrune, seigneur de Valence en Agenois, et de Jeanne de Balzac-d'Entragues, suivant la quittance qu'il donna d'une partie de la dot, le 7 mai 1599. On croit qu'il eut de ce mariage :

(1) Cette enquête contient des faits curieux pour l'histoire du Périgord, durant les guerres anglaises du XVme siècle.

1° JEAN-PAUL dont l'article suit ;

2° N. DE CUGNAC était *capitaine aux gardes françaises*, sous le règne de Louis XIII et servit avec beaucoup de distinction dans ce régiment. Il n'avait encore que le grade de lieutenant, lorsqu'il fut blessé, le 8 juillet 1638, en se battant comme volontaire, dans le combat où le maréchal de la Force défit, près de Saint—Omer, une partie de l'armée du maréchal Piccolomini (1). Blessé dangereusement devant Arras, en 1640, il fut tué pendant le siège de cette ville à l'attaque du fort de Rantzau (2).

Varennes, qui fait mention de lui dans son *Roi d'armes*, page 410, donne la description de son sceau (3) et ajoute qu'il descendait par femmes, de l'illustre maison de Balzac d'Entragues (4).

✕ Il est parlé de lui dans l'*Histoire de l'ancienne infanterie française* de Suzanne, tome II, page 63.

« En 1640 eut lieu le siège d'Arras. Les gardes françaises y ouvrirent la tranchée « le 4 juillet et se distinguèrent à la prise du fort de Rantzau. *Le capitaine de* « *Pauliac* y fut tué. »

Il est aussi cité dans l'*Histoire de la maison du Roi* par l'abbé de Neufville.

+ XII. **Jean-Paul de Cugnac**, *chevalier, seigneur de Pauliac*, etc., fut successive— ment *capitaine dans le régiment de Rambures* (depuis *Richelieu*, alias *Béarn*) et dans celui de *Picardie*. Il parvint par ses longs services à en être premier capitaine. Il le commanda en cette qualité en 1643, à la bataille de Rocroy, où il fut blessé (5), à celle de Rethel en 1650 et au siège de Mouzon en 1653 (6).

Il fut appelé par la Reine—mère, en l'absence du lieutenant-colonel, lorsqu'elle ordonna aux lieutenants—colonels des vieux corps de se rendre chez elle pour les remercier de la fidelité qu'ils faisaient paraître, dans un temps où chacun cherchait à les débaucher.

Il commanda encore le régiment de Picardie, en sa qualité de premier capitaine, à l'attaque des retranchements et lignes des ennemis, devant Arras, en 1654, et il donna des marques si distinguées de son expérience et de sa valeur que le Roi le nomma à cette compagnie vacante (7).

✕ Ceci ne peut s'entendre autrement que par le grade de colonel du régiment de Picardie, si on veut y appliquer le langage militaire de notre époque. Dans ce

(1) *Gazette de France* du 17 juillet 1638.

(2) La *Gazette* du 16 août 1641 dit que le sieur de *Pouillac* fut blessé devant Aire ; peut-être veut-elle parler du capitaine de Picardie (Jean-Paul.)

(3) Il portait écartelé aux 1 et 4 d'azur à la bande d'or, accostée de deux fleurs de lys de même qui est Timbrune, aux 2 et 3 d'azur à 3 sautoirs d'argent qui est Balzac ; au chef d'or à 3 sautoirs d'azur et sur le tout un écusson gironné d'argent et de gueules de huit pièces qui est Cugnac.

(4) La maison de Balzac a fourni une grande quantité d'officiers généraux et plusieurs chevaliers des ordres du roi. Toutes ces branches sont maintenant éteintes.

(5) *Gazette de France* du 27 juin 1643.

(6) Idem, du 29 décembre 1650 et du 11 octobre 1653.

(7) Voyez le dépôt de la guerre., etc.

temps là, en effet, le capitaine d'une Compagnie était souvent maréchal de camp, comme on le verra tout à l'heure, dans l'article de Marc de Cugnac-de-Pauliac, et comme on l'a vu dans l'*Histoire de Louis-Acarie du Bourdet, capitaine aux gardes françaises*, page 114.

Jean-Paul est cité dans l'*Histoire* de Suzanne, tome II, p. 267:

« Régiment de Picardie — 1652. —

« Le régiment donna l'assaut à Bar-le-Duc qui se rendit le 15 décembre, après « une résistance énergique de la haute ville. Le capitaine de *Pauliac* et... y furent blessés. » Dans une *montre* de compagnie qui est dans les archives du vicomte de Magny, archiviste, rue Sainte-Anne, est cité:

« Jean-Paul de Cugnac, seigneur de *Pauliac*. »

La compagnie est commandée par le capitaine de Valence, mais, comme il est absent, le capitaine de Pauliac le remplace ; la montre est faite en 1629 en Aunis. C'est une compagnie des *gardes du Roy. Tous les soldats sont gentilshommes.*

On y remarque un Marc de Cugnac qui doit être le fils de Jean-Paul, et dont l'article suit.

On n'a aucun renseignement sur le mariage de Jean-Paul de Cugnac. On lui donne pour fils:

+ XIII. **Marc de Cugnac,** *chevalier, seigneur de Pauliac, Causac,* etc., *maréchal des camps et armées du Roi et premier capitaine aux gardes françaises.* Il était *premier capitaine du régiment d'Auvergne-infanterie* dans lequel il avait servi avec la plus grande distinction, lorsqu'il parvint au grade de *maréchal de camp,* par *brevet du 17 avril 1652.*

L'abbé de Neufville, dans son *Histoire de la maison du Roi* (tome III, p. 198) dit que *Marc de Cugnac* fut d'abord capitaine dans Rambures, puis dans Picardie, etc.

Son brevet de maréchal de camp dit expressément qu'il était premier capitaine du régiment d'Auvergne avec lequel il servait depuis longtemps en Italie, et sa commission de capitaine aux gardes, dont la minute est au Dépôt de la guerre, lui donne la qualité de maréchal de camp et de premier capitaine au régiment d'Auvergne et dit qu'il s'était fort distingué à la prise de Castelmare, où, effectivement, se trouva le régiment d'Auvergne, composé de dix-huit compagnies. (Voyez la *Chronologie historique et militaire* de Pinard, tome VI, page 357.)

On raconte sur Marc de Cugnac l'anecdote suivante qui se rapporte à l'année 1652:

Lorsque le prince de Condé attaqua Paris du temps de la Fronde et que Mademoiselle fit tirer le canon de la Bastille sur les troupes du Roi, le prince de Condé, éprouvant une résistance invincible pour forcer le faubourg Saint-Antoine et pénétrer dans Paris, s'informa qui commandait le régiment. On lui répondit que c'était *Cugnac. Il faut nous retirer,* dit-il, *car nous avons affaire à partie...* En effet, son attaque ·n'eût aucun succès, par les dispositions que le commandant des gardes avait faites.

✕ Cette note de l'abbé de Lépine renferme un fait d'histoire si honorable pour notre famille, en disant que le grand Condé se retira devant un Cugnac, qu'elle mérite d'être soutenue par quelques citations des historiens du temps. J'ai donc fait, à ce sujet, quelques recherches, et j'ai trouvé le passage suivant dans les *Mémoires* de Bussy-Rabutin, tome I, page 334 :

« Guerre civile. — Août 1652. —

« Après la prise de Montrond. —

« Le maréchal de Turenne me pria de faire tenir, en chemin faisant, à *Poillac*, « capitaine aux gardes, maréchal de camp, commandant 1200 hommes de pied, entre « Seine et Yonne, un ordre pour le venir joindre. »

Il est certain que c'est Marc de Cugnac que Bussy appelle ici Poillac pour Pauliac. Cette altération du nom se retrouve ailleurs dans des circonstances qui font voir que Poillac, Pauliac et Marc de Cugnac sont bien le même personnage. Cette citation fait donc voir que Pauliac commandait en sa qualité de maréchal de camp, un petit corps d'armée qui tenait la campagne entre la Seine et l'Yonne. En ce temps-là, les corps d'armée n'étaient pas bien nombreux. Turenne et Condé n'avaient peut-être pas plus de 5,000 hommes dans leur armée. C'était une guerre civile de gentilshommes.

Enfin, il est loisible d'admettre que Pauliac rejoignit Turenne au faubourg Saint–Antoine, qu'il eut le commandement de l'avant–garde dont faisait partie le régiment des gardes françaises, et qu'il soutint l'attaque de Condé avant que le maréchal de Turenne ait pu prendre part au combat. D'ailleurs ne peut–on pas dire aussi que c'est en mémoire de ce glorieux fait de guerre, qu'il obtint une compa‧gnie des gardes, deux années après.

Mais voici un passage que j'ai trouvé depuis.

On lit dans l'histoire de Mme de Longueville par Victor Cousin, p. 156.

« Résumé. — Le combat du faubourg Saint–Antoine eut lieu le 2 juillet 1652. Il fut très « sanglant. Turenne attaqua sans attendre le maréchal de la Ferté–Senecterre. Condé occu– « pait la grande rue du faubourg Saint–Antoine et les rues latérales de Picpus et de Cha– « renton. Les ducs de Nemours et de la Rochefoucault y furent grièvement blessés. Enfin le « maréchal de la Ferté arriva, et Condé fût obligé de plier. Il trouva les portes de Paris « fermées, mais Mademoiselle indignée arracha à son père un ordre avec lequel elle fit ouvrir « à Condé et à ses troupes les portes de Paris et tirer même sur l'armée royale. »

D'après ce récit, il faut abandonner la prétention que j'avais eu pour Pauliac qu'il commandait l'armée opposée à Condé, en l'absence de Turenne, mais on peut admettre néanmoins qu'il commandait l'avant garde et que Condé prononçât les paroles rapportées à ce sujet.

Il y a aussi une rectification à faire dans le texte de l'abbé de Lépine. En effet il dit : Lorsque Condé attaqua Paris. Mais le prince n'attaquait point alors Paris. Il manœuvrait sous les murs de Paris, sur la protection duquel il comptait, et se retirait devant les troupes de Turenne qui venait de s'emparer de Montrond. Il occupait le faubourg Saint-Antoine qui était hors des fortifications de Paris, et Turenne qui l'attaquait était à Charonne avec le Roy et le cardinal Mazarin qui avaient depuis longtemps quitté Paris. Lorsque Condé fut battu par Turenne, Mademoiselle lui fit en effet ouvrir les portes de Paris, où il entra avec les débris de son armée.

On peut encore citer sur ce sujet l'histoire du régiment de Picardie par M. Roussel, p. 251 :

« M. de Turenne resta quelques jours à Villeneuve-Saint-Georges, il en partit le 21 juin,
« alla à petites journées à Lagny, y passa la Marne le 1er juillet, et campa à la Cherrette à
« une lieue de Saint-Denis où était la cour, pendant que l'armée du Prince de Condé vint
« camper à Saint-Cloud, derrière la Seine. Mais le prince de Condé s'y trouva si peu en
« sûreté qu'il se retira au faubourg Saint-Antoine. Le maréchal l'y suivit, l'attaqua le 2 juillet,
« malgré l'avantage des barricades, derrière lesquelles étaient les troupes des princes. Le
« régiment de Picardie, du Plessis-Praslin, aujourd'hui Poitou, et deux autres furent chargés
« de l'attaque de la barricade qui était du côté de la rivière sous les ordres du marquis de
« Navailles, lieutenant-général.

« Picardie emporta sans peine la barricade. M. le Prince la fit attaquer dans le dessein
« de la reprendre, mais ses troupes furent repoussées avec perte. M. d'Esclainvilliers, maréchal
« de camp, ayant passé la barricade à la tête de mestre de camp cavalerie, soutenu de quel-
« que infanterie, fût enveloppé par les escadrons ennemis et fait prisonnier. L'infanterie qui
« suivait prit la fuite. Le marquis de Navailles s'aperçut du désordre, y court en diligence
« avec le régiment aujourd'hui d'Eu, et un détachement de Picardie, renversa à son tour
« tout ce qu'il rencontra et s'empara de la barricade qui fût attaquée encore à trois diffé-
« rentes reprises par un gros d'infanterie et tous les volontaires de l'armée de M. le Prince,
« mais une vigoureuse résistance du régiment de Picardie rendit ses efforts inutiles.

« Il se disposait à une dernière charge qui aurait entraîné la perte totale des troupes de
« M. le Prince, lorsque Mademoiselle de Montpensier engagea les Parisiens à lui ouvrir la
« porte Saint-Antoine, ce qui facilita sa retraite. »

+ Marc de Cugnac commanda le régiment d'Auvergne sous les ordres du duc de
Guise et se distingua beaucoup à la prise et au combat de Castelmare en 1654. On
lui accorda, en cette considération, une compagnie au régiment des gardes, par
commission du 30 novembre de la même année. Il la commanda aux sièges de Lan-
drecies, de Condé, de Saint-Guilain en 1655, de Valenciennes en 1656, et fut fait
prisonnier au combat qui se donna sous cette place. Il se trouva au siège de
Marsal en 1663, à la conquête de la Flandre en 1667, à la conquête à la Franche-
Comté en 1668, et fit toutes les campagnes de 1672 à 1678.

✕ C'est sans doute ce Pauliac qui est cité dans les *Lettres du maréchal de Turenne.*

Ces lettres viennent d'être publiées par la Société des antiquaires de Picardie ; on y lit :

« Le Comte de Grimouard a publié en deux volumes in-folio des lettres et
« mémoires de Turenne en 1789. Mais il a oublié de rechercher les lettres du maré-
« chal adressées aux secrétaires d'État Le Tellier et Louvois, et conservées aux
« archives du Dépôt de la guerre. Nous croyons ne pas faire une chose inutile en
« publiant cette correspondance. »

Page 165 — à Amiens le 29 décembre 1653.

«... Recommande *M. de Cugnac*, son parent, qui est prisonnier à Amiens, et
« qui offre d'aller faire rendre la liberté à M. de Gadaigne et qui, s'il ne peut réussir,
« s'engage à revenir se mettre en prison. »

Il est cité aussi dans l'*Histoire de l'infanterie* de Suzanne, tome III, page 401 :

« Régiment d'Auvergne. — Année 1654.

« En 1650, pendant que la plupart des troupes étaient appelées en France, à cause des « troubles de la Fronde, Auvergne resta à Barcelone sur la défensive... après... le régiment « se retira dans le Roussillon et reprit la campagne en juin 1653 avec le marquis du Plessis- « Bellière... En 1654, il est au siège et à la prise de Villefranche, et à la levée du siège des « Roses par les Espagnols. Dix-huit compagnies, commandées par le *capitaine de Pauliac*, « se rendirent alors à Toulon, et s'embarquèrent, avec le duc de Guise, pour l'expédition « de Naples, et l'armée prit terre le 13 près de la ville de Castellamare, qui fut aussitôt attaquée « et emportée. Le détachement d'Auvergne se fit admirer par l'entrain qu'il mit, ce jour-là, à « débusquer un bataillon espagnol établi sur la montagne qui domine Castellamare. Cette « expédition fut, au reste, sans résultats, l'armée se rembarqua le 24, etc. »

(1) Note de l'auteur « Marc de Cugnac de Pauliac obtint en récompense de sa conduite « dans cette expédition une compagnie aux gardes. Il était maréchal de camp le 17 avril « 1652. »

Je ferai observer, pour corroborer une observation que j'ai faite page 147, que Pauliac n'a que le titre de premier capitaine lorsqu'il commande les 18 compagnies du régiment d'Auvergne, quoiqu'il soit déjà depuis deux ans maréchal de camp.

Nous avons vu que Pauliac était devenu capitaine aux gardes en 1654. Il y fut nommé bientôt premier capitaine et les commanda dans plusieurs campagnes, comme on le voit dans les *Mémoires* de Bussy-Rabutin, tome 11, page 38 : « Compagne de 1657. Siège de Saint- « Venant près Béthune, par Turenne, contre Condé et Bouteville (depuis maréchal de « Luxembourg.)

« Le 25 août, *Poillac*, commandant les gardes, à la tranchée de Turenne, y fut blessé d'un grand coup de mousquet à l'épaule. »

Il faut observer que dans ces temps, quand on parlait des gardes, on voulait parler des gardes françaises et quand on voulait désigner les gardes du corps, on ne disait pas seulement les gardes, mais les gardes du corps du Roi, comme on peut le vérifier dans tous les mémoires du temps. Les gardes du corps étaient, alors aussi, désignés généralement sous le nom de maison du Roi, qui comprenait en même temps les mousquetaires et les chevau- légers. Ces deux derniers étaient aussi connus sous le nom de maison rouge.

La plupart des capitaines des compagnies des gardes étaient officiers généraux comme Pauliac. C'est ainsi que le premier capitaine des gardes françaises en devenait le comman- dant, et était désigné sous le titre de *capitaine des gardes*. Ce qui n'empêchait pas qu'il y eut un colonel des gardes françaises, propriétaire du régiment, comme il y avait des colonels propriétaires des autres régiments de l'armée. Ces colonels étaient des princes ou des grands seigneurs de la cour qui, généralement, ne commandaient pas leurs régiments à la guerre, mais étaient employés à l'armée dans d'autres fonctions. Le commandement appartenait alors au premier capitaine.

Pauliac est encore cité dans les *Mémoires* de Rabutin, tome II, page 16 : Lettre à Mme de Sévigné — Siège de Valenciennes, 20 juillet 1656 :

« Le maréchal de la Ferté fut pris... La Trousse, Pradel, *Poillac*, la Luzerne et plus de 400 officiers pris... etc. »

L'abbé de Neufville, dans son *Histoire de la maison du Roi*, cite plusieurs fois *Marc de Cugnac*, ainsi que l'autre *Pauliac* qui fut capitaine aux gardes, sans qu'ils soient distingués entre eux par des prénoms. Il n'y a que les dates qui puissent donner quelque indication.

Ainsi il dit : « qu'au siège de Renty, M. de *Pauliac*, capitaine aux gardes, commandant « les enfants perdus, fut blessé. »

Je n'ai pas copié toutes ces citations ; j'espère qu'on pourra le faire plus tard. C'est un ouvrage rare et que je n'ai plus sous la main. Voici la page et le volume de ces divers passages :

Neufville, tome III, pages 198, 274, 395, 405, 233.

La même observation doit se faire pour la *Chronologie* de Pinard qui donne la vie de Marc de Pauliac, tome VI, page 357. Mais je vais donner ici les états de service de cet illustre capitaine, qui peuvent suppléer à son *Histoire militaire*, par Pinard.

Je donne à la page suivante le fac-simile des états de service de Marc de Cugnac qu'on m'a délivrés aux bureaux de la guerre.

MINISTÈRE DE LA

GUERRE

——▷◁——

7me direction

—

COMPTABILITÉ

GÉNÉRALE

———

BUREAU

des

LOIS ET ARCHIVES

————

Par ordre du ministre secrétaire d'État de la guerre,

Le Conseiller d'État, directeur de la comptabilité générale, certifie que des registres matricules et documents déposés aux archives de la guerre, a été extrait ce qui suit :

NOMS ET SIGNALEMENT DU MILITAIRE	DÉTAIL DES SERVICES
de Pauliac Marc de Cugnac.	Capitaine au régiment d'Auvergne.
	Maréchal de camp......... 17 avril 1652
	Capitaine au régiment des gardes françaises........ 30 novembre 1654
	Décédé.................. 20 avril 1678

Pour extrait,

Signé : Illisible.

Vérifié, le sous-chef,

Signe : Illisible.

Le chef,

Signé : Illisible.

————

Délivré sans frais à M. de Cugnac, capitaine d'artillerie, rue du Cirque, 21, en réponse à sa demande, parvenue en août 1860.

Enregistrée, numéro 11429.

Campagnes

1654 Italie, 1655 et 1656 Flandres, fait prisonnier sous les murs de Valenciennes en 1656 ; 1663 siège de Marsal, 1667 Flandres, 1668 Franche-Comté, de 1672 à 1678 à différentes armées.

En foi de quoi, le présent certificat a été délivré pour servir, et valoir ce que de raison

Paris, 28 août 1860. *Signé :* PETITET.

+ Marc de Pauliac possédait encore sa compagnie, lorsqu'il mourut le 20 [...] de cette dernière année, après 55 ans de service. Il avait épousé Élisabet[...] qui, étant veuve, se remaria à François de la Chaussée, chevalier, seigneur [...] gouverneur de Saint-Dizier et mourut au mois de juillet 1681. On ignore si Ma[...] laissa des enfants ; on sait seulement que cette branche est éteinte et que ses b[...] dans la famille du sieur de Goudin qui prend le titre de baron de Pauliac.

✕ Le portrait de Marc de Pauliac a été retrouvé dans un château du Péri[...] château de Fondelin. Je l'ai fait copier. Il est en cuirasse, et porte en sau[...] blanche, signe distinctif des commandants en chef. Il montre que cet illustre c[...] d'une grande taille et d'une très robuste constitution. On y lit encore une vieill[...]

« *Marc de Cugnac, Seigneur de Pauliac, Capitaine des gardes.* »

Ce qui s'accorde avec l'observation que j'ai faite page 147.

La branche de Pauliac avait formé un rameau connu sous le nom de seign[...] de Saleshuit ou Solasuit et Sensac en Auvergne qui est aujourd'hui éteint.

Ce rameau était éteint avant la mort de Marc de Pauliac qui fut le dernier [...] héroïque qui illustra le nom de Pauliac, sans ajouter à la gloire de son nom de C[...] ne portait point. Elle fut un des glorieux types de cette ancienne noblesse de [...] jusqu'à la révolution, donna, sans compter, sa vie et sa fortune pour la France [...] et qui n'eut pour récompense que la haine du peuple et l'oubli de ses souverai[...] alors, à la cour, quelques généraux d'antichambre, ce n'était pas là qu'ils a[...] leur grade, ces généraux de Cugnac, de Pauliac, de Giversac, du Bourdet et de [...] avaient trente, quarante et cinquante-cinq années de service de guerre et qui [...] batailles par dizaines et les sièges par vingtaines.

BRANCHE DE BELVÈS ET SAINT-AVIT

V. **Bernard de Cugnac**, *damoiseau, seigneur de Bouilhac et en partie de Saint-Avit-Senieur* (ou le Vieil), capitaine du château du même Saint-Avit pour le Roi de France, fils puîné de Guillaume IV de Cugnac, chevalier, et de Guillemette de Roffilhac, assista en 1349, au contrat de mariage de Pierre, son frère. Il paraît qu'il était entré jeune au service et qu'il avait fait ses premières armes sous le drapeau anglais (1). Mais il ne tarda pas à rentrer sous l'obéissance de ses anciens souverains ; car on voit, par des lettres de Jean comte d'Armagnac, datées de Caussade, le 28 juin 1353, et confirmées par le roi Jean le 17 février 1354 (v. st.) que ce prince lui accorda, ainsi qu'à sa femme, ses enfants et ses gens une absolution entière de tous les excès dont il s'était rendu coupable durant le temps que son lieu et château de Bouilhac était resté au pouvoir des anglais.

Bernard de Cugnac promit en même temps d'employer tous ses soins pour faire rentrer sous l'obéissance du Roi, le lieu de Saint-Avit *qui était encore en état de rébellion* (2). Il est à croire que ses efforts ne furent pas sans succès ; car, dès la même année, on le trouve qualifié *capitaine de Saint-Avit* (2 bis). Il donna à Jacques L'Empereur, trésorier des guerres, plusieurs quittances de ses gages et de ceux des gens de sa compagnie, *desservis et à desservir,* dans les guerres de Gascogne, à la garde du lieu Saint-Avit, sous le gouvernement de M. le comte d'Armagnac, lieutenant du Roi et parties du Languedoc (la bibliothèque du Roi conserve dix de ces quittances depuis le 4 décembre 1353, jusqu'au 21 juin 1356, toutes scellées du sceau des armes de Bernard de Cugnac). Il reçut ainsi que sa femme, en 1358, une reconnaissance de Jean de Serval, pour les fiefs qu'Hélie de Serval, son frère, *avait coutume de tenir de l'hôtel de Biron,* sous le devoir d'une paire de gants blancs ; fit la même année un bail à nouveau fief, de plusieurs tènements appelés *del Bos, del Rival, del Combel, et del Buc,* situés dans la paroisse de Saint-Avit.

Jean, seigneur de Châteaufron, chevalier, sénéchal du duché de Guienne, lui fit don, par lettres datées de Bordeaux, le 4 juillet 1360, *du droit du commun de* Saint-Avit, en récompense des *fidèles services* qu'il avait rendus au Roi (3). Il reçut en 1366 une reconnaissance pour une terre, pré et moulin appelé de Canterane, en la paroisse de Molières ; était encore capitaine de Saint-Avit pour le Roi en 1368 et années suivantes, ayant sept écuyers sous ses ordres ; les quittances de ses appointements des années 1369 et 1374, sont scellées de son sceau (4).

(1) C'était sous le règne de Philippe de **Valois**.

(2) Trésor des chartes, reg. LXXXIV, fol. 20, N° 26 — Vol. XXX du Saint-Esprit.

(2 bis) Vol. XXX du Saint-Esprit, fol. 1949.

(3) Inv. des titres du château de Cugnac, fol. 46, N° 38.

(4) Titres scellés, vol. CLVI, fol. 4209 et 4211.

Le duc d'Anjou (1),frère du Roi Charles V, lui fit don par lettres datées de Périgueux, au mois d'août 1360, de la terre et du château de Molières et des revenus en dépendant pour en jouir, en même temps que du droit de commun de Saint–Avit (2). Il acquit le 10 décembre 1387 de Jean de Saint–Bonet, damoiseau de Bigaroque, une rente que feu Jean de Biron, damoiseau de Belvès, avait vendue autrefois au même Jean de Saint–Bonet. Il mourut la même année ou l'année suivante, laissant plusieurs enfants de Magne de la Péraréde, sa femme, dame de Bouilhac et de la Sauvetat, veuve en premières noces de Gaillard de Biron (3), qui l'avait épousée avant l'an 1353.

Elle devint héritière, par le décès de ses enfants, de l'hôtel de Biron de Saint-Avit, qu'elle porta à son second mari ; reçut, étant veuve en 1397, une reconnaissance de Marie de Serval, comme héritière de Bernard de Serval, son père, pour tous les fiefs et héritages qu'elle possédait dans la paroisse de Monsac ; et donna en 1399 une investiture de biens fonds situés sur le ruisseau de Couse,dans la paroisse de Saint-Avit.Bernard de Cugnac eutentre autres enfants :

1º AYMERIC DE CUGNAC, dit *de Biron, damoiseau de Belvès* (4) fut père, suivant d'anciens mémoires domestiques, de :

JEAN DE CUGNAC, surnommé *de Biron, damoiseau de Belvès*, fit deux testaments : par le premier, dont on ignore la date, il fit son héritier Guillaume de Cugnac, fils de Henri, seigneur de Caussade, et par le second, qui est de l'an 1402, il ordonna que son corps fut enterré dans l'église de Sainte–Catherine de Belvès et assura sa succession à Jean de Cugnac, son oncle (à la mode de Bretagne) cousin germain d'Aymeric, son père. Il reçut, en 1403, l'hommage de Marie de Serval et reconnut cette dame pour sa fiévataire, sous le devoir d'une paire de gants blancs d'acapte, qu'elle lui paya. Il prend la qualité de *seigneur de Saint-Avit, de Biron et de Bouilhac*, dans l'hommage que Pierre de la Gleyse lui rendit, comme héritier de Marie de Serval, le 3 mars 1408 (v. st.), pour les fiefs qu'il tenait dans la paroisse de Monsac, sous le devoir aussi d'une paire de gants ; et mourut, peu de temps après, sans laisser de postérité.

2º ARNAUD DE CUGNAC, dont l'article suit :

3º SÉGUIN DE CUGNAC, *prieur de Saint-Avit* en 1375.

VI. **Arnaud de Cugnac**, *Chevalier*, est connu par deux actes, l'un de 1384, et l'autre de 1388. Il paraît, par le dernier, dans lequel il rappelle Bernard son père, qu'il avait épousé Hélène de Biron, fille et héritière de Jean de Biron, demoiseau de Belvès dont il eut, suivant la tradition et d'anciens mémoires domestiques (5) :

ANTOINE DE CUGNAC, auteur de la branche de Dampierre, qui suit :

X Arnaud de Cugnac et Hélène de Biron sont connus par leurs portraits qui sont au château de Fondelin.

(1) Créé duc d'Anjou par son père, le roi Jean, et qui fut le chef de la seconde branche des rois de Naples, de la maison d'Anjou.

(2) Invent. des tit. de Cuguac, fol. 46. Il est à remarquer que tandis que Bernard de Cuguac recevait des dons du roi de France, celui d'Angleterre confisquait ses biens et en gratifiait le seigneur de Montferrand.

(3) Le prénom *Magne* dérivé du latin *Magna* est traduit dans les anciens titres français par *Grande*.

(4) C'est par erreur que, dans quelques mémoires de famille, Aymeric de Cugnac a été confondu avec Arnaud, son frère.

(5) On conserve à la bibliothèque du roi quelques anciens tableaux généalogiques de la branche des seigneurs de Dampierre dans lesquels il est dit expressément qu'Antoine de Cugnac (auteur de cette branche) était fils d'Arnaud de Cugnac et d'Hélène de Biron.

L'inscription du portrait d'Arnaud est :

Arnaud de Cugnac, chevalier, seigneur de Cugnac, mort en 1388.

Ce qui s'accorde avec ce que nous avons vu, qu'il y avait plusieurs châteaux de Cugnac. Les Cugnac de Dampierre avaient aussi la prétention d'être les aînés. Nous ne nous arrêterons pas à le discuter. Nous avons vu qu'à une époque aussi reculée, il était fort difficile d'avoir des documents sur une pareille question.

L'inscription du portrait d'Hélène de Biron est :

Hélène de Biron, dame de Cugnac, morte en 1416.

Ces portraits, ainsi que ceux de la plupart des membres de la branche de Cugnac-Dampierre, dont nous parlerons par la suite, ont été retrouvés dans les anciens châteaux d'Huisseau et de Veuilly. Ceux d'Huisseau appartiennent au marquis de Bizemont, propriétaire de ce château dont il a hérité de sa mère Antoinette de Cugnac, en qui s'est éteinte la branche de Dampierre. Ils forment une très belle collection de tous les Dampierre et de leurs femmes depuis Arnaud jusqu'à Antoine, le capitaine de vaisseau, qui fut le dernier des marquis de Dampierre.

Ceux de Veuilly appartenaient à Mme de Beauroire, héritière des Cugnac-Dampierre de Veuilly. Elle en fit cadeau à son neveu, M. de Gennis, lors de son mariage avec Élisabeth de Cugnac et M. de Gennis les donna à son beau-frère le marquis de Cugnac de Fondelin. Cette collection est tout à fait pareille à celle du château d'Huisseau, ce qui leur donne une complète authenticité. J'ai fait copier une grande partie des portraits de la galerie d'Huisseau. Ils sont au château d'Epannes.

BRANCHE DE DAMPIERRE [1]

+ Les marquis de Dampierre, établis dans l'Orléanais et dans la Beauce, ont pour auteur :

VII. — Antoine de Cugnac, *1er du nom, chevalier, chambellan du Roi Charles VII,* né vers l'an 1397, prenait déjà le titre de chevalier dans un acte du 20 juin 1431 (2) soit comme cadet, soit à l'occasion des guerres de ce temps ; il quitta le Périgord, son pays natal, et se trouvant commander des gens de guerre dans le château de Rochefort-en-Yveline (3) où s'était réfugiée avec ses enfants (4) Jeanne Le Brun, dame de Palaiseau et de Dampierre, pour se mettre à l'abri des insultes des différents partis. Il l'épousa en 1418 ; comme il se justifie par plusieurs arrêts du parlement de Paris des années 1455, 1456 et 1457. On conserve encore le sceau de ses armes dont il se servait dans les années 1431 et

(1) La branche de Cugnac Dampierre conserve deux traditions bien précieuses, bien honorables. La première est qu'elle a l'honneur d'être alliée à la Maison de Bourbon-Condé, et la seconde, que ce fut un de ses membres qui donna le premier à Henri IV le sage conseil de se faire catholique.

X On verra plus loin l'explication que l'on peut donner de cette première tradition. Quant à la seconde, elle est pleinement justifiée, comme on le verra plus tard, par des extraits que j'ai donnés des *Mémoires* de Sully et de d'Aubigné.

(2) C'est de cet Antoine de Cugnac, qu'on trouve également écrit : de Coignac et Cougnac, qu'est descendue toute cette branche, qui s'établit dans l'Orléanais, où elle a formé deux branches principales, qui sont celle des Marquis de Dampierre, qui est l'aînée ; et celle d'Imonville, sortie de Louis de Cugnac, second fils d'Antoine de Cugnac, troisième du nom, seigneur de Dampierre et d'Imonville et de dame Marie du Lac, et frère de François de Cugnac, premier du nom, seigneur de Dampierre.

Cette branche des marquis de Dampierre s'est encore séparée en deux autres branches, savoir : celle des Cugnac Dampierre, marquis de Boucard et celle des marquis de Dampierre ; à cause que François de Cugnac, deuxième du nom, épousa en premières noces Gasparde de Boucard, héritière de son nom ; et en secondes, Anne Le Loup de Beauvoir. De son premier lit sortit la branche de Cugnac, marquis de Boucard, qui est tombée dans la maison de la Châtre, puis dans celle de Crévant-d'Humlères ; et du second lit sortit la branche de Cugnac Dampierre qui s'est divisée ensuite en deux rameaux, qui sont le marquis de Dampierre et le baron de Veuilly, son frère, établi dans le Soissonais.

Quant à la branche d'Imonville, elle s'est aussi séparée en deux autres branches savoir, celle d'Imonville et celle de Richerville. Celle d'Imonville est sous-divisée de celle de Jouy Et quant à la branche de Richerville elle s'est fondue en celle de Dampierre, par le mariage d'Anne de Cugnac, dame de Richerville, avec François, de Cugnac, chevalier, marquis de Dampierre, père et mère du marquis de Cugnac Dampierre et du baron de Veuilly.

(3) Le château fort de Rochefort-en-Yveline était situé près de Palaiseau. L'Yveline était une contrée qui comprenait Rambouillet et les environs dans le département de Seine-et-Oise. Il y a encore de ce côté-là des petits villages qui portent ce nom.

(4) Jeanne Le Brun avait eu de son premier mariage quatre enfants, Charles de Harville, écuyer ; Blanche, mariée à Pierre d'Orval et deux religieuses.

1454 (1). Sa femme lui fit don de la terre de Dampierre en 1430 (2) et donna celle de Palaiseau et autres aux enfants qu'elle avait eus d'un premier lit (3). Antoine de Cugnac était mort ainsi que sa femme le 19 mars 1461, quand les enfants d'elle et de ses deux maris transigèrent sur le partage de sa succession.

✕ D'après une note prise à la Bibliothèque royale, Antoine fut envoyé par le Roi en ambassade à Rome, près du Saint Père. La note rappelle la somme d'argent qui lui fut payée pour les frais de cette ambassade.

Le *catalogue* de l'archiviste Magny indique : « des lettres royaux de Charles VII pour *Antoine de Cugnac*, seigneur de Dampierre, » charte en latin. — Cet archiviste m'a écrit qu'il possédait aussi dans son cabinet à Paris :

1° Des lettres patentes du duc Charles d'Orléans, nommant Antoine de Cugnac, chevalier, capitaine du chastel et place de Pierrefonds de 1446 (très belle pièce).

2° Un quittance de gages donnés et signés par Antoine de Cugnac, conseiller et chambellan du duc d'Orléans, de 1450.

3° Deux lettres patentes du duc d'Orléans, ordonnant de payer une certaine somme à Antoine de Cugnac, pour plusieurs ambassades qui lui avaient été confiées (belle pièce) de 1450.

Ce ne peut être qu'Antoine Ier du nom.

D'après un mémoire généalogique qui est dans mes archives d'Épannes, Antoine ne vivait plus en 1452

J'ai aussi un document qui se rapporte à plusieurs procès qui eurent lieu entre Antoine ou ses enfants et ceux de M. G. de Harville. C'est la copie d'un titre latin qui existait à la Cour des Comptes. J'en donne, ici, un extrait qui se rapporte à Antoine, et je donnerai successivement les autres parties à l'article de ses enfants. En voici la traduction :

Antoine de Cugnac, Chevalier, contre Guillaume de Harville, écuyer.

L'intenteur de l'action disait que Jeanne Le Brun avait été mariée : 1° avec feu Guillaume de Harville et 2° avec lui, en 1418.

Il disait aussi qu'il était né dans la patrie de Périgord. Il disait aussi que ladite Jeanne avait donné les terres qui sont en contestation, savoir : Maniville et... à Charles de Harville, son fils, premier né, cette donation cependant, sans l'autorisation dudit intenteur de l'action avec lequel elle avait déjà contracté le mariage et qu'elle ne pouvait le faire au préjudice de ses autres enfants.

Le défendeur disait, au contraire, qu'après la mort de Guillaume de Harville, ladite Jeanne ayant ses titres, ceux de Blanche et ceux de ses enfants, s'était retirée dans le château-fort de Rochefort, à cause des guerres, dans lequel ledit Antoine de Cugnac, qui avait avec lui beaucoup d'hommes armés, l'accepta pour épouse. »

(1) Vol. CLVII des *Lettres scellés* fol. 4229, 4231.

(2) Il est fait mention en ces *termes* du château de Dampierre, dans les *Lettres sur la Provence* par Béranger, tome II, page 137 :

« Le château de Dampierre, bâti jadis par l'illustre Maison de Cugnac, mérite d'être vu ; sa situation est très belle, sa vue domine une plaine immense. Les jardins répondent à la grandeur du château. On voit dans les bosquets plusieurs statues de marbre blanc, que le cardinal Mazarin avait fait venir de Rome, etc. »

(3) Elle avait épousé en premières noces, en 1399, Guillaume de Harville; dit le Jeune, échanson du Roi, seigneur de Chanhoudry, Noyses, l'Hérable et des Bordes qui fut tué à la bataille d'Azincourt, en 1415.

Antoine est connu par un portrait qui est au château d'Epannes. Il y en a deux autres pareils, un à Fondelin, l'autre à Huisseau. L'inscription est :

« *Antoine de Cugnac, seigneur de Dampierre, chambellan du Roi Charles VII, mort* « *en 1460* ». Celui de Fondelin porte 1452.

+ Il avait épousé, comme il a été dit, Jeanne Le Brun (1) dame de Palaiseau, de Dampierre près de Gien, de la Grange-du-Bois et des Bordes, dans la vicomté de Paris, de Nesle et de Bélincourt, au comté de Chartres, veuve de Guillaume de Harville, écuyer. Il eut de ce mariage :

VIII **Pierre de Cugnac,** *chevalier, seigneur de Dampierre, Nesle, Hérouville, Bélincourt, baron d'Imonville, etc., conseiller et chambellan du roi Louis XI et grand-maître des eaux et forêts de Normandie,* transigea, le 19 mars 1461 (v. st.), avec Guillaume de Harville, écuyer, son frère utérin, sur le partage des terres de la succession de feu sa mère ; fit hommage, le 15 août 1462, à Guillaume de Prunelé, son beau-frère, seigneur d'Herbaut, de Gazeran et d'Ouarville, pour la baronne d'Imonville ; et était mort l'an 1477.

✕ Pierre est connu par un portrait qui est dans la galerie du château de Fondelin, dont l'inscription est :

« *Pierre de Cugnac, seigneur de Dampierre, chambellan du Roi Louis XI, grand-* « *maître enquesteur des eaux et forêts du duché de Normandie, mort en 1484.* »

Cette date ne s'accorde pas avec celle donnée plus haut pour la généalogie. Elle est d'accord avec un mémoire généalogique qui est dans les archives d'Epannes (3ᵉ dossier N° 39). Il y est qualifié de conseiller et chambellan de Charles VIII. Ce mémoire est daté de 1734.

Voici la description du portrait de Pierre de Cugnac : feutre noir, sans barbe, cheveux ras, pourpoint de soie noire, doublé de martre.

Je vais donner, ici, un deuxième extrait du titre latin de la Cour des Comptes, dont nous avons parlé plus haut. Quoiqu'il y soit fait mention d'Antoine, il concerne principalement Pierre.

En voici la traduction :

Sommaire.

« Notre bien-aimé Antoine de Cugnac, chevalier, et Pierre de Cugnac, fils du même « Antoine et de feue Jeanne Le Brun, autrefois son épouse ; contre Guillaume de Harville, « écuyer, pour la possession des terres et domaines de Palaiseau, de la Grange–du–Bosc et « de la terre de Fortalis et du domaine de Lézis, qui appartenaient autrefois à feu Jacques « Le Brun, chevalier, frère de feu ladite Jeanne Le Brun et aussi des terres de Nesle et de « Bélincourt, qui appartenant autrefois au défunt Charles Le Brun, chevalier, et cousin ger– « main de la dite défunte dame Jeanne ; et de plus pour la possession de la terre, domaine « et dépendances d'Imonville–le–Grand, et des autres terres de la défunte dame Jeanne, « revenus à la même Jeanne par acquêts ou par ligne collatérale. »

(1) +Jeanne Le Brun était sœur de messire Jacques Le Brun, lequel tirait son origine, à ce qu'on prétend, de Gilles Le Brun, nommé aussi de *Trazégnies*, connétable de France, du temps de Saint Louis. Il est dit, dans les mémoires de famille, qu'elle était fille d'Adam Le Brun, quatrième du nom et de Marguerite de Vieux-Pont.

✕ La postérité des Trazégnies est représentée par le marquis de Trazégnies ou Trézignie, par Louise de Trésigny, maréchale de Saint-Arnaud et par N. de Trésignies, princesse de Ligne.

21

Dans cette cause, la partie de Pierre d'Orval et de Blanche de Harville, son épouse, avait dit et allégué que le quart des terres en litige appartenait à la même Blanche.

, La Cour, par arrêt, donna audit Guillaume de Harville la jouissance et l'administration du château de Palaiseau et de la moitié des autres terres en litige et à Pierre de Cugnac l'administration de l'autre moitié, 8 mai 1445.

Voici, de plus, un troisième extrait du même titre de la Cour des Comptes.

Traduction.

« Pierre de Cugnac, écuyer, contre Guillaume de Harville, aussi écuyer :

« L'intenteur de l'action exposait que défunt Jacques Le Brun, de son vivant chevalier, et Jeanne Le Brun, sa sœur, nés de race noble et de légitime mariage, avaient plusieurs terres de succession de père et mère rapportant jusqu'à 3000 francs de rentes de revenu ; et par partage, Jacques avait eu les terres et domaines de Palaiseau, Grange-de-Bosc et de Lézis et autres ; et la susdite Jeanne, les terres et domaines du Grand et Petit Plessis, Courlebœuf, La Minerve, Saint-Cler-Mainville, Coulainville et autres. L'intenteur de l'action disait conséquemment que ladite Jeanne avait été mariée comme il a été dit :

« 1º Avec Guillaume de Harville, duquel mariage étaient nés ledit défendant et trois filles, dont deux religieuses sont encore vivantes ; que, de leur vivant, ils avaient acquis les domaines d'Imonville, des Bordes et autres, que le même Guillaume était mort après cela, laissant ladite Jeanne qui se maria :

« 2º Avec Antoine de Cugnac ; duquel mariage était né le demandeur. De même le dit Jacques Le Brun mourut laissant ladite Jeanne, sa sœur, comme héritière. Le défendant opposait que lui-même et Blanche de Harville, sa sœur, étaient aussi des enfants nés du mariage desdits Guillaume de Harville et Jeanne Le Brun ; ce Guillaume de Harville mettait en litige une somme de plus de 20.000 écus d'or, à titre de succession de ladite Jeanne le Brun, comme Pierre d'Orval, écuyer, et ladite Blanche son épouse.

« Le défendeur disait, en outre, que la terre du Breuille avait appartenu, par héritage propre, à Marguerite de Vieux-Pont, mère desdits Jacques et Jeanne Le Brun ; que, dans le partage, ladite terre était échue à Jeanne, et que, plus tard, Guillaume de Harville, son mari, pour exonérer cette terre de quelques redevances dotales possédées par Jeanne du Plessis, aïeule de ladite Jeanne, avait acheté La Grange-du-Bosc, près Neaufle, et la terre de Lézis près Chartres, etc. »

Après ces diverses transactions entre Pierre de Cugnac et son demi-frère Guillaume de Harville, Pierre demeura donc seigneur de Dampierre et en prit le nom.

Cette seigneurie fut plus tard érigée successivement en châtellenie, en baronnie et en marquisat en faveur de ses descendants et cette branche des Cugnac en porta le nom de Dampierre jusqu'à son extinction et le couvrit de gloire.

Je placerai, ici, quelques notes que j'ai prises sur Dampierre, dans un voyage que j'y fis en 1857. Elles sont contenues dans une lettre que j'écrivis, alors, à mon cousin, le vicomte de Cugnac, de Lille, et dont je vais donner, ici, une copie :

« Château de Dampierre, commune de Dampierre, par Ouzouer-sur-Loire.

Le 14 octobre 1857.

« Mon cher cousin, je vais vous raconter un voyage que je viens de faire, en façon de « pèlerinage, ou d'exploration archéologique et patronymique au château de Dampierre.....

« J'arrivai enfin en vue de l'église et du château de Dampierre, situés sur le coteau opposé,

« dans la position la plus pittoresque. A mes pieds, un immense étang remplissait la vallée et
« semblait la Loire que nous venions de quitter. C'est dans ses eaux que se reflétaient autre-
« fois les tours et les donjons du château de Dampierre, car il fut détruit pendant la
« révolution.

   « Un jour, le farouche Collot-d'Herbois, commissaire du comité de Salut Public, était
« passé par Dampierre et avait dit que si, à son retour, l'aristocrate qui habitait ce château
« n'avait pas diminué la hauteur de ses fières tourelles, il serait diminué lui-même de la tête.
« Le propriétaire, qui était, je crois, un vieux M. de Brou, justement effrayé, fit, en effet,
« abattre une partie de l'antique manoir du *grand baron de Dampierre*.

   « Le château qui existe aujourd'hui a été bâti par M. de Béhague qui acheta le domaine
« vers 1815. C'est un château carré, dont l'intérieur est plein de luxe et de confort.

   « Le domaine du marquisat existe encore, et il est, autant qu'il m'en souvient, de
« 3000 hectares. Jugez quelle fortune constituait à nos parents ce domaine, avec toutes les
« autres terres dont ils étaient encore seigneurs, et avec les redevances des droits féodaux.

   « Je m'adressai, en arrivant, chez M. le curé qui me dit : Je vais vous donner un manus-
« crit qui attend, depuis cent ans, qu'un membre de la famille de Cugnac vienne le réclamer.
« C'était comme dans le conte de *la Belle au bois dormant*. Ce manuscrit, fait au commen-
« cement du XVIIIme siècle, par le curé de Dampierre, alors, déjà, que le marquisat de Dampierre
« n'appartenait plus à la famille de Cugnac, avait été religieusement transmis par chaque
« curé à son successeur. Je l'ai copié etc..... »

   Ce manuscrit du curé de Dampierre contient des notes sur chacun des membres de la
famille de Cugnac qui ont habité le château de Dampierre. J'en donnerai des extraits
successivement à l'article de chacun.

   Premier extrait du manuscrit du curé de Dampierre :

   « Le nom de Dampierre est exprimé dans les anciens registres par *Damna petra*.
« Pour distinguer ce lieu de ceux du même nom, on ajoute en *Burly*, parce que le fief de
« Burly entoure la seigneurie de Dampierre.

   « Il y a, dans la paroisse de Dampierre, deux anciennes buttes entourées de fossés où
« étaient bâtis autrefois les châteaux de Burly et de la Rivière, chefs-lieux des seigneuries
« de ces noms et dont il ne reste que des débris.

   « La justice de Dampierre est un baillage seigneurial dont les appels ressortissent au
« baillage royal de Gien. Elle s'étend sur toute la paroisse, à l'exception de quelques mai-
« sons riveraines de la forêt, qui sont du baillage royal de Lorris, mais elle s'étend sur
« partie des paroisses des Choux et d'Ouzouer-sur-Loire. Cette justice en formait autre-
« fois trois, appartenant à différents seigneurs ; l'une, sous la dénomination de châtellenie-
« baillage de Dampierre, ressortissant du baillage royal de Gien. Les deux autres, sous les
« noms de prévôtés de Burly et de la Rivière, relevant de l'évêché d'Orléans, à cause
« du castel de Jargeau. La prévôté de la Rivière a été plus anciennement réunie à celle de
« Burly. Mais cette prévôté de Burly a été réunie à la justice de Dampierre ou en 1600, lors
« de l'acquisition des seigneuries de Burly et de la Rivière par le seigneur de Dampierre,
« ou en 1610 ou 12 (1), lors de l'érection de la seigneurie de Dampierre en baronnie, ou, en
« 1616, lors de l'érection en marquisat..... droits seigneuriaux..... *(sic)* »

   (1) Erreur du curé de Dampierre. C'est en 1598.

On voit, dans la chapelle de la Sainte-Vierge, six pierres d'environ deux pieds sur un, adossées au mur, horizontalement, au bas du village, au-dessus du caveau dans lequel sont plusieurs cercueils de plomb. Ces pierres servent de monuments et font connaître la succession des seigneurs de la famille de Cugnac depuis plus de quatre siècles.

Voici les inscriptions :

1° Sur la première :

« Haut et puissant seigneur, messire Antoine de Cugnac, chevalier, chambellan du « roi Charles VII, qui décéda l'an 1452.... avait épousé Jeanne Le Brun. »

2° Sur la seconde :

« Haut et puissant seigneur, messire Pierre de Cugnac, seigneur de Dampierre, Nesle, « Hérouville, chevalier, conseiller du roi Louis XI, grand-maître, inspecteur des eaux et « forêts de Normandie, qui décéda l'an 1484..... avait épousé Jeanne de Prunelé. »

On a déjà remarqué que la *Généalogie* de Lépine donne la date de 1477 pour sa mort et que cette date n'est pas d'accord avec l'inscription du portrait de Pierre de Cugnac. On voit qu'elle ne s'accorde pas non plus avec celle de son inscription tumulaire. Cependant, elle concorde avec la note suivante copiée sur le registre des plaidoiries du parlement, commençant en juillet 1455.

« Extrait des arrêts du parlement. 25 février 1477.

« Jeanne Prunelé, veuve de feu M. Pierre de Cugnac. »

+ Pierre de Cugnac avait épousé Jeanne de Prunelé, dame d'Imonville et d'Hérouville, fille de Guillaume de Prunelé, seigneur d'Herbaut et de Bertrande d'Illiers.

✕ Jeanne de Prunelé est connue par un portrait qui est au château de Fondelin et dont l'inscription est :

« *Jeanne de Prunelay, dame d'Imonville et de Dampierre, morte en 1504.* »

+ De ce mariage provinrent les enfants suivants :

1° **Antoine II**, dont l'article suit :

2° FRANÇOIS DE CUGNAC est sans doute le même que *François de Cugnac, écuyer, seigneur de Bélincourt et de Nesle,* le 23 novembre 1493 (1) à qui on donna pour femme Marguerite d'Allonville qui le rendit père de :

JEAN DE CUGNAC, âgé de cinq ans, fut émancipé par son père, le 23 novembre 1493 et avait pour curateurs entre-autres Arnaud de Friches, avocat au parlement.

✕ François de Cugnac, seigneur de Nesle, assista au célèbre pas d'armes du sire de Sandricourt en 1493 (2), dont le *Théâtre d'honneur et de la chevalerie* de Wulson de la Colombière donne une pompeuse description, tome I, page 164. François était sans doute parent et ami du sire de Sandricourt, car il était chargé de faire « les honneurs de la plus généreuse hospi- « talité du sire de Sandricourt, à tout venant. »

Le tableau ou mémoire généalogique que j'ai déjà cité, et qui est dans les archives d'Epannes, n'est pas d'accord, ici, avec la *Généalogie* de Lépine. Il dit que François avait

(1) Domum omnimodæ justitiæ in loco de Belincourt pro Francisco de Cugnac. (Très. des Chartes, reg. 226 an 1468 à 1498.)

(2) Règne de Charles VII. — Le château de Sandricourt, renouvelé et restauré, existe encore dans le département de la Somme.

épousé Marie de Chabannes, dame de Baillou, et qu'il était mort avant le 7 juillet 1503. Il ajoute que François, seigneur de Nesle, avait eu pour enfants :

LOUIS, *seigneur de Baillou,* mort sans postérité avant 1503... et N. DE CUGNAC, idem.

+ 3° LOUIS DE CUGNAC, licencié-ès-lois, chanoine et prévôt d'Anvers, en l'église de Chartres, chapelain de la chapelle Saint—Jean, fondée en *châtel de Neele* le 23 décembre 1489, passa bail d'héritages à ferme, avec Antoine de Cugnac le 13 février 1506 (v. st.)

4° MARIE DE CUGNAC fut mariée, par contrat du 24 avril 1466, avec Geoffroi de Courcillon, écuyer, fils de nobles personnes messire Guillaume de Courcillon, chevalier, seigneur de Monléans et de dame Tomine de Lépine, auquel elle porta mille écus d'or de dot, et donna, pour sûreté, les terres de Mattelinville et de Glatigny.

✗ D'après les mémoires généalogiques déjà cités, Guillaume de Courcillon était conseiller et chambellan du roi, écuyer de son écurie, bailli et capitaine de Chartres.

On voit, dans *Moréri,* que la fille de Marie de Cugnac et de G. de Courcillon épousa N. de Salazar dont il est parlé dans *La Colombière,* page 204. Il était fils de Jean de Salazar, surnommé le grand chevalier.

Le célèbre *marquis de Dangeau,* auteur du *Journal manuscrit de Dangeau,* était de la maison de Courcillon.

+ 5° ANNE DE CUGNAC, femme de Jean de Blosset, seigneur et baron de Torcy en Bourgogne.

Il est sorti de ce mariage un fils et deux filles ; le fils est devenu maréchal de camp et chevalier du Saint-Esprit. Claude, l'aînée des filles, était une des plus belles femmes de la cour de François Ier. Elle épousa, en 1530, Louis de Montberon, seigneur de Fontaine—Chalandray en Angoumois, d'une ancienne maison qui a donné un maréchal de France, un chevalier des ordres et plusieurs évêques, dont un à Périgueux, dans le XIe siècle.

Brantôme, tome I, page 15, dit que Claude était appelée à la cour *La belle Torcy.*

✗ Françoise, la seconde des filles, épousa 1° Claude de Châstellux, mort sans enfants, 2° Jean de Briqueville, seigneur de Colombières, père de François de Briqueville, l'un des plus célèbres généraux de son siècle, d'où sont sortis les seigneurs de la Luzerne. Entre les deux mariages, elle eut un fils naturel de Léonor de Bourbon—Orléans—Longueville, nommé François de Longueville, auteur des marquis de Rothelin, père de François d'Orléans, bâtard de Rothelin, dont la fille Henriette d'Orléans épousa le marquis de Coëtquen. La dernière des Coëtquen épousa, en 1802, Emmanuel de Durfort, duc de Duras, maréchal de France, aïeul des Châstellux.

Les princes marquis de Rothelin ont existé jusqu'à la fin du siècle dernier (voir le père Anselme, tome I).

+ 6° N. DE CUGNAC épousa N. Potin, seigneur de la Pelissonnière.

7° GABRIELLE DE CUGNAC, prieure des religieuses de Montargis.

8° JEANNE DE CUGNAC, femme de Jean de Mornai, seigneur d'Achères, en 1489, vivait encore en 1492.

9° MARGURITE DE CUGNAC, femme de François de Boucard, seigneur de Blancafort (d'après le mémoire généalogique).

IX Antoine de Cugnac, 11me du nom, *chevalier, seigneur de Dampierre, baron d'Imonville, seigneur de Nesle, d'Hérouville, etc., conseiller et premier maître d'hôtel du roi Louis XII et grand-maître des eaux et forêts d'Orléans*, qualifié *noble et puissant seigneur*, était âgé de seize ans le 24 avril 1466. Il est qualifié : maître d'hôtel ordinaire du roi et vicomte d'Évreux, par lettre du 7 juin 1504 (1), fut pourvu de la charge de premier maître d'hôtel du roi au lieu de Gilles des Ormes, en 1505 ; et paraît avec cette qualité dans un acte du 13 février 1506, qu'il passa avec Louis de Cugnac, chanoine de Chartres. Ce fut en sa faveur et à sa supplication qu'Anne de France, duchesse de Bourbonnais et d'Auvergne et comtesse de Gien, érigea, au mois de décembre 1509, la seigneurie et prévôté de Dampierre, qui est tenue en foi et hommage du comté de Gien, en titre de châtellenie. Le roi Louis XII confirma cette érection par lettres datées de Blois au mois de janvier, régistrées le 17 juillet de l'an 1512 (2), reçut un aveu le 26 juillet 1515, un autre le 30 mai 1519 et mourut l'an 1526. Il avait épousé demoiselle Madeleine de Mornay, fille de messire Jacques de Mornay–le-Plessis.

╳ Antoine est connu par son portrait qui est au château d'Épannes. Il y en a deux autres pareils, l'un est à Huisseau et l'autre à Fondelin. L'inscription de ces portraits est :

« *Antoine de Cugnac, seigneur de Dampierre, premier maître d'hôtel du roi Louis XII,*
« *mort en 1526.* »

Sa femme est connue par un portrait qui est au château de Fondelin et dont l'inscription est :

« *Madeleine de Mornay, dame de Dampierre, morte en 1553.* »

Le costume est : robe noire ; béguin noir, collerette blanche, l'écusson du portrait est :
écartelé aux 1 et 3, fascé d'argent et de gueules au lion de sable, au 2 fascé d'or et d'azur,
chargé de 3 annelets de gueules (les annelets doivent être sur l'or) au 4 de gueules à 3 crois-
sants d'or.

D'après le mémoire généalogique déjà cité, Antoine serait mort en 1528. Il y est qualifié
chambellan du roi Louis XII. On y voit que sa femme était fille de Bonne de la Viefville.

Voici l'inscription de son tombeau extraite du manuscrit du curé de Dampierre.

« Sur la troisième pierre sépulchrale : Haut et puissant seigneur Messire Antoine de
« Cugnac, seigneur de Dampierre, Nesle, Hérouville, Balincourt, baron d'Imonville, grand–
« maître des eaux et forêts du duché d'Orléans, qui décéda l'an 1526, avait épousé Magde-
« leine de Mornay. »

D'après une lettre du vicomte de Magny, cet archiviste posséderait : « une quittance
« donnée et signée par Antoine de Cugnac, écuyer, seigneur de Dampierre, conseiller et
« maître d'hôtel du duc d'Orléans. »

Antoine 11me est cité dans les *Noms féodaux*, ouvrage imprimé en 1826 et qui n'a pas
été terminé, pour l'érection de Dampierre en châtellenie. On lit dans le même ouvrage,
tome II, page 831 : « Henri de la Rochefoucaud, chevalier, seigneur d'Arlet, mit ses
« enfants sous la tutelle de *François de Cugnac*, écuyer. » T. S. de Brosat et Lubières :

(1) *Hist. de Montmorency*, fol. 226.
(2) *Extr. du huitième registre du Bourbonnais*, fol. 124.

« Riom, 1609.. R. 499. p. 675. » Cette dernière citation ne se rapporte pas à Antoine ; je l'ai placée ici, parce qu'elle se trouve dans cet ouvrage, et que je ne sais, d'après les dates, quel est ce Cugnac.

Wulson de la Colombière, dans son récit du magnifique tournoi qui eut lieu, en 1514, à l'occasion de l'entrée dans Paris de Marie d'Angleterre, femme de Louis XII, cite un Dampierre qui doit être Antoine 11ᵉ de Cugnac.

« Troisième emprise.

« M. Bonivet a couru contre *Dampierre* qui a atteint et *Dampierre* a rompu.

« M. Bayard a couru contre *Dampierre* et ont tous deux croisé.

« *Dampierre* a couru contre Sainte-Mesme et a atteint à l'œil du cheval de Sainte-« Mesme et l'a tué, et est (cheu) mort aussitôt que le coup et par le commandement de « MM. les juges, *Dampierre* fut mis hors des rangs. »

A la page 216, on lit aussi le nom de Dampierre dans la liste des tenans.

On pourrait donner plusieurs raisons pour reconnaître un Cugnac dans ce Dampierre du tournoi.

D'abord, il n'y avait pas alors de famille du nom de Dampierre très connue, et la nôtre, celle de l'Orléanais l'était déjà depuis, le chambellan de Charles VII et tous ses membres avaient toujours été dans les charges de la cour, sous les rois suivants, tels que Louis XI, Charles VIII et Louis XII. Cet Antoine 11ᵉ était très grand seigneur à la cour de Louis XII et il était précisément à la fleur de l'âge, quand Louis XII se maria pour la troisième fois à Marie d'Angleterre (extrait des lettres du vicomte Henri de Cugnac).

L'acte d'érection de la seigneurie de Dampierre en châtellenie est aux Archives Nationales, rue des Francs-Bourgeois, à Paris. En voici une copie que j'y ai faite moi-même, le 1ᵉʳ mai 1850, et il serait facile d'avoir une copie officielle en faisant une demande au directeur des Archives.

ÉRECTION DE LA SEIGNEURIE DE DAMPIERRE

EN CHATELLENIE

Anne de France, duchesse de Bourbon et d'Auvergne, comtesse de Clermont, etc., à nos amés et féaux les gens de nos comptes, bailly, juges et autres, nos officiers en notre dicte comté de Gien, salut et dilect salut,

Savoir, vous faisons que notre chier et bien-aimé *messire Anthoine de Cugnac*, conseiller, chambellan et premier maistre d'ostel de Monseigneur le Roy, nous a aujourd'hui fait les foy et hommaige que tenu nous était de faire pour raison de la chastellennie et séel aux coutraux que nous avons cedit jourd'huy érigez en sa dite seigneurie de Dampierre tenuz et mouvant de nous à cause de notre dite comté de Gien, auxqueulx foy et hommaiges nous l'avons receu sauf notre droit et l'aultruy.

Si voulons et vous mandons et chacun de vous, si comme à luy appartiendra que au d. messire Anthoine de Cugnac pour raison des d. foy et hommaiges, non faitz, vous ne faictes, ne souffréz faire aucun destourbier ou empêchement en sa dite chastellenie et séel aux contractz, ains si aucuns luy en estait pour ce faict le lui meetez ou faites meetre incontinant et sans délay à plaint délivrance, car tel est notre plaisir pourveu qu'il sera tenu de bailler son adveu et son dénombrement en notre chambre des comptes dans temps deu et de faire et paier les autres droitz et devoirs s'aucuns en sont pour ce deubz se faitz et payé ne les a.

Donné à Bloys, le IV jour de décembre, l'an mil cinq cent et neuf. Et était signé soulz les dictes lettres par Madame la duchesse, vous et le bailli de Gien, présens et signé Chauteau et scellé de cire rouge à simple queue.

Attachement de Messeigneurs des comptes aux lettres contenues de l'autre part.

Les gens des comptes de Madame la duchesse de Bourbon et d'Auvergne, aux bailly ou son lieutenant advocat, procureur et receveur de Gien, et à tous autres justiciers et officiers de Mad. Dame ou leurs lieutenants, salut,

Il nous est apparu par les lettres pactentes de ma dite dame auxquelles ces présentes sont atachées soulz l'un de nos signets, que messire Anthoine de Cugnac, conseiller, chambellan et premier maistre d'hostel du roy, notre sire, a fait les foy et hommaige, qu'il estait tenu de faire à ma dite Dame pour raison et à cause de la chastellenie séel aux contraulx que Mad. Dame a érigez de nouvel en sa seigneurie de Dampierre, au comté de Gien, tenue et portée en fief de Mad. Dame à cause du d. comté de Gien, auxqueulx foy et hommaige Mad. Dame l'a reçu, sauf son droit et l'aultruy.

Si, vous mandons, etc.,

Fait et donné à Molins soubs nos signetz, le XXII° jour de décembre, l'an mil cinq cent et neuf.

Ces actes ou lettres d'érection se trouvent aussi dans le huitième registre du Bourbonnais qui doit se trouver à la bibliothèque de la rue Richelieu, à Paris.

La confirmation de cette érection en châtellenie est mentionnée dans ce titre latin de la cour des comptes que j'ai cité plus haut. On y lit :

« *Des ordonnances du roi Louis XII en janvier 1511.*

« Lettres du roi, par lesquelles à la supplication de son amé et féal conseiller et premier « maître d'hôtel *Antoine de Cugnac*, chevalier, seigneur de Dampierre, contenant qu'au « mois de décembre 1509, Anne de France, duchesse de Bourbonnais et d'Auvergne et « comtesse de Gien, érigea la prévôté de Dampierre qui est tenue en foi et hommage de la « comté de Gien en titre de châtellenie ; il confirma la dite érection, à Blois, en janvier, « régistrées le 17 juillet 1512. »

Antoine II de Cugnac et Madeleine de Mornay eurent pour enfants :

1° ANTOINE III, dont l'article suit :

2° MARGUERITE DE CUGNAC, femme de François de Boucard, seigneur de Blancafort, de Boucard, et Osterbelay (1).

3° MARIE DE CUGNAC, mariée : 1° avec Jean Rolin, seigneur de Beauchamp ; 2° en 1555, avec Richard, seigneur de Vaucelles, chevalier, contre lequel elle plaidait alors.

✗ Jean Rolin de Beauchamp était descendant du fameux chancelier Rolin, des ducs de Bourgogne. Il se qualifiait, en 1520, seigneur de Savoisy, grand bailli d'Autun, grand panetier du roi en 1525 (extrait des archives de Dijon, d'après une lettre de M. Rossignol, directeur de ces archives, du 8 juin 1855).

Marie de Cugnac est citée dans un extrait du *registre des plaidoyers du parlement*, commençant en juillet 1455. On y lit :

« ......du 27 août 1555, dame *Marie de Cugnac*, femme de M. Richard de Vaucelles, « chevalier, seigneur du dit lieu de Vaucelles contre son mari. »

Elle est encore citée dans l'ouvrage intitulé : *La noblesse aux états de Bourgogne*, page 317 :

« Vaucelles 1525.

« Richard de Vaucelles (seigneur de) chevalier, époux de *Marie de Cugnac*-Dampierre. »

+ X. **Antoine de Cugnac**, *III° du nom, chevalier, seigneur de Dampierre, baron d'Imonville, seigneur de Nesle, de Jouy, de Bélincourt et de Hérouville, maître d'hôtel du roi François I et grand-maître des eaux et forêts d'Orléans,* qualifié *noble et puissant seigneur.*

---

(1) Le mémoire généalogique déjà cité dit que Marguerite était fille de Antoine I° de Cugnac. — Lépine dit le contraire.

était *enfant d'honneur du roi Louis XII* en 1508, *puis de François I* en 1516, reçût un aveu le 18 juillet 1529, et décéda en 1537. Il avait épousé Marie du Lac, fille de messire Lancelot du Lac, seigneur de Chamerolles et de Mouzon, gouverneur et lieutenant général du duché d'Orléans, et de Louise de Coligny (1). Sa veuve avait la garde-noble de ses enfants, le 21 décembre 1538 et le 27 avril au dit an, elle obtint pour eux *souffrance* pour faire l'hommage qu'ils devaient au seigneur de Mainville, à cause de leur baronie d'Imonville.

Antoine III est connu par un portrait qui est au château de Fondelin et dont l'inscription est :

✗ *Antoine, III° du nom, seigneur de Dampierre, grand-maître des eaux et forêts du duché d'Orléans en 1537.*

Marie du Lac est aussi connue par un portrait qui est au château de Fondelin, dont voici l'inscription :

« *Marie du Lac de Chamerolles, dame de Dampierre, morte en 1560.* »

Ses armes sont sur le portrait : Écartelées aux 1 et 3 d'azur au chevron d'or, accompagné de deux roses en chef et d'une fleur de lys en pointe, au 2 d'argent, à la fasce de sable, au 4 de Prunelay.

Costume : voile noir doublé de blanc, robe noire garnie de perles et d'hermine.

Voici, d'après le manuscrit du Curé de Dampierre, l'inscription tumulaire d'Antoine III° dans l'église de Dampierre :

« Sur la quatrième pierre (sépulchrale) :

« Haut et puissant seigneur, messire Antoine de Cugnac, seigneur de Dampierre, Joui,
« Nesle, Hérouville, Bélincourt, baron d'Imonville, grand-maître des eaux et forêts du
« duché d'Orléans, qui décéda l'an 1537... Avait épousé Marie du Lac. »

+ Antoine de Cugnac et Marie du Lac eurent pour enfants :

1° FRANÇOIS I°r du nom, dont l'article suit :

2° LOUIS DE CUGNAC *fut auteur de la branche des barons d'Imonville* qui sera rapportée après celle des marquis de Dampierre ;

3° NICOLE DE CUGNAC, mineure en 1538, fut mariée depuis avec François de Quinquempoix, seigneur de Lanjès, d'Escoignelle et du Mée, suivant un acte de l'an 1555.

✗ On voit, dans un extrait du registre des plaidoyers du parlement du 23 août 1555 que Louis de Cugnac, François de Quinquempoix, son beau-frère et demoiselle Noelle de Cugnac, sa sœur, plaidaient contre dame de Mornay et son mari François Baraton, pour un héritage venant de leur grand-mère Mornay.

D'après le susdit mémoire généalogique, Antoine, III° du nom, aurait eu une troisième fille nommée Marie.

+ XI **François de Cugnac**, *I°r du nom, seigneur de Dampierre de Nesle et d'Hérouville*, mineur en 1538, mourut l'an 1546. Il avait épousé Jeanne Davy, dame de Saint-Péravy ou Père-Avy, fille et héritière de François Davy, seigneur de Saint-Péravy et de Jeanne de la Ferté, dame d'Huisseau (2).

---

(1) Louise de Coligny était sœur de Gaspard de Coligny, troisième du nom, maréchal de France et de la famille du célèbre Gaspard de Coligny, amiral de France, qui périt à la Saint-Barthélemy, en 1572.

(2) Jeanne Davy était petite-fille de Simon Davy, seigneur de Saint-Péravy et de Louise du Moulin.

✕ François et sa femme sont connus par leurs portraits qui sont au château de Fondelin et dont les inscriptions sont :

« *François de Cugnac, seigneur de Dampierre, mort en 1546.* »

« *Jeanne d'Avy, dame de Saint-Péray et de Dampierre, morte en 1607.* »

Costume : béguin noir, collerette blanche, robe noire.

Ses armes sont sur le portrait : Écartelées aux 1 et 4 d'azur à la croix ancrée, alézée d'or ; aux 2 et 3 d'argent à la croix ancrée de sable, chargée au centre d'une coquille d'argent.

Voici, d'après le manuscrit du Curé de Dampierre, l'inscription tumulaire de François Iᵉ de Cugnac dans l'église de Dampierre :

« Sur la cinquième pierre (sépulchrale) :

« Haut et puissant seigneur, François de Cugnac, seigneur de Dampierre, Nesle, Hérouville, qui décéda l'an 1546, avait épousé Jeanne de l'Avyt (d'Avy.) »

✛ François de Cugnac et Jeanne d'Avy eurent pour fils :

XII François de Cugnac, *IIᵉ du nom, baron de Dampierre, seigneur d'Hérouville et la Rivière, de Barly, d'Huisseau—sur—Mauve, etc, premier baron du comté de Gien, chevalier des ordres du roi, conseiller en ses conseils d'État et privé, capitaine de 50 hommes d'armes de ses ordonnances, et maréchal de ses camps et armées,* devint seigneur d'Huisseau par la donation que lui en fit, le 12 juillet 1555, François de la Ferté, son oncle, chevalier, seigneur d'Huisseau, de la Ferté—le—Vicomte, capitaine de l'ancienne garde française du corps du roi et gentilhomme ordinaire de sa chambre.

Payé en qualité de maréchal de camp du 26 avril 1589 (1), il suivit Henri IV dans toutes ses expéditions, à la bataille d'Arques en 1589, à celle d'Ivry en 1590, au siège de Chartres, à ceux de Noyon et de Rouen en 1591, à la réduction de Paris en 1594, à la journée de Fontaine-Française, en 1595, au siège de la Fère en 1596, à celui d'Amiens en 1597. Il fut ensuite conseiller d'État et était déjà reçu chevalier de l'ordre du Saint Esprit le 7 janvier 1595 (2). Ce fut en sa faveur que la seigneurie de Dampierre fut érigée en baronnie, par lettres du 9 février 1598, enregistrées le 7 mai suivant au parlement de Paris, avec permission de se qualifier premier baron du comté de Gien. Enfin il mourut le 5 novembre 1615, après avoir été marié deux fois. La première avec Gasparde de Boucard, dame du lieu de ce nom, fille unique et héritière de François de Boucard, chevalier, seigneur du dit lieu, et de Marie de Martigny ; et la seconde, le 4 novembre 1593 (3), avec Anne Le Loup-de-Beauvoir (4) veuve

(1) Voy. les comptes de l'extraordinaire des guerres. Il est qualifié, par erreur, lieutenant général du gouvernement de l'Orléanais, dans l'histoire des grands officiers de la couronne, tome IX, comté de Harlay, page 110. Il n'a jamais eu cette charge ; c'est son fils qui l'a eue, en 1616, à la mort de Christophe de Harlay, seigneur de Beaumont.

(2) Promotion du 7 Janvier 1595 — : Henri de Bourbon, duc de Montpensier, Henri d'Orléans, duc de Longueville, François d'Orléans, comte de Saint-Pol, Henri d'Albret, baron de Miossens, François de Cugnac, seigneur de Dampierre.

(3) Voir la Chesnaye des Bois.

(4) Anne Le Loup avait pour sœur Françoise Le Loup, mariée avec François, seigneur de la Rocheaymon, chevalier de l'ordre du Roi en 1595. Elles avaient deux frères, Blain et René Le Loup, qui épousèrent les deux sœurs. Le puîné ne laissa qu'une fille. Blain, qui était l'aîné, épousa l'aînée des deux sœurs, Charlotte Dejean-de-Bellenave, héritière des terres de Bellenave, de Saint-Floret, etc., et en eut un fils unique, Claude Le Loup de Bellenave qui forma deux alliances, la première avec Madeleine d'Hostun, dont il n'eut qu'une fille, Marie Le Loup de Bellenave, mariée à François de Rochechouart, marquis de Chandenier, capitaine des gardes du corps du roi ; et la seconde avec Marie de Guénégaud dont ne provint aussi qu'une fille. Marie Le Loup de Bellenave, qui prit alliance avec Alexandre de Choiseul (tué d'un coup de canon en 1672), fils de César de Choiseul pair et maréchal de France, duc du Plessis-Praslin.

d'André Popillon, seigneur du Ryau, baron d'Oye, et fille de Christophe Le Loup, seigneur de Pierrebrune, de Beauvoir, de Montfay, Verrières, Le Montet et de Merinchal et de Claude ou Claudine de Malain.

X On voit, dans la notice sur le château de Bussi-le-Grand, que la galerie de ce château contient le portrait d'Anne Le Loup de Beauvoir avec cette inscription :

« *Anne de Beauvoir-le-Loup, femme en secondes noces de François de Cugnac, marquis* « *de Dampierre.* »

François II*me* du nom nous est connu par quatre portraits.

1° Celui du château de Fondelin.

Il est peint en pied, en grand costume de réception des chevaliers du Saint-Esprit ; la main droite sur son casque, la main gauche tient sa toque.

L'inscription est :

« *Haut et puissant seigneur messire François de Cugnac, baron de Dampierre, chevalier* « *des ordres du roi, le 9 janvier 1595, capitaine de 50 hommes d'armes de ses ordonnances,* « *maréchal de camp en ses armées, conseiller d'État en ses conseils privés, lieutenant général* « *au gouvernement de l'Orléanais.* »

Cette inscription contient, suivant moi, une erreur : la dignité de lieutenant général au gouvernement de l'Orléanais qui n'a été accordée qu'à son fils François III*me* du nom. Le comte Jean de Cugnac en a une copie réduite.

2° Celui du château de Bussy-le-Grand, près de Dijon, appartenant au comte de Sarcus.

On lit dans la notice descriptive du château de Bussy, page 130 :

« *François de Cugnac, marquis de Dampierre, chevalier des ordres du roy sous* « *Henri III*me »

C'est l'inscription qui est au-dessous de son portrait.

Elle contient aussi deux erreurs. Celle du titre de marquis au lieu du titre de baron, car tout s'accorde à prouver, comme nous le verrons par les documents qui seront donnés dans les pages suivantes, que l'érection de Dampierre en marquisat est de 1616, deux mois après la mort du baron de Dampierre ; ensuite sa promotion comme chevalier du Saint-Esprit n'est pas de Henri III*ma*, car elle est du 7 janvier 1595 et Henri III*ma* a été tué en 1589. Il est fort extraordinaire qu'aient été commises par le comte de Bussy-Rabutin, le célèbre écrivain, d'autant plus que François de Cugnac était son aïeul maternel. C'est cependant lui qui a fait cette fameuse galerie de portraits historiques de Bussy-le-Grand, dans le temps où Louis XIV l'avait exilé de la cour.

Ce portrait a été copié par un peintre de Paris, qui est allé à Bussy et qui a rapporté un certificat de la ressemblance de sa copie, signé du comte de Sarcus. (Voir aux archives d'Épannes.) Ce portrait est au château d'Épannes.

3° Le portrait du château d'Huisseau, près Orléans, appartenant au marquis de Bizemont.

Ce portrait avait été retrouvé, m'a dit M. de Bizemont, à Paris, chez un revendeur, après la Révolution. Sa copie est au château de Montamy, chez le vicomte de Cugnac, en Normandie. Il semble fait dans un âge un peu plus avancé que le précédent. La ressemblance avec les autres portraits est parfaite. Il porte simplement comme inscription : *François de Cugnac, seigneur de Dampierre.*

4° Le portrait du cabinet du Saint-Esprit, à la bibliothèque de la rue Richelieu, à Paris. Il est au quart de grandeur, fait au lavis. J'en ai fait une copie très exacte au crayon. Elle est au château d'Épannes. L'inscription est :

« *Promotion du 7 janvier 1595.*

« *François de Cugnac, seigneur de Dampierre, lieutenant général au gouvernement de* « *l'Orléanais, maréchal de camp des armées du roi, fait chevalier du Saint-Esprit le* « *7 janvier 1595.* »

Cette inscription doit être d'une exactitude authentique, il faudrait donc admettre alors que François II° fut lieutenant général au gouvernement de l'Orléanais avant son fils, et que les lettres de sa nomination n'ont pas été retrouvées.

5° Enfin, d'après Saint-Foy, historiographe des ordres du roi, tome II, page 184 de l'*Histoire de l'ordre du Saint-Esprit*, édition de 1775 : « Il s'était fait peindre quelques années « avant sa mort sur un tas de pièces d'or, tenant son épée d'une main, et de l'autre une « bourse, et quand on lui en demandait la raison : C'est, disait-il, un petit trophée que je me « suis élevé, et qui subsistera, du moins en peinture, lorsque mes héritiers en auront dissipé « la réalité. J'ai dans certain coffre cent mille écus que je ne dois ni aux bienfaits de la « cour, ni aux emplois que j'ai possédés, et dont, certainement, rien n'a été pris sur le « peuple ; c'est le produit de plusieurs rançons de prisonniers faits de ma main en différents « combats. »

Hélas ! il prophétisait vrai, car son fils lui-même dissipa ce trésor, détruisit ce trophée de vaillance et aliéna même son beau marquisat de Dampierre.

Le trophée en peinture a disparu aussi, comme les pièces d'or. J'ai cherché, en vain, ce portrait, il a été perdu, ou du moins, il n'existe pas aujourd'hui dans la famille de Cugnac. Il est regrettable qu'il n'ait pas été conservé, car il serait encore un curieux souvenir des mœurs de cette époque guerrière. Ce trésor qu'il avait gagné l'épée à la main n'était-il pas comme une nouvelle toison d'or qu'il avait conquise et dont il se décorait.

Saint-Foy le place dans la seconde promotion d'Henri IV, et l'intitule aussi lieutenant général au gouvernement de l'Orléanais. Il y est dit : « *Seigneur de Dampierre et fils de* « *François de Cugnac et de Jeanne Avy*, dame de Saint-Péravy. »

ÉRECTION DE LA CHATELLENIE DE DAMPIERRE
EN BARONNIE

Les lettres patentes de l'érection de Dampierre en baronnie existent aux Archives de France, hôtel Soubise, ancien palais des ducs de Guise, rue du Paradis, à Paris.

En voici la copie qui m'a été délivrée par un employé des archives. Elle n'est point signée par le directeur des Archives, mais cette formalité serait, je pense, facile à obtenir.

PARLEMENT DE PARIS

9 Février 1598

ORDONNANCES

« Henry, par la grâce de Dieu, Roy de France et de Navarre, à tous présens et adve-
« nir, salut ; comme il soit honneste et utile à tous et au publicq de nostre royaulme que
« les grands et vertueulx personnages soyent élevéz et exaltez, en dignitez, titres, préroga-
« tives et préeminences afférans et appartenans à leurs vertuz et leurs méritez, à ce qu'ils
« et leurs successeurs paraissent en honneur et décoration dont il soit perpétuellement mémoire ;
« à quoy ayant esgard aux vertueux et recommandables services que nostre amé féal François
« de Cuignac, sieur de Dampierre, chevalier de nos ordres, capitaine de cinquante hommes
« d'armes de nos ordonnances, conseiller en nos conseils, a faictz à nos prédécesseurs et à
« nous au faict de noz guerres et aultrement en plusieurs et diverses manières, mesmes en la
« charge de maréchal de camp en noz armées en ses dernières, désirant iceulx aulcunement
« recongnoistre, non seulement envers icelluy sieur de Dampierre, mais aussi envers le sieur
« de Boucard, son fils, qui nous faict service et mesmes aurait esté blessé au siège de la ville
« d'Amyens, que ceulx de leurs postéritez et successeurs par accroissement et augmentation de
« leurs noms, nous ayant icelluy, sieur de Dampierre, fait entendre que la chastellenie est la
« première de notre comté de Gyen, très belle et de grand revenu et valleur, bien bastye et
« fort ancienne et de laquelle relève plusieurs fiefs, terres et seigneuries ; toutefois l'un des
« autres chastellains dudit comté pour luy vouloir faire perdre son droit de prérogative
« aurait obtenu le titre de baronnye au moyen de quoy ledit sieur de Dampierre désirerait icelle
« chastellenye de Dampierre estre érigée en tittre de baronnye tant pour la l'œdécoration et
« honneur perpétuel de sa maison qu'il ses successeurs ; nous requiert luy vouloir octroyer et
« accorder ledit tittre de *baronnye*, et que s'il appert qu'il soit le premier chastelain, qu'il soit
« nommé le premier baron, nonobstant que aultre aye obtenu ledit tittre auparavant luy ;
« savoir faisons que nous désirans grattifier icelluy sieur de Dampierre et recongnoistre les
« services par lui faictz et aultres bonnes considérations à ce nous mouvans et sur ce l'advis

« d'aucuns princes de nostre sang et gens de nostre conseil, avons de nostre science plaine
« puissance et auctorité royal icelle chastellenie de Dampierre, créé et érigé, eslevé, créons,
« esrigeons et eslevons, par ces présentes en dignitez, tiltres, nom et préeminence de baron-
« nye pour en jouir et user perpétuellement, plainement et paisiblement à jamais ce titre
« de *baron* par ledit sieur de Dampierre, ses successeurs et ayans cause, lequel nous voulons
« perpétuellement estre dict, censé, réputé appelé et intitulé *baron de Dampierre* et que tel il
« se puisse dire, nommer, appeler et intituler tant en jugement que dehors, et en jouisse et
« use en tels et pareils droitz de noblesse, auctoritez, prérogatives, privilèges, préeminence et
« haultesse, tant en faict de guerre, assemblée de nobles et aultrement comme jouissent et
« usent et ont accoutumé de jouir et user les aultres barons de notre royaulme, aussy que tous
« les vassaulx, arrière-vassaulx et aultres, tenant noblement et roturiérsement de ladicte
« baronnye de Dampierre. Quant à l'avenir feront les hommages et bailleront leurs adveuz
« et dénombrements, déclarations de leurs terres et deubvoirs deulz audict baron, ses
« successeurs de ladicte baronnye et semblablement tous leurs actes, et recognoissances
« les réputans et appellans barons, sauf toultefois que pour ladicte mutation de tiltre et
« qualité, ils soyent tenus à autres charges et debvoirs qu'ils ont esté jusques à présent
« voulons et nous plaist que l'exercice de la justice en toute, etc. »

« Si donnons en mandement à nos amés et feaulx les gens de nos cours de parle-
« ment, etc. »

« Donné à Paris le neufvième du mois de février l'an de grâce mil cinq cens quatre
« vingtz dix huit, et de nostre règne le neufvième. Signé.

« Henry... Et sur le reply, etc...

« Registrées, ouy le procureur général du roy etc...

« Le septième mai, mil cinq cens quatre vingtz dix huit, signé Voysin. »

« Archives nationales, ordonnance. Registres T. T., série X, 8632. »

Le baron de Dampierre est cité dans plusieurs histoires et mémoires :

1° *Histoire universelle*, d'*Agrippa d'Aubigné*, tome III, livre II, chapitre 23, page 253.
2° édition de 1626.

2° *Les Mémoires de Sully* : Édition en huit volumes, tome I, page 424.

C'est au moment de la mort d'Henri III.

« ..... Messieurs de Biron, de Bellegarde, d'O, Chateaurieux, *Dampierre* et plusieurs
« autres vinrent aussitôt le saluer (Henri IV)... etc »

Autre édition :

« Henri (Henri IV) en fut encore plus assuré (de la mort d'Henri III) lorsqu'après avoir
« avancé de quelques pas, il vit la garde écossaise qui vient se jeter à ses pieds en lui disant :
« Ah ! Sire, vous êtes présentement notre roi et notre maître », et quelques instants après,
« Messieurs de Biron, d'O, Chateaurieux, *Dampierre* et plusieurs aultres firent la même
« chose. »

3° *La Chronologie historique et militaire de Pinard*, tome VI, page 31 :

« *Le baron de Dampierre* mort le 5 du mois de novembre, 1615, etc. »

Je vais donner, ici, ses états de service qui sont une reproduction de son article dans
l'histoire de Pinard.

MINISTÈRE DE LA

GUERRE

——

7ᵐᵉ direction

——

COMPTABILITÉ

GÉNÉRALE

——

BUREAU

des

LOIS ET ARCHIVES

————

Par ordre du Ministre Secrétaire d'État de la guerre,

Le Conseiller d'État, directeur de la Comptabilité Générale, certifie que des registres matricules et documents déposés aux archives de la guerre, il a été extrait ce qui suit :

NOMS ET SIGNALEMENT DU MILITAIRE	DÉTAIL DES SERVICES
de Dampierre, (François de Cugnac-baron.)	Commandant d'une compagnie de cinquante hommes d'armes des ordonnances du roi, reconnu maréchal de camp, le... 26 avril 1589 Décédé.................. 5 novembre 1615

Pour extrait,
Signé : Illisible.

Vérifié, le sous-chef,
Signé : Illisible.

Le chef,
Signé : Illisible.

————

Délivré sans frais à M. de Cugnac, rue des Saints-Pères, 50, en réponse à sa demande, parvenue en mars 1860.

Enregistré, n°

Campagnes :

1589, bataille d'Arques ; 1590, celle d'Ivry ; 1591, siège de Chartres, de Noyon et de Rouen ; 1594, réduction de Paris ; 1595, bataille de Fontaine-Française ; 1596, siège de la Fère ; 1597, celui d'Amiens.

En foi de quoi le présent certificat a été délivré pour servir et valoir ce que de raison.

Paris, le 10 mai 1860.   *Signé :* PETITET.

5° *Mémoires de Bussy-Rabutin*

Tome I, page 204 :

Il y est cité comme grand-père maternel de l'auteur, sous le nom de *Marquis de Dampierre*.

6° *Mémoires du duc de Saint-Simon*.

Tome XVIII, page 89 :

Il y est cité à propos d'un de ses arrière-petits-fils, l'écuyer du prince de Condé (voir plus loin).

7° *Lettres missives d'Henri IV*, par M. Berger de Xivrey,

3° volume, page 359 :

«   1591 — 20 mars.

Orig. autographe — B R. fonds Béthune M. S. 9104, fol. 46.

Cop. B R. suppl. fr. M. S. 1009 — 3

Imprimé ; *Mémoires de Nevers*, t. p. 235.

A mon cousin, le duc de Nivernais, gouverneur et mon lieutenant général en mes pays de Champagne et de Brie,

« Mon cousin, le marquis de Renel (1), m'a adverty de la prinse du chasteau du dit
« Raynel, des forces que le duc de Lorraine a mises ensemble, etc...

« Cette occasion s'offrant, je vous en ai bien voulu donner promptement advis, et par
« mesme moyen vous asseurer que je suis en la mesme résolution que je vous ai mandé par
« le *sieur de Dampierre* (2) qui est de m'acheminer de mon pays de Champaigne, avec toute
« mon armée, incontinent après la prinse de cette ville. J'espère avec l'ayde de Dieu, en
« avoir bientôt bonne issue ; qui me fait vous prier, mon cousin, d'autant que vous aimés
« mon service et la conservation de votre gouvernement, de vouloir incontinent assembler
« tout ce que vous pourrés de mes serviteurs, monter à cheval et vous advancer pour ren-
« contrer mon armée au passage de la rivière de Seine ; suivant ce que je vous ai mandé par
« le dict *sieur de Dampierre*. »

« J'écris du camp devant Chartres, le XXe jour de mars 1591. »

Signé : HENRY..... et POTIER. »

8° Extrait des *Mémoires d'Agrippa d'Aubigné*, édition Charpentier, donné par Ludovic Lalanne, 1854, page 354. Édition in 12, prix 6 francs.

« Henri IV se trouve roi plutôt qu'il n'eut pensé et désiré et demi assis sur un trône
« tremblant. Au lieu des acclamations et du : *Vive le roi* accoustumé en tels accidents vist
« en même chambre le corps mort de son prédécesseur, deux minimes au pied, avec des
« cierges, faisant leurs lithurgies ; Clermont d'Entragues tenant le menton ; mais tout le reste
« parmi les hurlemens, enfonçant leurs chapeaux, ou les jetans par terre, fermans le poing,
« complottans, se touchans la main, faisans des vœux et promesses, desquelles on oioit
« pour conclusion, *plutôt mourir de mille morts*. Dans cet estourdissement encores, il y
« en eut qui demandèrent pardon à genoux, des choses commises auprès du roi, à quoi un

---

(1) Louis de Clermont-d'Amboise, marquis de Renel. (Note de l'auteur.)

(1) François de Cugnac, seigneur de Dampierre, fils de François de Cugnac et de Jeanne d'Avy, dame de Saint-Péravy, fut conseiller d'État d'épée, capitaine de cinquante hommes d'armes des ordonnances, maréchal de camp, lieutenant général au gouvernement de l'Orléanais. Il devint chevalier des ordres du roi en 1595, et mourut en 1615. (Note de l'auteur.)

« duc répondit : « *Taisez-vous, vous parlez comme femmes.* » Les compagnons du Bourlet
« esclatent leurs lamentations ; mais d'O, Manou son frère, Entragues, Châteauvieux mur-
« murent à dix pas du roi ! Il leur échappe de se rendre plustôt à toutes sortes d'ennemis
« que de souffrir un roi huguenot ; ils joignent leurs propos à quelques autres ; entre ceux-là
« *Dampierre*, premier maréchal de camp, qui fit ouir tout haut ce que les autres serraient
« entre leurs dents. Tout cela se rallie au duc de Longueville qu'ils éleurent pour porter
« parole de leur volonté. »

9° On trouve, dans l'histoire et dans les mémoires, le nom de Dampierre souvent cité. Il
est difficile de toujours savoir si c'est un Cugnac, car il y a plusieurs familles en France qui
portent ce nom de Dampierre. Ce fut une négligence de nos rois, malheureuse pour la
noblesse, de donner des titres attachés à des fiefs de même nom, à plusieurs familles. Il en
résulte des confusions aussi regrettables pour les nobles qu'embarrassantes pour les archéo-
logues et les historiens. Je vais en donner quelques exemples, en citant des passages de
quelques auteurs, où le nom de Dampierre se trouve sans que j'aie pu savoir si c'est un
membre de notre famille. Je citerai seulement les trois historiens suivants :

MÉMOIRES DE FRANÇOIS DE RABUTIN :
1553. Siège de Térouenne, tome 11, page 13.

« Les autres plus apparents, prisonniers comme le vicomte de Martigues, le *seigneur*
« *de Dampierre*, etc., se rendirent à divers maistres, selon que la fortune leur advenait. Et
« faut entendre, pour autant que les simples soldats furent les premiers qui y entrèrent, et
« non les capitaines ne les seigneurs d'authorités, les prisonniers qui pouvaient prompte-
« ment recouvrer argent en sortant à bon marché, comme advint du vicomte du Martigues,
« du *seigneur de Dampierre* »

Même ouvrage, même volume, page 34 :
1553. Siège de Hesdin pris le 18 juillet :

« Près du duc Horace..... fut abattu un vaillant gentilhomme, le seigneur de Magny :
« aussi y furent tués..... le *seigneur de Dampierre* (1) qui pareillement avait esté prisonnier
« à Térouenne et de rechef s'était enfermé là-dedans avec le sénéchal de Castres et le capi-
« taine Vif-Argent qui furent abymés dedans les mines, etc..... »

OBSERVATIONS SUR LES MÉMOIRES.
Tome 11, page 392.

Extrait d'une dépêche à Henri II.

« Les gentilshommes qui sont entrés dans la dite ville de Thérouenne, outre les trois
« cents hommes susdits sont :..... les *sieurs de Dampierre* avec deux gentilshommes des
« siens, etc., etc., deux gentilshommes de *Dampierre*, fils du sieur de Rambures. »

Ce sieur de Dampierre peut être le baron de Dampierre. Il pouvait avoir dix-huit ans,
en admettant qu'il fut né en 1545, ce qui lui donne soixante-dix ans en 1615, année de sa
mort. Mais cette assertion ne peut être exacte qu'en admettant que le même ouvrage se
trompe en le faisant mourir au siège d'Hesdin.

(1) De Thou ne fait qu'un seul personnage du seigneur de Dampierre et de celui de Magny dont on vient
de parler.

Histoire de l'ancienne infanterie par Suzanne,
pages 282 et 283. Régiment de Picardie.

« Au mois de mai 1706, Picardie sort de Louvain où il avait passé l'hiver et se trouva
« à la bataille de Ramilies, etc..... quarante officiers mis hors de combat, etc..... *l'aide-*
« *major de Dampierre* eut le bras gauche brisé de deux coups de feu. »

Même ouvrage, page 285.

Régiment de Picardie, 1709.

« Le 10 septembre, elle marchait sur quatre colonnes... à la bataille de Malplaquet,
« etc.,... les *lieutenants Dampierre*, etc., arrosèrent de leur sang le champ de bataille de
« Malplaquet. »

J'ai donné ces passages qui se rapportent à une époque postérieure à celle du baron
de Dampierre pour terminer cette discussion sur le nom de Dampierre. Il est fort difficile de
dire si tous ces Dampierre étaient des Cugnac, et je vais, à ce propos, donner ici une note
sur les diverses familles qui portent le nom de Dampierre. Elle est de M. Barbot de la Tré-
sorière, archiviste, ancien garde du corps du roi Charles X.

1° Les *Fourré de Dampierre*, en *Saintonge.*

2° Les *marquis de Dampierre de Plassac*, en *Saintonge*, famille provenant de Gascogne;
ils ont été faits pairs de France vers 1820, et c'est depuis cette époque qu'ils portent le titre
de marquis.

3° Les *Picot, marquis de Dampierre*, dont le nom est incrusté sur l'Arc de Triomphe à
Paris. C'est une famille qui a fait ses preuves de cour ou de noblesse de race dans le
XVIIIe siècle. Ces preuves sont aux Archives nationales, à Paris.

4° Les *du Val, marquis de Dampierre*, qui ont pris le nom de Dampierre, par suite
du mariage d'un du Val avec l'héritière d'une seigneurie de Dampierre érigée au comté
dans le XVIIe siècle. Ils ont changé plus tard le titre de comte en celui de marquis.
Cette famille est d'ancienne noblesse et elle a plus d'illustration militaire que les trois précé-
dentes.

Aucune de ces familles — historiquement parlant — quoiqu'elles soient toutes nobles
et illustres, n'a honoré le nom de Dampierre d'une aussi grande gloire militaire que la
famille de Cugnac. C'est un fait que l'on peut vérifier dans l'histoire. Et enfin, je ne vois
de titre de marquis de Dampierre appuyé sur une érection de terre en marquisat que pour
les Cugnac.

Je reprends l'histoire du baron de Dampierre :

Le baron de Dampierre fut enterré, comme ses ancêtres, dans le caveau seigneurial de
l'église de Dampierre.

Voici l'inscription relevée sur son tombeau par le curé de Dampierre :

« Sur la sixième pierre sépulcrale : Haut et puissant seigneur, messire François de
« Cugnac, chevalier des ordres du roi, conseiller en ses conseils d'État privés, capitaine de
« cinquante hommes d'armes de ses ordonnances, maréchal de camp en ses armées, seigneur
« de Dampierre, Huisseau, la Rivière, Burly, qui décéda l'an 1515..... avait épousé en pre-
« mières noces Gasparde de Boucard, et en secondes noces Anne Le Loup. »

Je vais maintenant donner la suite de ce manuscrit du curé de Dampierre :

« Cette dame Anne Le Loup est nommée dans les registres de la paroisse à la fin du

XV⁰ siècle et du commencement du XVI⁰ (1): Anne de Pierre-Brune Le Loup, Anne Le Loup-de-Beauvoir, et elle signe de différents noms.

Au sixième succède :

Messire François de Cugnac, appelé d'abord seigneur de Boucard, et ensuite marquis de Dampierre. Il meurt en 1618 (2) et ne laisse de son mariage avec dame Gabrielle du Ryau-de—Popillon qu'une fille : demoiselle Anne de Cugnac, âgée de cinq ans, fille du dit messire François de Cugnac et de la dite dame Gabrielle de Ryau-de-Popillon. Elle demeure au château, ainsi qu'il appert par les registres du baptême, avec sa mère, environ un an et disparaît (3). Il est ensuite question d'un commis à la recette des terres et seigneuries de Dampierre, jusqu'en 1625 que paraît messire Antoine de Cugnac, marquis de Dampierre, fils du sixième de Cugnac et de la seconde épouse Anne Le Loup. C'est sur ce dernier du nom (4) que la terre, saisie réellement, fut adjugée judiciairement en 1627 à messire Jean—Jacques Dolu, conseiller du roi en ses conseils d'État et privés, seigneur de Montigny-sur-Loing, baron de la Rose—Bernard et dame Suzanne du Parand son épouse qui la revendirent en 1644 (5), etc., etc.

Claude Feydeau de Marville eut la terre par donation de messire Picard.

On trouve dans les registres de la paroisse l'acte ci-contre : 4 octobre 1615, a été baptisée : Françoise-Anne née le 11 septembre 1615, fille du haut et puissant seigneur François de Cugnac, seigneur de Boucard, chevalier et cornette des chevau-légers de Sa Majesté (6) et de haute et puissante dame Gabrielle du Ryau. — *Parrain* : Haut et puissant seigneur messire François de Cugnac, chevalier des deux ordres du roi, conseiller en ses conseils d'État et privés, capitaine de cinquante hommes d'armes de ses ordonnances. *Mareine* : demoiselle Aimée (7) de Cugnac, fille du dit seigneur S. (8) Dampierre, Aimée de Cugnac.

28 janvier 1616. La dite dame Gabrielle du Ryau étant marraine est dite femme de haut et puissant seigneur François de Cugnac, marquis de Dampierre (9).

30 avril 1618. La même dame Gabrielle du Ryau, également marraine, est encore dite : femme de haut et puissant seigneur monseigneur le marquis de Dampierre, et le 24 décembre suivant sont marraines : Dame Gabrielle du Ryau, veuve de haut et puissant seigneur monseigneur François de Cugnac, vivant seigneur marquis de Dampierre et demoiselle Anne de Cugnac, fille unique du dit défunt seigneur marquis et de la dite dame Gabrielle du Ryau. La dite Françoise-Anne de Cugnac a déclaré ne savoir signer (10) S. X du Ryau.

(1) Le curé de Dampierre a voulu dire : XVI⁰ et XVII⁰ siècle.

(2) Trois ans après son père.

(3) Elle vivait en 1636.

(4) Le curé de Dampierre ne connaissoit pas au-delà de sa paroisse, à ce qu'il paraît, car Huisseau n'est pas très éloigné.

(5) Sans doute au sieur Picard. On lit, dans le *Moniteur* du 7 janvier (1855, 7 ou 8), article : Variétés, d'Alfred Le Moine, intitulé : Les financiers sous Louis XIV :

Picard, trésorier des parties casuelles, avait été l'associé de Catelan et de Galland, et s'était rendu acquéreur du marquisat de Dampierre dont il prit le nom.

(6) Voir l'*Histoire de la maison du roi*, par l'abbé de Naifville.

(7) Voir plus loin.

(8) S. veut dire signatures.

(9) Ces actes de baptême montrent que la date de l'érection en marquisat est comprise entre le 4 octobre 1615 et le 28 janvier 1616. Cette date n'est pas connue exactement, les lettres patentes n'ayant pas été retrouvées.

(10) Elle n'avait que trois ans.

12 décembre 1619. La dite demoiselle Françoise Anne de Cugnac, fille du défunt haut et puissant seigneur, messire François de Cugnac et de dame Gabrielle du Ryau, est marraine et signe (S) Françoise de Cugnac. Ensuite elle ne reparaît plus.

23 août et 12 septembre 1625 et 21 janvier 1626 : est parrain, haut et puissant seigneur messire Antoine de Cugnac, marquis de Dampierre qui signe (S) Dampierre et de Cugnac-Dampierre.

15 novembre 1626 : est parrain Benoît Doucet, cuisinier de monseigneur le marquis de Dampierre ; on peut, au moins, conjecturer que cet Antoine de Cugnac, le dernier du nom (1), seigneur de Dampierre, sur lequel la terre a été saisie et vendue en 1627, avait succédé à Françoise-Anne de Cugnac, sa mère, fille unique de François de Cugnac, qui, le premier, a été appelé marquis, et de dame Gabrielle de Ryau, lequel marquis était du premier lit, fils de Gasparde de Boucard ; mais Antoine était du second lit, c'est-à-dire d'Anne Le Loup-de-Pierre-Brune-de-Beauvoir, ainsi qu'on le voit en l'acte suivant tiré du registre de la paroisse.

5 décembre 1590. A été baptisé Antoine, fils de haut et puissant seigneur messire François de Cugnac, seigneur de Dampierre, Huisseau, Boucard, chevalier des deux ordres du roi, capitaine de cinquante hommes de ses ordonnances, conseiller en ses conseils d'État et privé et de dame Anne Le Loup-de-Pierre-Brune. *Parrain :* haut et puissant seigneur messire Antoine de Brisanteau, seigneur de Beauvais-Nangis, baron de Lignières, Revel, chevalier des deux ordres, capitaine de cinquante hommes d'armes, conseiller en ses conseils d'Etat et privé. *Marraine :* demoiselle Gabrielle du Ryau-de-Popillon, baronne doyenne du châtel de Montagu et de Meneton-sur-Cher.

On voit aussi, dans les mêmes registres, que noble homme Guy de Bonnetat est dit, en 1591, capitaine gouverneur du château de Dampierre et, 12 avril 1610, que honorable homme Benoît Gardet, sieur de la Folie, est qualifié : gentilhomme de M. de Dampierre.

Parmi les enfants du *Grand de Cugnac* (sic) on voit, le 28 janvier 1616 :

Marraine : dame Marie de Cugnac, épouse de haut et puissant seigneur messire Léonard (2) Rabutin seigneur, baron de Bussi.

Ce manuscrit témoigne, avec le père Anselme et autres, que c'est par erreur que le portrait du château de Bussy-le-Grand et les *Mémoires* du comte de Bussi donnent le titre de marquis au chevalier du Saint-Esprit.

Le curé de Dampierre, qui m'avait remis ce manuscrit de l'un de ses prédécesseurs, m'a écrit quelques temps après, en 1858. Voici un extrait de sa lettre :

« En examinant bien le mur de la chapelle de la Sainte Vierge, il est facile de voir que « les pierres où étaient gravées les inscriptions susdites ont été enlevées et le mur enduit « et recouvert d'une couche de plâtre. Ces pierres sont très probablement entrées, avec « beaucoup d'autres tombes, dans le dallage de l'église, qui eut lieu en 1806, ainsi qu'il est « facile de le voir par les pierres qui forment le dallage des nefs. Voici donc ce que j'ose « vous proposer :

« S'il vous était agréable de voir revivre les inscriptions funéraires, qui sont d'une

(1) J'ai déjà relevé cette erreur du curé de Dampierre. La branche des Cugnac Dampierre ne s'est éteinte qu'en 1822.

(2) Pour Léonor, le père de l'écrivain.

« authenticité incontestable, vous seriez assez bon pour les faire graver, etc., et je les ferais
« placer sur le mur indiqué ci-dessus. Quant aux cercueils de plomb, j'ai lieu de croire qu'ils
« ont été pillés pendant la Révolution. La chose m'est certaine pour ceux qui étaient dans le
« caveau de la chapelle bâtie par M. Picard, dans lequel j'ai pénétré. J'ai moins de certi-
« tude pour ceux qui étaient dans le caveau de la chapelle des seigneurs de Cugnac, attendu
« que je n'y suis jamais entré ; pour le faire, il faudrait décarreler cette chapelle, etc., etc.. »

Je n'ai pas donné suite à ces propositions.

J'ai retrouvé quelques actes notariés relatifs au baron de Dampierre ; ses dignités y sont
mentionnées, mais rarement son titre de baron. Un seul, de 1607, où il se porte garant pour
des dettes de son fils François de Boucart, le nomme comme baron de Dampierre. Sans
doute qu'ayant fait ses exploits de guerre et ayant été fait chevalier du Saint-Esprit, sous
le nom de seigneur de Dampierre, il était plus connu sous cette dénomination.

Un seul de ses actes contient sa signature. Il signe seulement : de Cugnac.

J'ai aussi trouvé dans le huitième registre du Bourbonnais, à la Cour des comptes, un
hommage rendu à Paris par François 11ᵐᵉ du nom pour ses terres seigneuriales qui tiennent
du comté de Gien.

Le baron de Dampierre, que le curé de son village décore du surnom du grand Cugnac,
était, comme on le voit, par les différents documents que j'ai recueillis dans mes archives et
dans les ouvrages qui parlent de ses nombreux services de guerre, un des guerriers célèbres
de son temps, le « premier des maréchaux de camp ». A la mort d'Henri III, il avait lieu
d'espérer qu'Henri IV, ayant reconquis son royaume, le récompenserait en lui donnant le
titre de maréchal de France. La tradition de notre famille nous rapporte que c'est à l'occasion du mécontentement qu'il éprouva, en ne se voyant pas compris dans les promotions
successives de maréchaux qui eurent lieu sous Henri IV qu'il adopta pour devise : Ingratis
servire nefas qu'il avait fait, dit-on, graver sur la porte de son château. Cette devise se voit
sur tous les portraits des Dampierre retrouvés au château de Veuilly en 1835 et offerts par
Mme de Beauroire au marquis de Cugnac de Fondelin, la branche de Veuilly s'étant
éteinte dans la famille de Beauroire. Si cette devise se trouve sur les portraits des Dampierre
ancêtres du baron, c'est que, sans doute, elle y a été mise postérieurement.

Nous avons vu que François II, baron de Dampierre, s'était marié deux fois ; il eut de ces
deux alliances sept enfants.

+ Du premier lit :

1º VINCENT-HENRI DE CUGNAC, né le 24 mars 1577, mort le 7 juillet 1592 (1).

2º FRANÇOIS DE CUGNAC, marquis de Dampierre (2), seigneur de Boucard, Lepuy et de
Gardefort, gentilhomme ordinaire de la chambre du roi, cornette de la compagnie des
chevau-légers, conseiller du roi en ses conseils d'État et privé, capitaine de cinquante hommes
d'armes des ordonnances du roi ; lieutenant général au gouvernement de l'Orléanais.

× La Généalogie de Lépine ne parle pas de ces trois dernières charges, mais les docu-

---

(1) Voir La Chesnaye des Bois, page 411, article Cugnac et article Dampierre.
(2) J'ai mis, ici, le titre de marquis, contrairement à plusieurs auteurs qui le donnent à son frère Antoine,
mais on va voir que j'en donne des preuves incontestables.

ments que je vais donner ici, prouvent incontestablement que François de Cugnac, seigneur de Boucard, les a possédées. Il succéda à son père dans les deux premières, à la fin de 1615, et fut nommé à la troisième le 10 octobre 1616. C'est aussi en 1616 et dans le mois de janvier qu'il fut nommé marquis de Dampierre. Ainsi, l'on voit qu'il fut, dans ce temps-là, comblé des faveurs de la reine Marie de Médicis et du roi Louis XIII. Il ne profita pas longtemps de tous ces honneurs, car il mourut deux ans après, en 1618.

Ce fut en faveur de François de Cugnac, seigneur de Boucard, et non en faveur de son père, comme l'ont avancé quelques auteurs, ni en faveur de son frère Antoine, comme le prétend la *Généalogie* de Lépine que la baronnie de Dampierre fut érigée en marquisat. Les lettres patentes de cette érection ont été perdues. On aurait dû les retrouver dans les parlements, où elles ont été enregistrées, mais jusqu'à présent, je n'ai pu y parvenir.

Je vais donner, ici, les différents documents qui se rapportent à cette érection :

1° *La Chesnaye-des-Bois* — article *Dampierre* :

« Dampierre en Beauce. — Terre érigée en baronnie par lettres du 9 février 1598, régis-
« trées le 7 mai suivant, en faveur de François de Cugnac 11º du nom, etc... Cette baronnie
« a été érigée depuis en marquisat par lettres de 1616, régistrées la même année aux parle-
« ments de Toulouse et de Dijon, en faveur de Antoine de Cugnac IVº du nom, etc., etc... »

2° *Chazots de Nantigny*, Vº partie, page 9.

« *Dampierre*, érigée en marquisat par lettres de 1616, régistrées de la même année aux
« parlements de Toulouse et de Dijon, en faveur d'Antoine IVº de Cugnac. »

Dans le IVme partie des *Tablettes de Nantigny*, page 99, il est dit que Dampierre fut érigé en marquisat en octobre 1649 pour François de l'Aubépine, frère du garde des sceaux et auteur d'un rameau allié aux Beauvilliers et aux ducs de Sully. Voilà donc encore un autre marquis de Dampierre ! Je ne sais où est ce marquisat.

La Chesnaye-des-Bois dit que le marquisat de Dampierre des Cugnac a été acquis en 1720 par Claude Feydeau, seigneur de Marville, conseiller d'État, d'une famille noble, originaire de la Marche.

3° *Dictionnaire des Gaules et la France*, par *d'Expilly* :
Renseignements pareils.

De plus, il résulte des registres de la paroisse de Dampierre, que nous avons cités, que François de Cugnac, seigneur de Boucard, était marquis avant le 29 janvier 1616, et que son frère Antoine n'a pris ce titre qu'après sa mort.

Enfin, on voit dans les lettres patentes qui nomment François, lieutenant général au gouvernement de l'Orléanais qu'il était marquis de Dampierre lors qu'il fut nommé à cette charge, le 10 octobre 1616.

Tous ces documents s'accordent parfaitement et d'après les trois ouvrages que je viens de citer, j'ai cherché ces lettre patentes à Dijon et à Toulouse. M. Garnier, archiviste à Dijon, m'a répondu, le 12 avril 1851 (voir aux archives d'Épannes) qu'il n'avait rien trouvé et il me conseillait de faire des recherches dans le parlement d'où dépendait la seigneurie de Dampierre. M. Baudoin, archiviste à Toulouse, m'a répondu, en 1857 (voir aux archives d'Épannes) que les archives du parlement ne contiennent pas les lettres patentes.

Depuis cette époque, je n'ai pas fait d'autres recherches. Il est cependant authentique que ces lettres ont existé, les registres de la paroisse de Dampierre et les lettres patentes de la nomination de François au gouvernement de l'Orléanais en donnent la preuve officielle.

Je vais, maintenant, donner copie des documents qui prouvent que François, seigneur de Boucard, fut conseiller du roi en ses conseils d'État et privé, lieutenant général au gouvernement de l'Orléanais, et capitaine de cinquante hommes d'armes des ordonnances du roi. Ces documents sont au nombre de deux.

1° Un acte de sa veuve, du 12 avril 1637, qui existe dans les archives du parlement de Dijon (voir aux archives d'Épannes, une lettre de M. Garnier, archiviste de Dijon, du 8 juin 1855). Voici un extrait de l'acte :

« Dénombrement donné par Hector Androz de Langeron, seigneur de la Michaudière,
« capitaine de la première compagnie d'Auvergne. Il est dit qu'il était acquéreur de la
« seigneurie d'Ogé en 1636, de dame Gabrielle du Ryau, veuve de messire François de
« Cugnac, chevalier, marquis de Dampierre, conseiller en ses conseils d'État et privé et
« lieutenant pour le roi au gouvernement d'Orléans, dame de Boucard, etc. Il est dit que
« la terre d'Ogé était une baronnie. »

2° Les lettres patentes de la nomination de François de Cugnac à la charge de lieutenant général au gouvernement de l'Orléanais.

J'en ai fait prendre une copie officielle dans les archives du département du Loiret.

« Louis, par la grâce de Dieu, roy de France et de Navarre, à tous ceux qui, ces pré-
« sentes lettres verront, salut, savoir faisons que pour l'entière et parfaite cognoissance et
« confiance que nous avons en la personne de nostre amé et féal *François de Cugnac*,
« *marquis de Dampierre*, conseiller en nostre conseil d'Estat, capitaine de cinquante
« hommes d'armes de nos ordonnances et cornette en nostre compagnie de chevaulx légers
« et de ses sens, suffisance, loyauté, prudhommie, expérience, dilligence, fidélité et affection
« en nostre service. A iceluy pour ces causes et aultres bonnes considérations à ce nous
« mouvant et de l'advis de la reyne nostre très honorée dame et mère, avons donné et
« octroyé, donnons et octroyons par ces présentes, signées de nostre main, l'estat et office
« de nostre conseiller et bailly de nostre ville et duché d'Orléans que naguère soullait tenir
« et exercer feu nostre aussy amé et féal Christophe de Harlay, chevalier comte de Beaumont,
« dernier paisible possesseur d'iceluy, vacant à présent par son décès.

« Pour le dict état et office avoir, tenir, posséder, en jouir et user par le dict marquis de
« Dampierre aux honneurs, auctorités, etc., tant qu'il nous plaira ; si donnons en mandement
« à nos amés et féaux conseillers, les gens tenant nostre court de parlement à Paris, qu'après
« qu'il leur sera apparu de bonne vie, mœurs, conversation et religion catholique, appostolique
« et romaine du dict marquis de Dampierre, et de lui pris et receu le serment en tel cas requis
« et accoustumé, ils le mettent et instituent, etc... Mandons en oultre à nos aussy amés et
« féaux conseillers les présidents trésoriers de France, etc... payer, bailler et délivrer comptant
« au dict marquis de Dampierre, les dicts gaiges et droicts audict estat et office appartenant
« etc... avecq quittance du dict marquis de Dampierre sur ce suffisante, etc... car tel est nostre
« plaisir, etc... »

« Donné à Paris le dixième jour d'octobre, l'an de grâce mil–six–cent–seize et de
« nostre règne le septième... Signé : Louis. — Et sur le reply, par le roy : de Loménie... et
« scellé ; sur le dict reply est escrit : François de Cugnac, desnommé au blanc, a esté
« adjudiciairement receu en l'estat et office mentionné, fait le serment accoustumé à Paris,
« en parlement, le vingt deuxième jour de décembre, mil–six–cent–seize. Signé : Voisin. »
Pour copie conforme :

Le conseiller de préfecture, secrétaire général

Signature illisible.

Collationné.

Orléans, le 18 avril 1857.
L'archiviste.
Signé : DE VASSAL.

François de Cugnac avait commencé à servir le roi, étant encore très jeune, sous les
ordres de son père. Il s'était distingué au siège d'Amiens en 1597 et y avait été blessé,
comme on a pu le voir dans les lettres d'érection de Dampierre en baronnie. Il servait dans
les chevau–légers qui faisaient partie de la maison du roi, et le grade de cornette qu'il y
occupait équivalait au grade d'officier supérieur dans l'armée.

Il assista au tournoi du carrousel de 1612, place Royale à Paris, qui fut donné lors du
mariage de Louis XIII et dont Wulson de la Colombière, page 144, parle ainsi :

« M. de Bocard (1) représentait le vent du *Nort* ou du septentrion, autrement Boréas ;
« il portait pour sa devise : un ciel dont la moitié était couverte de nuages, et l'autre fort
« estoilée et deux vents au dessous du ciel qui soufflaient, avec ces mots : *comme il nous*
« *plait*. »

Mes archives contiennent beaucoup d'actes notariés passés par François de Boucard.

Il y est qualifié dès 1605 :

Gentilhomme ordinaire de la chambre du roi ; et cornette de la compagnie des chevau–
légers de Sa Majesté.

En 1607 :

Baron de Boucart.

En février et en juin 1609 :

Cornette de la compagnie des cheveau–légers de M. le Dauphin.

En août 1609, il est de nouveau qualifié dans les actes :

Cornette des chevau–légers de Sa Majesté.

Voici le résumé d'un acte qui existe aux archives de Dijon et qui m'a été communiqué par M. Rossignol, archiviste de cette ville, dans une lettre du 8 juin 1855. (Voir aux
archives d'Epannes.)

« Contrat d'affranchissement du 18 novembre 1605, par lequel haut et puissant seigneur
« Messire François de Cugnac, chevalier, seigneur de Boucard, Ogers, Gardefort et Beuf,
« gentilhomme ordinaire de la chambre du roi, cornette des chevau–légers de Sa Majesté,

---

(1) Il était, en effet, connu, du vivant de son père, sous le nom de Boucard et baron de Boucard.

« lui et sa femme, haute et puissance dame Gabrielle du Ryau, affranchissent tous les biens
« de honorable homme Claude Tessier, seigneur de Tilles, receveur de la baronnie d'Ogers. »

Les divers actes notariés dont j'ai parlé sont presque tous des emprunts faits par
François de Cugnac-Boucart. On y voit qu'il avait des dettes de tout côté, qu'il ne payait
pas ses fournisseurs, et même qu'il empruntait au valet de chambre de M. de Bassompierre.
C'était la suite des grandes dépenses où l'entraînèrent les guerres du temps et le luxe de la
cour. Enfin, on est tenté de l'accuser de la ruine de sa maison. Il mourut jeune, en 1618, trois
ans après la mort de son père.

+ Il avait épousé Gabrielle Popillon du Ryau, fille d'André Popillon, seigneur du Ryau,
baron d'Oye, seigneur du Châtel et de Montagne, et d'Anne Le-Loup-de-Beauvoir, sa belle-
mère.

✕ On a vu, dans les documents cités précédemment, qu'elle quitta le château de
Dampierre, peu d'années après la mort de son mari, et qu'elle vivait encore èn 1636. Ils eurent
pour enfants :

+ A. Un fils mort jeune.

B. Françoise Anne de Cugnac, dame de Boucard, femme, en 1632, d'Edme de la Châtre,
comte de Nancay, colonel général des Suisses et Grisons, et grand-maître de la garde-robe,
mort le 3 septembre 1645.

De ce mariage naquit Louise-Antoinette de la Châtre, dame du palais de la reine,
mariée, en 1653, à Louis de Crévant d'Humières, IVme du nom, duc d'Humières, chevalier
des ordres du roi, et maréchal de France (1).

✕ On voit que Françoise de Cugnac contracta une illustre alliance. Elle était, certainement, en rapport avec la haute position que son père et son grand-père avaient occupée à la
cour, mais elle ne s'accorde pas avec la ruine de sa famille que semble indiquer la saisie
judiciaire du marquisat de Dampierre, en 1627.

Il est souvent parlé d'Edme de la Châtre dans les mémoires du temps, et, Ninon de
Lenclos, sa maîtresse, lui a fait une célébrité populaire, par ce bon mot qui est passé en
proverbe : « Ah ! le bon billet qu'a la Châtre ! » On sait que le comte de la Châtre, la quittant
pour le service du roi, qui l'envoyait en Angleterre, lui fit signer un billet où elle s'engageait
à lui être fidèle. Elle ne tarda pas, cependant, à recevoir les hommages d'un autre gentilhomme, et c'est dans un moment d'épanchement avec son nouvel amant, qu'elle s'écria :
« Ah ! le bon billet, etc... »

Voici quelques citations qui se rapportent à Edme de la Châtre. Son père était bailli
et capitaine du château de Gien ; ce fut sans doute l'occasion de son mariage avec Françoise
de Cugnac-Dampierre.

On lit dans la notice de M. Petitot, laquelle précède les *Mémoires* de la Châtre :

« Il (Edme de la Châtre) épousa Françoise de Cugnac, fille unique du marquis de
« Dampierre, qui, malgré sa vertu et son mérite, ne parvint pas à le fixer. — Peu d'années

(1) ✕ On lit dans le livre intitulé : *Le maréchal d'Humières et le camp de Compiègne* (1648-1694), par
M. de Magnienville : « La maréchale d'Humières était fille d'Edme de la Châtre, l'auteur des *Mémoires sur la
minorité de Louis XIV*, et de Françoise de Cugnac. Elle mourut à Paris, le 2 décembre 1723, dans sa 88e année.
Elle est peinte sous le nom de Caliste dans la galerie des portraits de Mlle de Montpensier (*Mémoires de
d'Artagnan*, tome III, page 562). Cet ouvrage de M. de Magnienville contient un superbe portrait de la maréchale
d'Humières.

« après son mariage, il s'établit à la cour en achetant du marquis de Rambouillet la charge
« de grand-maître de la garde-robe qu'il paya plus de cent mille écus. »

(*Mémoires* de la Châtre, page 245. Collection Petitot.)

« En ce temps là, ma femme (Françoise de Cugnac) étant arrivée à Paris,
« alla voir Mme la Princesse avec qui la dévotion lui avait donné quelque intrigue
« et quelque familiarité. Elle eut avec elle une longue conversation, où elle
« déclama furieusement contre moi, faisant paraître pourtant, à la fin de son discours,
« qu'elle voulait me voir. — Elle mena ensuite ma femme aux Carmélites où elle
« et Mme d'Aiguillon la présentèrent à la reine et tâchèrent de l'adoucir pour moi ;
« mais elles la trouvèrent trop obstinée à me perdre, et déjà, disait-elle, engagée de parole
« avec M. de Bassompierre.

« Mme d'Aiguillon la mena, le soir, chez le Cardinal, qui lui dit la même chose et
« l'assura que si elle fut venue trois semaines plus tôt, il y aurait eu lieu de me sauver. »

oir ans ces memes *emoires*, p. 24 , 249, 251, idem p. 252.

« Il (le maréchal de Bassompierre) fit faire trois sommations à ma femme de recevoir son
« argent. »

Idem, p. 253. « Toutes ces raisons jointes à la considération d'une femme grosse et de
« trois enfants, que je pourrais rendre misérables par ma mort, me firent enfin céder. — Et
« lui (M. de Brienne) me promit de la part de la reine tout ce qu'il m'avait proposé (les
« brevets de chevalier du Saint-Esprit, de maréchal de camp, etc.) le jour où il me demanda
« ma démission. »

Je me suis demandé si ces sommes, énormes pour le temps, qu'Edme de la Châtre paya
pour acheter ses charges à la cour ne contribuèrent pas à la perte du marquisat de Dampierre.
Le père de Françoise était mort en 1618, mais sa fille avait-elle hérité du marquisat ? On
verra plus loin que c'est sur Antoine, oncle de Françoise, que le domaine de Dampierre fut
saisi en 1627, et c'est en 1635 que la Châtre acheta cette charge de grand-maître de la
garde-robe. Il s'était marié en 1632 et, à cette époque, la saisie judiciaire avait eu lieu. Il n'y
a donc pas lieu d'en rendre la Châtre responsable, et le coupable fut plutôt Antoine de
Cugnac le frondeur.

Le comte de Bussy-Rabutin parle ainsi du comte de la Châtre dans ses *Mémoires*, tome I,
page 109 :

« *Edme de la Châtre, mon cousin germain par sa femme*, revint aussi, en même temps,
« de l'armée fort malade, dont il mourut entre mes bras à Philisbourg, le 3 septembre 1645 (1).
« Ce fut grand dommage, car c'était un gentilhomme de courage et d'esprit.

« Il avait été maître de la garde-robe sous le nom du comte de Nancé du vivant du roi
« Louis XIII et colonel des Suisses, sous le nom de la Châtre, dans la régence d'Anne
« d'Autriche ; mais s'étant mis dans une cabale de gens qu'on appelait : *Les Importants*
« dont le duc de Beaufort était le chef et cela ; contre la faveur naissante du cardinal de

(1) Voici la filiation de cette parenté :

François de Cugnac, baron de Dampierre, le cordon bleu.

François de Cugnac, Seigneur de Boucard. Diane de Cugnac, épouse de Léonor de Rabutin.
Françoise de Cugnac, épouse d'Edme de la Châtre. Roger, comte de Bussi Rabutin.

« Mazarin et celui-ci étant devenu le patron, il fit arrêter le duc de Beaufort et destituer la
« Châtre de sa charge de colonel général des Suisses que le maréchal de Bassompierre lui
« remboursa. La Châtre, au désespoir de sa disgrâce, fit cette campagne comme volontaire
« auprès du duc d'Enghien, fut pris à la bataille de Northingue et, n'étant pas connu,
« sortit de prison en payant la rançon d'un chevau-léger ; mais il ne jouit pas longtemps
« après de sa liberté. »

On a vu plus haut que la fille du comte de la Châtre et de Françoise-Anne de Cugnac
épousa Louis d'Humières IVme du nom et devint ainsi maréchale et duchesse d'Humières.
Le duc d'Humières fut fait maréchal en 1668 et mourut en 1694.

« *Note.* — Il était fils d'H. de la Chastre et de Marie de la Guesle, il a laissé des
« mémoires. »

La maréchale d'Humières est citée dans le livre intitulé : *Le maréchal d'Humières et le
camp de Compiègne* (1648-1694) par M. de Magnienville.

« La marec a e d'Humieres etait fi e d'Edme de la Châtre, l'auteur des *Mémoires sur la
« minorité de Louis XIV*, et de Françoise de Cugnac. Elle mourut à Paris le
« 2 décembre 1723, dans sa quatre-vingt-huitième année. Elle est peinte sous le nom de
« Caliste dans la galerie des portraits de Mlle de Montpensier. (Voir aux *Mémoires* de
« d'Artagnan, tome III, p. 562.)

Cet ouvrage de M. de Magnienville contient un superbe portrait de la maréchale
d'Humières.

Bussy en parle dans ses Mémoires, tome II, page 3 :

« Pendant notre séjour à Amiens, Humières, qui avait épousé *Marie-Anne-Thérèse
« de la Chastre, fille de Françoise de Cugnac, ma cousine germaine*, et qui, d'ailleurs,
« était fort de mes amis, me proposa de me raccommoder avec le maréchal de Turenne,
« auprès duquel il était fort bien. »

« *Note.* — Louis de Crévant, marquis d'Humières, maréchal en 1668, mort
« en 1694. »

Cette citation s'accorde avec l'anecdote suivante que l'on trouve dans les *Lettres de
la marquise de Sévigné* et dans le *Journal manuscrit de Dangeau*.

La maréchale d'Humières était très jolie et très attrayante. Mme de Sévigné parle plusieurs fois de ses grâces et de son esprit qui avaient fait une vive impression sur Turenne.
Ce fut lui qui sollicita le bâton de maréchal pour M. d'Humières. Ce fut à cette occasion que
le chevalier de Gramont répondit à Louis XIV qui lui demandait, le jour même de cette
nomination, s'il savait qui il venait de nommer maréchal : *Oui, Sire, c'est Mme d'Humières.*

Volume 11°, page 517, édition Montmerqué.

Lettre 1268, de *M. de Coulange à Mme de Sévigné* :

« L'évangile du jour est la mort du *maréchal d'Humières* qui mourut hier à
« Versailles (1). La maison d'Humières, au surplus, est ruinée de fond en comble ; il n'y eut
« jamais une telle déroute. La maréchale (2) n'aura point de pain, au pied de la lettre... La

« (1) Note de l'éditeur. Le maréchal d'Humières mourut assez brusquement à Versailles. Il regretta amère-
« ment de n'avoir jamais pensé à son salut ni à sa santé, il pouvait ajouter à ses affaires et mourut très chrétien-
« nement. (Saint Simon, tome X, page 71.)

« (2) Note de l'auteur, Louise-Antoinette Thérèse de la Chastre.

« maréchale qui vint hier débarquer chez sa fille d'Isenghien (1) se retire aujourd'hui
« chez les Filles de la Croix, dans le faubourg Saint-Antoine, etc.

« A Grignan, le 9 septembre 1694...

« *Le maréchal d'Humières*, le plus aimable, le plus aimé de tous les courtisans. Il a dit à
« M. le curé de Versailles : Monsieur, vous voyez un homme qui s'en va mourir dans quatre
« heures, et qui n'a jamais pensé ni à son salut, ni à ses affaires. Il disait bien vrai et cette
« vérité est digne de beaucoup de réflexions, etc... »

Nous avons vu en continuant cette descendance, que la fille de la maréchale d'Humières,
Marie–Thérèse de Crévant d'Humières, épousa Jean de Gand, dit Villain, prince d'Isenghien.
On peut citer, à ce sujet, dans le troisième volume des *Correspondances de Bussy–Rabutin*,
p. 213, le passage suivant :

« La maréchale d'Humières à Bussy, à Lille, 8 février 1677.

« M. le *maréchal d'Humières et moi* ne voulons pas achever le mariage de notre fille
« aînée (2) sans vous demander votre agrément, etc... C'est M. le prince d'Isenghien,
« homme de très bonne maison, qui a beaucoup de bien qui le regarde, et auquel le roi
« donne les honneurs du Louvre. »

Je citerai encore le passage suivant, où l'on retrouve les noms d'Humières et d'Isenghien.
Volume III des *Correspondances de Bussy-Rabutin*, pages 244 et 245 ; le marquis de
Bussy à Bussy.

« Au camp d'Abinguem, ce 12 avril 1677. »

— C'est au sujet de la bataille de Cassel, gagnée par *Monsieur*, frère du roi Louis XIV,
qui commandait l'armée avec les maréchaux d'Humières et de Luxembourg sur le prince
d'Orange qui voulait faire lever le siège de Saint–Omer.

« Nous rompîmes cet escadron l'épée à la main ; M. d'Isenghien eut là son cheval
« tué. Je ne quittai point les Écossais, et je ne sais ce que devint le *maréchal d'Humières*.
« Nous rencontrâmes un autre escadron frais qui, nous trouvant en désordre, nous renversa.
« La Grange (3) fut tué là, et Gordes pris. Si je ne fus ni l'un ni l'autre, ce fut Dieu seul qui
« me sauva. »

M. d'Isenghien était, je suppose, le gendre du maréchal d'Humières. Cette bataille avait
lieu deux mois après son mariage.

La maison des Villain-de–Gand existe encore. Elle est connue sous le nom de Villain-
Quatorze, surnom que le roi Louis XIV donna à Louis Villain de Gand sur sa demande,
comme récompense de ses services.

On voit que les enfants que le baron de Dampierre eut de son premier mariage ne
laissèrent pas de postérité masculine ; mais il eut de son second mariage cinq enfants :

---

(1) Marie-Thérèse de Crévant d'Humières, femme de Jean-Alphonse de Gand, prince d'Isenghien. »
Volume XI, page 322. Lettre de *Mme de Sévigné à M. de Coulange* qui était alors à Ancy-le-Franc,
chez Mme de Louvois.

(2) Note de l'auteur. Marie-Thérèse de Crévant d'Humières, mariée le 10 février 1677 à Jean-Alphonse de
« Gand, dit Villain prince d'Isenghien et de Mosmines, comte du Saint-Empire, mort en 1687.

(3) Note de l'auteur. Le marquis de La Grange, guidon des Gendarmes écossais, fils du président Lelièvre.

+ 1° ANTOINE dont l'article suit ;

2° PAUL DE CUGNAC, *chevalier de Saint-Jean de Jérusalem*, mort à onze ans, l'an 1612.

3° MARIE–DIANE DE CUGNAC, mariée le 12 novembre 1609, à Léonor de Rabutin, comte de Bussy et d'Épiry, lieutenant–général au gouvernement de Nivernais et colonel d'un régiment d'infanterie, père d.a célèbre Bussy Rabutin qui s'est rendu illustre par sa valeur et ses écrits. Elle mourut veuve en 1650.

✕ Diane de Cugnac est citée plusieurs fois dans les *Mémoires de Roger de Rabutin, comte de Bussy*, son fils.

1° Tome 1ᵉʳ, page 1 de la notice.

« Note. Léonor de Rabutin, chevalier, comte de Bussy, baron d'Epiry, lieutenant–
« général au gouvernement de Nivernais et colonel d'un régiment d'infanterie mort en 1645.
« Il avait épousé en 1608, *Diane de Cugnac* dont il eut :

« FRANÇOIS, capitaine d'une compagnie d'infanterie, mort en Italie à quinze ans.

« HUGUES, mort jeune.

« ROGER (1).

« CÉSAR, mort à quatorze ans.

« GUY, mort à vingt-sept ans. »

Même volume, page 85. — Il raconte que *sa mère* va solliciter le cardinal de Richelieu de le faire sortir de la Bastille.

Idem, page 198. — *Sa mère* cherche à le marier avec Gabrielle de Longueval, fille de Manicamp, depuis maréchale et duchesse d'Estrée, etc. — *Elle* le marie avec Mlle de Rouville. Il avait épousé en premières noces Gabrielle de Toulougeon, petite–fille de Sainte Chantal.

Bussy-Rabutin eut de ce mariage trois filles : l'aînée, Diane, se fit religieuse. Ainsi, elle se nommait Diane, comme sa grand'mère Diane de Cugnac, à qui elle avait été confiée. A la mort de cette dame arrivée en 1650, quand l'enfant n'avait que sept ans, on s'était décidé à la placer à la Visitation de Paris, où se fit son éducation. Elle devint l'une des supérieures les plus distinguées de cet ordre qu'avait fondé sa grand'mère. Mme de Sévigné qui est sa cousine, en parle souvent dans ses lettres, où elle est désignée sous le nom de petite sœur Sainte–Marie. Elle mourut en 1700. (Voir pour ces détails : *La vie des filles de Sainte Chantal*, page 486, etc.)

Diane de Cugnac est encore nommée dans les *Mémoires de Bussy*, p. 204.

« Ma mère, Diane de Cugnac, fille de François de Cugnac, marquis de Dampierre,
« chevalier des ordres du roi, mourut à Bussy. »

Il est intéressant de rappeler que la terre de Chaseu ou Chaseul, d'où sont datées tant de lettres de Bussy-Rabutin venait de sa mère, à laquelle elle appartenait, comme on le voit, par une reprise de fief du 29 mars 1647. Elle y est dite veuve d'Éléonor de Rabutin, comte de Bussy–le–Grand, lieutenant–général pour le roi, au gouvernement de Nivernais, seigneur de Forlans (pour Forléans).

Cette pièce existe aux archives de Dijon, et le résumé que j'en donne ici m'a été com-

(1) L'auteur des *Mémoires*.

muniqué par M. Rossignol, archiviste à Dijon. (Voir aux archives d'Epannes, sa lettre du 8 juin 1855.)

Le portrait de Diane de Cugnac existe au château de Bussy-le-Grand, près de Dijon. Voici des extraits de la notice historique et descriptive sur le château de Bussy-Rabutin, publiée par le comte de Sarcus, propriétaire actuel, vers 1840.

D'abord, page 105, c'est la suite de la description de la Tour dorée, belle pièce circulaire dans la Tour de l'ouest, percée de quatre croisées, richement dorée et décorée ;

« *Plafond*..... Ces quatre compartiments alternent avec quatre autres compartiments « semblables qui représentent des alliances avec la maison de Rabutin, sous l'emblème, ce « me semble, des quatre saisons ;

« 1° Une femme assise près d'un riche vase de fleurs, soutient un écusson aux armes de « Toulongeon, etc.

« 2° Une femme assise entre une corbeille de fruits d'été, etc... tient un écusson aux « armes de Rouville.

« 3° Un vieillard assis près d'un brasier, etc., tient un écusson aux armes de Damas.

« 4° Une femme assise, tenant un écusson aux armes de *Cugnac* (gironné d'argent et « de gueules), surmonté de la couronne de marquis et richement entouré, que lui aide à « soutenir un génie. Deux petits amours tiennent des grappes de raisin. »

Toulongeon et Rouville sont les noms des deux femmes de Bussy, Damas, celui de sa grand'mère paternelle, de Cugnac celui de sa mère.

On lit plus loin, page 129 :

« *Portraits de la galerie* : » Cette galerie contient les portraits des rois de France et « des grands personnages du temps. Bussy dit dans ses lettres que c'est là où ses filles « apprennent l'histoire de France. »

Un portrait de Léonor de Rabutin avec cette inscription :

« Léonor de Rabutin, comte de Bussy, mestre de camp d'infanterie et lieutenant pour « le roi en Nivernais, homme de mérite, mais malheureux, fils de François de Rabutin et « d'Hélie de Damas. »

Un portrait de Diane de Cugnac avec cette inscription :

« *Diane de Cugnac, fille de François de Cugnac et d'Anne Le-Loup de Beauvoir et* « *femme de Léonor de Rabutin.* »

Page 130, suite des portraits :

Portrait d'Anne de Beauvoir avec cette inscription :

« *Anne de Beauvoir-le-Loup, femme en secondes noces de François de Cugnac, marquis* « *de Dampierre.* »

Portrait de Guy de Rabutin avec cette inscription :

« *Guy Léonor de Rabutin*, fils de *Léonor de Rabutin* et de *Diane de Cugnac*, mort sans « avoir été marié. »

Le château de Bussy-le-Grand a conservé sa physionomie ancienne, au dedans comme au dehors ; il a échappé au vandalisme des révolutionnaires de 1793. Ils s'y présentèrent cependant, dans ce temps-là, pour le dévaster. On leur jeta en pâture un superbe portrait de Louis XIV qu'ils brûlèrent au milieu de la cour. Calmés et satisfaits par cet acte de barbarie, ils se retirèrent sans toucher à la belle galerie du château qui fait encore l'admiration de tous les visiteurs. Ce château appartient aujourd'hui à Félix–Marie, comte de Sarcus, ancien officier de cavalerie, écrivain politique et royaliste.

Diane de Cugnac est aussi nommée dans les lettres de Mme de Sévigné publiées par M. de Monmerqué.

« Premier Volume. *Notice sur Mme de Sévigné*, page 126 : Dans sa retraite, Bussy com-
« posa ses *Mémoires;* l'arbre généalogique des Bussy-Rabutin fut l'objet de son étude chérie.
« Il en suivit les branches avec persévérance, et surtout, il en élagua quelques-unes de bâtardes
« avec le plus grand scrupule. Il cite comme un exemple de la délicatesse qu'on doit avoir
« en pareille rencontre, un trait de *sa mère (Diane de Cugnac)* pour lequel le lecteur ne par-
« tagera sûrement pas son admiration. Hugues de Rabutin, nommé grand prieur de Malte
« en 1645, avait eu des enfants naturels, l'un d'eux s'appelait Guy. Le Guy dont je viens de
« parler, dit Bussy, ayant signé Guy de Rabutin, dans une lettre qu'on apporta à sa mère,
« elle lui fit avaler sa lettre, et depuis, il n'y retourna plus. »

On a vu, page 37, que Diane de Cugnac était cousine germaine de Sainte Chantal et grande tante de Mme de Sévigné.

Après Diane de Cugnac, comtesse de Bussy, il me reste encore à mentionner deux enfants du second mariage du baron de Dampierre :

Le sixième qui fut :

+ CHARLOTTE DE CUGNAC, morte jeune en 1608, étant religieuse à l'abbaye de Saint–Laurent de Bourges.

Et le septième : AIMÉE DE CUGNAC, mariée en 1638, à Claude de Pathay, baron de Clé-reau, en Beauce.

XIII. Antoine de Cugnac, *IVme du nom, marquis de Dampierre, baron d'Huisseau et d'Hérouville, gentilhomme ordinaire de la chambre du roi, maréchal de ses camps et armées (1) conseiller d'État,* etc., en faveur de qui la baronnie de Dampierre fut érigée en marquisat par lettres de l'an 1616, enregistrées bientôt après (2), fut pourvu, la même année, de la charge de lieutenant-général au gouvernement de l'Orléanais (3) et mourut en 1666. Il avait épousé, en 1629, Madeleine du Tixier, dame de Bris près Baville en Hurepoix, et de Maisons en Beauce, fille d'Amar, seigneur de Bris, et de Françoise Huraut de Marais.

✕Antoine IVme du nom ne fut point le premier marquis de Dampierre, comme le prou-vent :

1° Les lettres patentes qui nomment François, seigneur de Boucard, son frère, lieutenant-général au gouvernement de l'Orléanais, avec le titre de marquis (voir page 185).

2° Les registres de la paroisse de Dampierre (voir pages 181, 182, 183).

3° Les archives de Dijon. Il est donc prouvé que ce n'est pas Antoine, mais François, son frère aîné, qui fut le premier marquis de Dampierre et qu'Antoine n'eut ce titre qu'en 1618, après la mort de François qui n'avait laissé qu'une fille.

Antoine IVme du nom ne fut point lieutenant–général au gouvernement de l'Orléanais c'est son frère François, puisque nous avons les lettres patentes de sa nomination.

---

(1) C'est une erreur de l'abbé de Lépine, comme on le verra plus bas.
(2) Nous avons déjà dit que c'était une erreur, et que son frère François fut le premier marquis de Dampierre.
(3) Autre erreur de l'abbé de Lépine.

. Enfin, je n'ai pu trouver la preuve qu'il a été conseiller d'État et maréchal de camp. S'il avait eu ce dernier grade, il serait inscrit dans la *Chronologie militaire* de Pinard, et cet auteur ne parle point de lui.

J'ai plusieurs actes notariés et plusieurs actes de foi et hommage au nom d'Antoine IVme. Il y est qualifié, en 1609, de marquis et gentilhomme ordinaire de la chambre du roi, seulement ; et, en 1623 et 1624, il n'est qualifié que du titre de marquis.

Ainsi, l'on voit qu'Antoine n'eut point les charges de conseiller et de gouverneur de l'Orléanais, ni le grade de maréchal de camp ; du moins, je n'ai pu en avoir la preuve et je ne sais où l'abbé de Lépine a trouvé ces renseignements.

Antoine prit une part considérable à la guerre de la Fronde, et c'est bien une raison de croire qu'il ne fut pas comblé des faveurs de la cour.

Le *cardinal de Retz*, dans ses *Mémoires*, le cite comme un des principaux frondeurs. On y lit en effet, page 312 :

« Le 18 janvier 1649, je fus reçu au parlement, et nous signâmes, chez M. de Bouillon, « un engagement que les principales personnes prirent ensemble. En voici les noms : « MM. de Beaufort, de Bouillon, de la Mothe, de Noirmoutiers, de Vitry, de Brissac, « de Maure, de Matha, *de Cugnac* (1), de Barrière, de Sillery, de la Rochefoucaud, de Laigues, « de Sévigné, de Luynes, de Béthune, de Chaumont, de Saint-Germain, d'Apchon et de « Fiesque. »

On y lit encore, tome II, page 43 :

« L'amnistie fut accordée et on y comprit expressément M. le prince de Conti, « Messieurs de Longueville, de Beaufort, d'Elbœuf, d'Harcourt, de Rieux, de Lillebonne, « de Bouillon, de Turenne, de Brissac, de Duras, de Matignon, de Beuvron, de Noirmoutiers, « de Sévigné, de la Trémouille, de la Rochefoucaud, de Retz, d'Estissac, de Montrésor, de « Matha, de Saint–Germain, d'Apchon, de Sauvebœuf, de Saint–Ibal, de Lauretat, de « Laigues, de Chavagnac, de Chaumont, de Caumesnil, *de Cugnac*, de Crécy, d'Allicy et « de Barrière. »

C'est, sans doute, Antoine, qui est aussi nommé dans l'*Histoire de la Révolution d'Angleterre*, *par Guizot* ; il s'agit des projets d'alliance entre la France et l'Angleterre, entre Cromwell d'une part, Louis XIV et Mazarin de l'autre, et des projets de la Fronde formés à l'encontre de ceux–ci :

« Quelques mois auparavant, au moment même où Mazarin entamait ces négociations, « le prince de Condé et les Frondeurs de Bordeaux avaient aussi envoyé à Londres deux « agents, MM. Barrière et *de Cugnac*, chargés de solliciter l'appui de la république et d'offrir « en retour le libre commerce avec la Guyenne, certaines faveurs pour les protestants fran– « çais et même la cession de l'île d'Oleron. »

On lit encore plus bas :

« Les agents du Prince, Barrière et *Cugnac*, ainsi que les députés de Bordeaux, étaient « toujours à Londres, s'efforçant d'obtenir pour la Fronde l'appui du Protecteur, comme « naguère celui du parlement. »

Il est aussi cité dans l'*Histoire de Mme de Longueville*, par Victor Cousin, p. 277, 282, 287.

---

(1) Antoine de Cugnac, marquis de Dampierre... Note de l'auteur.

« Le prince de Condé s'était empressé d'envoyer à Londres deux agents : le *marquis de*
« *Cugnac* et M. de Barrière. »

« La ville de Bordeaux envoya en Angleterre trois agents. Ils devaient s'entendre avec le
« *marquis de Cugnac* et M. de Barrière, auquel on donne le titre de résident du prince de
« Condé et qui était en même temps maréchal des camps et armées du roy. »

« Nous inclinons à croire que l'Angleterre n'a pas pris au sérieux les négociations com-
« mencées par *Cugnac* et Barrière et pousuivies par les députés de Bordeaux. »

Un acte notarié de 1627, qui est dans mes archives d'Épannes, dit qu'Antoine de
Cugnac, frère de François de Cugnac de Boucard, était héritier de son père sous bénéfice
d'inventaire. Le manuscrit du curé de Dampierre dit, en effet, que la terre de Dampierre
fut saisie judiciairement en 1627. Il est donc probable que le baron de Dampierre eut la
douleur de prévoir, avant sa mort, la ruine de sa maison, à laquelle il avait ajouté tant de
gloire et de voir dissiper ce trésor, dont parle Sainte—Foy, qu'il avait amassé l'épée à la
main, dans les combats.

J'ai dit que François de Cugnac de Boucard fut le coupable dissipateur, mais, cependant,
je me demande si le baron de Dampierre, par le grand état de maison qu'il tenait à Dampierre
et à la cour, et Antoine, par les dépenses où l'entraînèrent les conspirations du temps, où il
fut mêlé, sans doute, comme nous le trouvons plus tard dans les guerres de la Fronde, ne
contribuèrent pas aussi à la perte de ce beau marquisat de Dampierre. Enfin, quoiqu'il en
soit, cette baronnie de 1598, devenue marquisat en 1616, n'appartenait plus aux Cugnac
en 1627.

C'est ainsi que la noblesse française, affaiblie par la politique royale, depuis Louis XI,
jusqu'à Richelieu, et ruinée par celle de Louis XIV, se trouva sans force, à la révolution de
1789, pour soutenir la monarchie.

En Angleterre, où les titres de la noblesse étaient établis sur des terres inaliénables, on
vit l'aristocratie résister aux révolutions qui éclatèrent cent cinquante ans avant la nôtre, et
faire de ce peuple si libéral la nation la plus prospère et la plus solidement constituée de toutes
les nations de l'Europe. En France, on voit ce marquisat de Dampierre, récompense royale
acquise par d'éclatants services de guerre rendus à nos rois pendant des siècles, enlevé à ses
titulaires après trente ans de possession. Quelle considération pouvait conserver une noblesse
ainsi traitée. Obligée, pour soutenir des guerres continuelles qu'elle faisait à ses frais, de
vendre ses baronnies et ses marquisats à des financiers qui en prenaient impunément les
noms illustrés au prix de son sang, quelle puissance pouvait-elle conserver en France ?.....

Pendant ce temps-là, les rois augmentaient le pouvoir des communes en les dotant
d'importants privilèges, et firent si bien, en affaiblissant leur noblesse et en fortifiant la bour-
geoisie et le peuple, qu'au jour de la révolution, ils ne trouvèrent plus que défenseurs sans
force et sans puissance. La noblesse n'avait plus pour arme que sa loyauté et son dévoue-
ment. Elle ne put que verser son sang, sans pouvoir sauver ni le roi, ni la France.

Les portraits de François de Cugnac de Boucard et d'Antoine IVme du nom n'existent
pas dans la galerie de Fondelin. Mais, au château d'Huisseau, il y avait, au milieu des portraits mutilés de la famille, deux portraits dont le costume indiquait des personnages de
cette époque : Louis XIII et commencement de Louis XIV. Il faut rappeler que tous les portraits du château d'Huisseau étaient sans nom, les noms ayant été coupés sur les toiles pendant

la révolution. Ces portraits n'avaient été reconnus que par la confrontation que j'en avais faite avec ceux de Fondelin en 1858. Ces deux portraits susdits n'y étant pas, je n'avais donc pu leur appliquer leurs noms (1).

Cependant, nous savions que c'étaient des Cugnac–Dampierre, et c'est après de longues et sérieuses recherches que le vicomte Henri de Cugnac, le marquis de Bizemont d'Huisseau, mon père et moi, nous tombâmes d'accord pour les reconnaître pour les fils du Cordon bleu. Je les ai fait copier au château d'Huisseau, et ils sont dans la galerie du château d'Epannes.

Le portrait de Madeleine du Tixier, marquise de Dampierre, est à Fondelin et à Huisseau.

L'inscription en est : *Magdeleine du Tixier, dame de Brye, marquise de Dampierre, morte en 1659.* Elle est parée de superbes colliers de perles qu'on retrouve dans les portraits des dames de Cugnac-Dampierre, à peu près à chaque génération ; il est donc à présumer que c'étaient des bijoux de famille.

Madeleine du Tixier est citée dans la *Vie des Femmes pieuses de France.*

Le vicomte Henri de Cugnac a lu, il ne sait plus où, que notre famille; ou plutôt un membre de notre famille, avait porté la devise : « Il grandit malgré ses blessures », qui était placée au-dessous d'un chêne dont plusieurs branches étaient brisées. Je suppose que c'est Antoine IVme du nom qui la prit après la perte du marquisat de Dampierre.

Antoine de Cugnac et Madeleine du Tixier eurent six enfants :

+ 1° PAUL DE CUGNAC, mort jeune ;

2° FRANÇOIS qui suit ;

3° ANNE DE CUGNAC épousa : 1° Michel de Champrond (2), conseiller au parlement, et 2° Louis Le Cordier, marquis du Tronc, capitaine au régiment des gardes. Elle mourut en 1660, laissant de son second mariage : N. Le Cordier, marquis du Tronc, lieutenant-général des armées du roi ;

4° ÉLISABETH DE CUGNAC, religieuse de la Madeleine à Orléans ;

5° MARIE DE CUGNAC, femme de Jean–Louis, comte de Béon-Luxembourg (3) dont elle n'eut qu'un fils mort sans enfants d'Anne Dorothée du Hautoy, son épouse ;

6° N. DE CUGNAC, religieuse à Menneton-sur-Cher.

XIV. **François de Cugnac,** *IIIme du nom, marquis de Dampierre, baron d'Huisseau,* etc., mort le 21 septembre 1680, avait épousé, au mois de juillet 1664, Anne de Cugnac, dame de Richerville, fille de Gabriel de Cugnac, seigneur de Richerville et de Breau Saint-Lubin, en Beauce, et de Marie de Nérail. Elle fut élue tutrice de ses enfants le 7 juin 1691 et vivait encore en 1693.

(1) Ces deux portraits sont maintenant aussi dans la galerie de Fondelin.

(2) Note du vicomte Henri de Cugnac : Michel Champrond était neveu de Madeleine Champrond, femme, en 1612, de Philippe de la Trémouille, comte d'Olonne et Marquis de Royau, sénéchal du Poitou, et fille de Michel Champrond, seigneur de Hanches.

(3) Jean Louis, comte de Béon-Luxembourg, avait pour aïeule maternelle Louise de Luxembourg, de l'ancienne maison de ce nom, l'une des plus illustres et des plus puissantes de l'Europe, laquelle a donné quatre empereurs à l'Allemagne, 3 rois de Bohême et de Hongrie, 6 reines dont une impératrice d'Occident et plusieurs princesses qui ont illustré les maisons auxquelles elles se sont alliées.

╳ François IIIme du nom, marquis de Dampierre, nous est connu par un portrait qui est au château de Fondelin et dont l'inscription est : *François IVme du nom, marquis de Dampierre, mort en 1680.*

Il y a François IVme, parce que l'on a compté François de Cugnac de Boucard, comme François IIme du nom. Il ne peut y avoir de doute, puisqu'il y a la date de sa mort.

Sa femme est connue par deux portraits pareils qui sont à Fondelin et à Huisseau. L'inscription est :

Dame Ayne de Cugnac, dame de Richerville, marquise de Dampierre, décédée le 1er septembre 1720.

François et Anne de Cugnac eurent pour enfants :

✛ 1° FRANÇOIS qui suit ;

2° et 3° FRANÇOIS ET JOSEPH DE CUGNAC morts jeunes ;

4° ALEXANDRE FRANÇOIS DE CUGNAC, *chevalier de Dampierre, cornette dans un régiment* en 1693, puis *capitaine de cavalerie*, mort en Italie en 1702 ;

5° FRANÇOIS DE CUGNAC, *chevalier de Malte, sous-lieutenant des gendarmes de Berri, mestre du camp de cavalerie, brigadier des armées du roi,* le 1er février 1719, *grand bailli (1) honoraire de l'ordre de Malte,* et *premier écuyer de S. A. S. Monseigneur le Duc,* mourut à Paris, à l'hôtel de Condé, le 10 mai 1729, âgé de 52 ans (2).

╳ *Le duc de Saint Simon* dans ses *Mémoires* parle de François de Cugnac, tome XIII, page 234. Il vient de raconter la mort de Louis XIV :

« Le même jour, le corps du feu roi fut porté à Saint-Denis, etc... M. le Duc, au lieu de
« M. le duc d'Orléans, qui n'était pas payé pour en prendre la fatigue, mena le convoi. Il
« fit monter dans les carrosses du roi, où il était, *le chevalier de Dampierre,* ce qui surprit
« étrangement. Je ne m'arrêterai pas à cette entreprise qui ne fut que de légères prémices
« de toutes celles qui se succédèrent bientôt les unes aux autres. *Dampierre* qui était *Cugnac*
« et pouvait entrer dans les carrosses du roi, par sa naissance ; mais on vu ailleurs combien
« les principaux domestiques des princes du sang en étaient exclus par cette qualité de
« quelque naissance qu'ils pussent être, à la différence de ceux des fils et petits-fils de
« France, combien le feu roi était jaloux et attentif là-dessus, et divers exemples. Cette
« hardiesse fit grand bruit, et ce fut tout. »

Le marquis de Dangeau, dans son *Journal* raconte le même fait :

« Le prince de Condé fit monter dans le carrosse du roi, le *chevalier de Dampierre,* son
« premier écuyer. »

Il y a encore un autre passage de *Saint-Simon,* dix-huitième volume, page 89, fort curieux à citer sur François de Cugnac. Mais il faut bien tenir compte, en le lisant, de l'esprit ironique et méchant de l'auteur qui, dans ses *Mémoires* véridiques, intéressants, et très bien écrits, d'ailleurs, attaque tous ses contemporains et dit du mal de tout le monde, excepté de lui-même. La pauvreté qu'il reproche aux Dampierre n'est pas un vice. François était un cadet, ainsi que son frère Pierre et si les Dampierre s'étaient ruinés, c'était au service des rois de France. Le duc de Saint-Simon, qui s'était retiré du service après sa première campagne, ne pouvait se vanter d'en avoir fait autant. Nous en sommes à l'année 1720.

(1) Dignité éminente dans l'ordre de Malte, au-dessus de celle de commandeur.
(2) *Gazette de France* du 14 mai 1720.

« Le *chevalier de Dampierre*, écuyer de M. le duc, qui était *Cugnac*, bonne noblesse qui a
« eu un chevalier du Saint-Esprit en 1595, et lieutenant-général de l'Orléanais (1) sous
« Henri IV, présenta la femme de son frère (2). Cet écuyer imposait aisément à son maître
« par l'énormité de sa prestance, beaucoup d'argent et d'esprit et fort avantageux, quoique
« soutenu d'aucune qualité personnelle, glorieux à l'excès et qui avait persuadé M. le duc
« qu'il était, comme on dit, de la côte de Saint-Louis. Moyennant ce caquet, sa belle-sœur
« eut la place; ils en avaient grand besoin, car ils n'avaient pas de chausses. Et voilà comme
« l'excès de l'orgueil et la bassesse s'accommodent presque toujours. »

J'avoue que les derniers mots de ce passage auraient dû le faire cacher plutôt que le
faire citer, mais j'ai voulu reproduire, dans cette généalogie historique, tous les passages se
rapportant à notre nom, dans les ouvrages d'histoire que j'ai lus, et il faut savoir sacrifier sa
petite vanité de famille pour citer exactement les écrits des historiens.

François de Cugnac, écuyer du prince de Condé, nous est connu par un portrait
retrouvé à Huisseau. Il portait, derrière la toile, les noms et qualités du personnage, qui
avaient été effacés pendant la Révolution, mais on a pu les lire. Le baron Joseph de Cugnac
et le marquis de Cugnac de Fondelin en ont des copies, ainsi que le marquis de Cugnac
d'Epannes. Ce que Saint-Simon dit de l'énormité de sa prestance a servi à faire reconnaître
son portrait. Il est écrit sur ce portrait : « Peint d'après Largilière. » J'ai recherché l'original fait par ce grand peintre, mais je n'ai pu le retrouver. Il est probable cependant qu'il
existe, les œuvres d'un tel maître ne se perdent pas. Il avait dû rester à l'hôtel de Condé ;
mais que sera-t-il devenu pendant la révolution ? Les révolutionnaires, en pillant et en
détruisant le mobilier des palais et des châteaux, avaient bien soin de mettre dans leurs
poches tout ce qui avait de la valeur. C'est ainsi qu'on a retrouvé la plupart des portraits
de famille qui avaient été peints par des maîtres.

François de Cugnac était brigadier des armées du roi, ce qui correspond maintenant à
général de brigade. Je ne sais plus, aujourd'hui, si ses états de service sont dans Pinard, que
je ne suis pas à même de consulter, mais je ne le crois pas, car cette chronologie s'arrête
dans le courant du XVIIIe siècle.

Après François, l'écuyer du prince de Condé qui est le cinquième enfant de François
troisième du nom, viennent encore cinq enfants :

— 6° Pierre de Cugnac qui a formé la branche de Veuilly rapportée ci-après ;

7° Joseph de Cugnac, mort jeune ;

8° Marie de Cugnac,

9° Françoise de Cugnac, } mortes jeunes.

10° Denise de Cugnac,

XV. **François de Cugnac**, *IVme du nom, marquis de Dampierre, baron
d'Huisseau, seigneur de Richerville, enseigne des gendarmes de Berri, puis sous-lieutenant des
chevau-légers d'Anjou et mestre de camp de cavalerie*, est mort en 1724. Il avait épousé, le
20 août 1699, Marie-Madeleine-Henriette de Lagny, fille de Jean-Baptiste de Lagny, secré-

---

(1) Saint-Simon reproduit ce fait, que je n'ai pu vérifier comme on l'a vu plus haut, et que je crois être une
erreur. Cette charge, suivant moi, n'aurait été occupée que par son fils

(2) Note de l'auteur... C'était la place de dame d'honneur de Mme la duchesse la jeune que venaient de
quitter Mme de Montmorency-Fosseux et Mme de Pons.

taire du roi, intéressé au bail général des fermes unies de Sa Majesté, et directeur général du Commerce de France, et de Paule de Bidaud, dame de Bugaudières.

✕ Il y a, au château d'Huisseau, dans le grand salon, deux grands portraits en pied, dans les panneaux des boiseries. L'un est en cuirasse et porte une écharpe blanche, en ceinture. Je pense que c'est François IVme du nom, mestre de camp de cavalerie ; l'autre est, je crois, le portrait de sa femme. Je les ai vus dans le voyage que je fis à Huisseau en] 1856. Ces portraits se rapporteraient aussi bien à la génération suivante, car si l'écharpe blanche en ceinture était la marque distinctive du mestre de camp, comme aujourd'hui l'aigrette blanche est la marque distinctive du colonel, Jean-Baptiste de Cugnac, fils de François IVme fut aussi mestre de camp. Mais il paraît qu'on a conservé les bustes de Jean-Baptiste de Cugnac et de Charlotte de Langheac, sa femme, et il en résulte qu'on a conclu que les portraits en question sont ceux de François IVme et de Henriette de Lagny.

Neufville, dans son *Histoire de la maison du roi*, cite François IVme de] Cugnac, tome IIIe, pages 481, 482, 483, Il dit qu'il était : en 1693, guidon des gendarmes'de[Berri ;'en 1697, enseigne ; en 1702, sous-lieutenant des chevau-légers d'Anjou, charge qu'il acheta 84 000 livres.

✛ Il eut de son mariage avec Henriette de Lagny, huit enfants :

1° JEAN-BAPTISTE-FRANÇOIS qui suit ;

2° FRANÇOIS DE CUGNAC, dit le *chevalier de Dampierre, chevalier de Malte,*[*capitaine dans le régiment de Bourbon-cavalerie, exempt des gardes du corps du roi* en 1727,]mort à Paris en 1730.

✕ Il est cité dans l'*Histoire* de Neufville sous le nom de François-Alexandre, chevalier de Dampierre, comme ayant acheté une charge de la maison du roi, etc.

✛ 3° LOUIS-ACHILLE DE CUGNAC, *chanoine et grand vicaire de Tours* et *abbé commanditaire de l'abbaye de Saint-Crépin-le-Grand-les-Soissons*, né le 5 janvier 1709, vivait encore le 9 avril 1773.

4° LOUIS-FÉLICIEN DE CUGNAC, dit le *chevalier de Cugnac, chevalier de Malte, officier de marine, enseigne des galères,* en 1728, puis *gentilhomme de M. le duc,* mort en 1737, d'une fluxion de poitrine à l'hôtel de Condé.

5° PAULE-GABRIELLE DE CUGNAC, née le 9 janvier 1706, religieuse de Sainte-Marie à Saint-Denis, est morte à Huisseau, vers l'an 1808, âgée de quatre-vingt-onze ans et°demi.

6° FRANÇOISE-MARTHE DE CUGNAC, née le 6 février 1712.

7° ÉLÉONORE-MADELEINE DE CUGNAC-DAMPIERRE.

8° MARIE DE CUGNAC-DAMPIERRE.

✕ D'après un renseignement donné par la famille de Beaurepaire, une des filles de François de Cugnac IVme du nom, épousa le comte de Beaurepaire à Paris, en l'église de Saint-Sulpice, en 1749.

✛ XVI **Jean-Baptiste François de Cugnac,** *chevalier, marquis de Dampierre, comte de Toulongeon, baron d'Huisseau, seigneur de Richerville et mestre de camp d'un régiment de cavalerie,* ci-devant *enseigne des gendarmes de Berri,* qualifié *très haut et très puissant seigneur,* naquit le 30 mai 1700 et est mort vers l'an 1747.

✕ J'ai fait copier, aux archives du Loiret, un acte de foi et hommage que Jean-Baptiste de Cugnac fit le 20 juillet 1734, à Son Altesse le duc d'Orléans, pour des terres dépendant de son comté de Beaugency, dont il avait hérité de son oncle, le chevalier de Dampierre, grand bailli de Malte.

+ Jean-Baptiste de Cugnac avait épousé, en 1732, Françoise-Charlotte de Langheac (1), fille de Marie-Roger de Langheac, comte de Dalès et de Toulongeon, et de Jeanne-Diane-Marie-Palatine de Dio et de Montpeyroux, marquise de Roquefeuil et baronne de Castelnau. Mme la marquise de Dampierre est morte au château d'Huisseau le 31 mars 1777.

✕ On voit d'après la note ci-dessous que Charlotte de Langheac, marquise de Dampierre, était tante d'Henriette de Bourbon-Condé, marquise de la Guiche. C'est ce qui peut expliquer la tradition rapportée par Jules Émilien, marquis de Cugnac, qu'au château d'Huisseau, on montrait, dans le salon, les portraits des deux sœurs qui étaient l'une marquise de Cugnac-Dampierre, l'autre princesse de Condé. Au sortir de la Révolution, on pouvait, en effet, se tromper ainsi. C'est ce qui explique aussi, sans doute, la tradition d'alliance de notre maison avec la maison de Condé, dont il est parlé plus haut (p. 159). Le père de Charlotte de Langheac, Roger de Langheac, comte de Toulongeon, était fils de la marquise de Coligny, fille du comte de Bussy-Rabutin. Ce dernier en parle souvent dans ses *Mémoires*. Elle avait été mariée, quelques mois, au comte de Langheac, marquis de Coligny, qui avait hérité, du côté maternel, du marquisat de Coligny et d'Andelot dont les noms avaient été si illustrés par les Châtillon. Le comte de Langheac portait le nom de Coligny, et son fils porta celui de d'Andelot, quoique la maison de Châtillon ne fut pas éteinte (2), car nos rois tolérèrent toujours ces abus et ces confusions de nom qui ne pouvaient que déconsidérer la noblesse. Le comte de Langheac fut tué à l'armée quelques mois après son mariage. Son fils Claude de Langheac épousa Palatine de Dio et en eut six filles dont quatre se firent religieuses ; l'aînée fut mariée au marquis de la Guiche, et la seconde au marquis de Cugnac-Dampierre.

On voit souvent le nom de la marquise de Coligny dans les lettres de Mme de Sévigné et dans les ouvrages de Bussy-Rabutin ; par exemple, tome III, page 183, de ses *Correspondances*. — Charlotte de Langheac descendait directement de Sainte Chantal, comme on le voit page 37, par sa grand'mère de Toulongeon qui était petite-fille de Jeanne-Françoise Frémiot, épouse de Christophe de Rabutin, baron de Chantal qui fut la Bienheureuse Chantal, fondatrice de l'ordre de la Visitation. (Voyez cette descendance dans *sa Vie*, par *l'abbé Em. Bougaud*, vicaire général d'Orléans, publié en 1867, tome I, page 563.)

Cette descendance est encore confirmée par les passages suivants d'un ouvrage intitulé : *La noblesse aux États de Bourgogne de 1350 à 1789*, par Henri Beaune. — Dijon. — La Marche, libraire, place Saint-Étienne, 1854 :

1° Page 171.

---

(1) Françoise de Langheac était tante de Jean, comte de la Guiche qui s'allia, en 1740, à Henriette de Bourbon, appelée Mlle de Verneuil, fille naturelle et légitimée de M. le duc Louis Henri de Bourbon, prince de Condé. Leur fils Amable Charles, marquis de la Guiche, était en 1774, colonel du régiment de Bourbon-cavalerie (voir la filiation, page 37).

(2) Il y avait deux maisons de Châtillon issues, la première de Châtillon-sur-Marne, dont furent le pape Urbain II et Charles de Blois, duc de Bretagne, la seconde de Châtillon-sur-Loing, dont fut l'amiral de Coligny.

« *Jean-Baptiste de Cugnac, marquis de Dampierre,* reçu aux États de 1742, comme
« propriétaire des terres de Toulongeon et de Monthelon qu'il tenait du chef de sa femme,
« Charlotte de Langheac, héritière de la branche Autunoise de Toulongeon. »

2° Page 66 États de 1742 :

« *Jean-Baptiste de Cugnac, chevalier, marquis de Dampierre,* seigneur de Richerville,
« Fluxeau, Toulongeon, Monthelon, etc., mestre de camp de cavalerie. »

Il est intéressant de savoir que les châteaux de Toulongeon et de Monthelon dont les
noms sont devenus historiques depuis les nombreuses publications qui ont paru de nos
jours sur la vie de Sainte Chantal, ont passé par succession dans notre famille.

La terre de Toulongeon s'appelait Alonne ; elle fut érigée en comté sous le nom de
Toulongeon par Louis XIII en faveur du comte de Toulongeon, gouverneur de Pignerol,
qui avait épousé la seconde fille de Sainte Chantal dont nous avons déjà donné la descendance.

La terre de Monthelon venait de Rabutin-Chantal. C'est ce château de Monthelon où
Sainte Chantal, devenue veuve, habita longtemps avec son beau-père.

Jean-Baptiste de Cugnac et Charlotte de Langheac eurent quatre enfants :

+ 1° Jean-Louis-Hector de Cugnac-de-Dampierre tenu au baptême par M. le maréchal de Gand, prince d'Isenghien, son parent, qui est mort à Paris, en 1767, âgé de 89 ans

Jean-Louis est mort sans alliance ;

2° Marie-Pierre-Antoine, dont l'article suit ;

3° Marie-Celse-Antoinette de Cugnac-de-Dampierre, née en 1734, tenue sur les
fonts de baptême par Michel-Celse-Roger de Rabutin, comte de Bussy, évêque de Luçon,
et par la marquise de Cugnac, son aïeule, est décédée sans alliance ;

✕ Ce comte de Bussy était fils du célèbre Bussy-Rabutin et par suite grand-oncle de
Charlotte de Langheac, marquise de Dampierre.

+ N. de Cugnac-de-Dampierre, mariée à M. le marquis de Boisé.

✕ Je placerai ici un passage du *Calendrier des princes et de la noblesse de France,*
de 1765, sans savoir à quel Cugnac-Dampierre il se rapporte, à moins que ce ne soit à
Jean-Louis-Hector. On y lit, pages 96, 217 et 274 :

« Comte de *Dampierre-Cugnac,* brigadier de 1758, ci-devant colonel du régiment de
« cavalerie de son nom Langheac-Rabutin : alliance Cugnac. »

+ XVII. **Marie-Pierre-Antoine de Cugnac,** *chevalier, marquis de Dampierre, baron
et seigneur d'Huisseau, Richerville, etc., capitaine de vaisseau du roi, et chevalier de l'ordre
royal et militaire de Saint-Louis,* qualifié *très haut et très puissant seigneur,* est né le 2 juin 1738,
et a épousé par contrat du 9 avril 1773 (l'acte de célébration du 10 mai) haute et puissante
damoiselle Louise-Angélique de Savary de Lancosme, fille de très haut et très puissant
seigneur Louis-Jean-Baptiste de Savary, chevalier, marquis de Lancosme, Bauché, etc., et capitaine de cavalerie, chevalier de l'ordre royal et militaire de Saint-Louis, et de défunte et
puissante dame Louise Renée Barjot de Roncé ; de l'agrément de Mme la princesse de
Conty et en présence et du consentement de plusieurs parents et amis.

✕ Antoine de Cugnac est cité dans l'*Histoire des chevaliers de Saint-Louis de Théodore
Anne,* tome II, page 229 :

26

MINISTÈRE DE LA

MARINE

ET DES COLONIES

Le Conseiller d'État directeur de la comptabilité générale certifie que des registres matricules ou documents conservés aux archives de la marine a été extrait ce qui suit :

DIRECTION

de la

COMPTABILITÉ

GÉNÉRALE

—

6ᵉ BUREAU

ARCHIVES

—

Pour extrait,

H. TÉPHNAY.

Vérifié, le sous-chef,

DE RESTENY.

Le chef de bureau,

Octave de Branges.

———

Délivré sans frais à M. le marquis de Bizemont, demeurant à Paris, 109, rue de Grenelle en réponse à sa demande du 29 mai 1883.

Enregistrée,

Nº 191.

NOM ET SIGNALEMENT	DÉTAIL DES SERVICES	
Dampierre Cugnac, marquis, sans autres renseignements.	Garde de la marine le............	20 août 1756
	Enseigne de vaisseau........	1ᵉʳ janvier 1761
	Retiré du service avec la commission de capitaine de vaisseau..	20 mai 1774
	Chevalier de Saint-Louis..........	28 juin 1775
	Campagnes :	
	Sur la frégate la *Thétis* commandant de Rochechouart, du..........	26 avril 1757
	au........ ...	18 juillet 1757
	Sur la corvette la *Guirlande*, commandant de Grassy, du........	13 novembre 1757
	au.........	1ᵉʳ janvier 1758
	Sur le vaisseau le *Protée*, commandant Fouquet, escadre de M. de Bompart, Martinique à Saint-Domingue..................	1759
	Sur la prame La *Fortune*, commandant de Rochechouart du.......	1ᵉʳ juillet 1760
	au	23 décembre 1760
	Sur le vaisseau le *Brillant*, commandant de Rochechouart (campagne de rade) du.............	30 mai 1761
	au.............	1ᵉʳ septembre 1761
	Sur le même bâtiment, escadre de M. de Bléssac, Martinique, Saint-Dominique du......	1ᵉʳ octobre 1761
	au.................	18 novembre 1761
	Sur le vaisseau L'*Union*, commandant de Rochechouart (division du Lescoët) du..................	1764
	au.......	
	Sur la frégate *Sincère*, commandant de Durfort, escadre de M. de Breugnon, (Maroc) du.........	23 mars 1767
	au..........	30 octobre 1767
	Sur la frégate le *Zéphir*, commandant de Courcy du..........	1770
	au.............	1771
	Sur la frégate la *Tourterelle*, commandant de Rochechouart, escadre d'évolutions, commandée par le comte d'Orvilliers, du.......	7 mai 1772
	au........	7 septembre 1772

En foi de quoi le présent certificat a été délivré pour servir et valoir ce que de raison.

Fait à Paris, le 22 juin 1883

« Chevaliers de Saint-Louis nommés en 1779. — officiers retirés'et à qui cette grâce
« avait été promise : *Le marquis de Cugnac–Dampierre*, capitaine de vaisseau, retiré
« en 1774. »

Note de l'auteur. Le marquis de Cugnac — Dampierre — garde marine en 1756, enseigne
de vaisseau en 1761, lieutenant de vaisseau en 1772. Retiré en 1774 avec la commission de
capitaine de vaisseau (liste générale des officiers de marine 1770, fol. 133, verso). »

On lit, même ouvrage, page 283 :

« La frégate la *Bayonnaise* à la Martinique le 3 août 1765, fut submergée avec tout
« l'état-major. Le commandant était le *lieutenant de vaisseau de Dampierre*. »

Ce n'est pas Antoine de Cugnac, qui n'était alors que enseigne. Je ne sais quel est ce
Dampierre.

Antoine nous est connu par un portrait conservé à Huisseau, dont il y a des copies à
Fondelin et à Épannes.

Nos archives possèdent de lui :

1º Un aveu et dénombrement qu'il fournit au roi, et à S. A. S. le duc d'Orléans, en son
nom et pour Marie de Cugnac, sa sœur, en 1766. Le marquis de Dampierre agissant par
procuration passée à Brest en 1763, où il était pour son service d'enseigne de vaisseau.

2º Un acte de foi et hommage de l'an 1765.

Antoine de Cugnac fut le dernier marquis de Dampierre, car il ne laissa de son mariage
qu'une fille. Il est mort à Paris le 23 janvier 1823, rue Jacob, nº 14. Nous donnons ci-joint
la copie de ses états de service qui a été délivrée en 1883 au marquis de Bizemont, son
arrière-petit-fils par le ministère de la marine.

Il avait eu deux enfants :

+ 1º N. DE CUGNAC-DE-DAMPIERRE, mort au berceau ;

2º ANTOINETTE-LOUISE-ÉLÉONORE DE CUGNAC-DE-DAMPIERRE, née le 13 février 1779, a
épousé, le 3 vendémiaire an VIII (25 septembre 1800), Armand Vespasien, marquis de Bizemont et est décédée le 18 thermidor an XIII (18 juillet 1805), laissant un fils unique
Antoine–Louis–Vespasien de Bizemont né le 28 messidor an IX (août 1801).

Le marquis de Bizemont vivait encore en 1860, il s'était remarié et avait laissé de sa
seconde femme un fils qui habite Poitiers.

Antoine de Bizemont s'est marié en premières noces avec Mlle Lecouteux de Canteleu
dont il n'a pas eu d'enfants, et en secondes noces avec Mlle de Marcieu dont il a eu deux
fils et deux filles. Ils habitent le château d'Huisseau, près d'Orléans. Par la mort de Pierre-
Antoine de Cugnac décédé en 1823, sans descendance mâle, la branche de Cugnac–Dampierre se trouve éteinte, les branches d'Imonville, de Jouy et de Veuilly qui en étaient
sorties, étant déjà éteintes avant elle.

Le marquisat de Dampierre appartient actuellement à la comtesse Jean de Ganay, née
de Béhague.

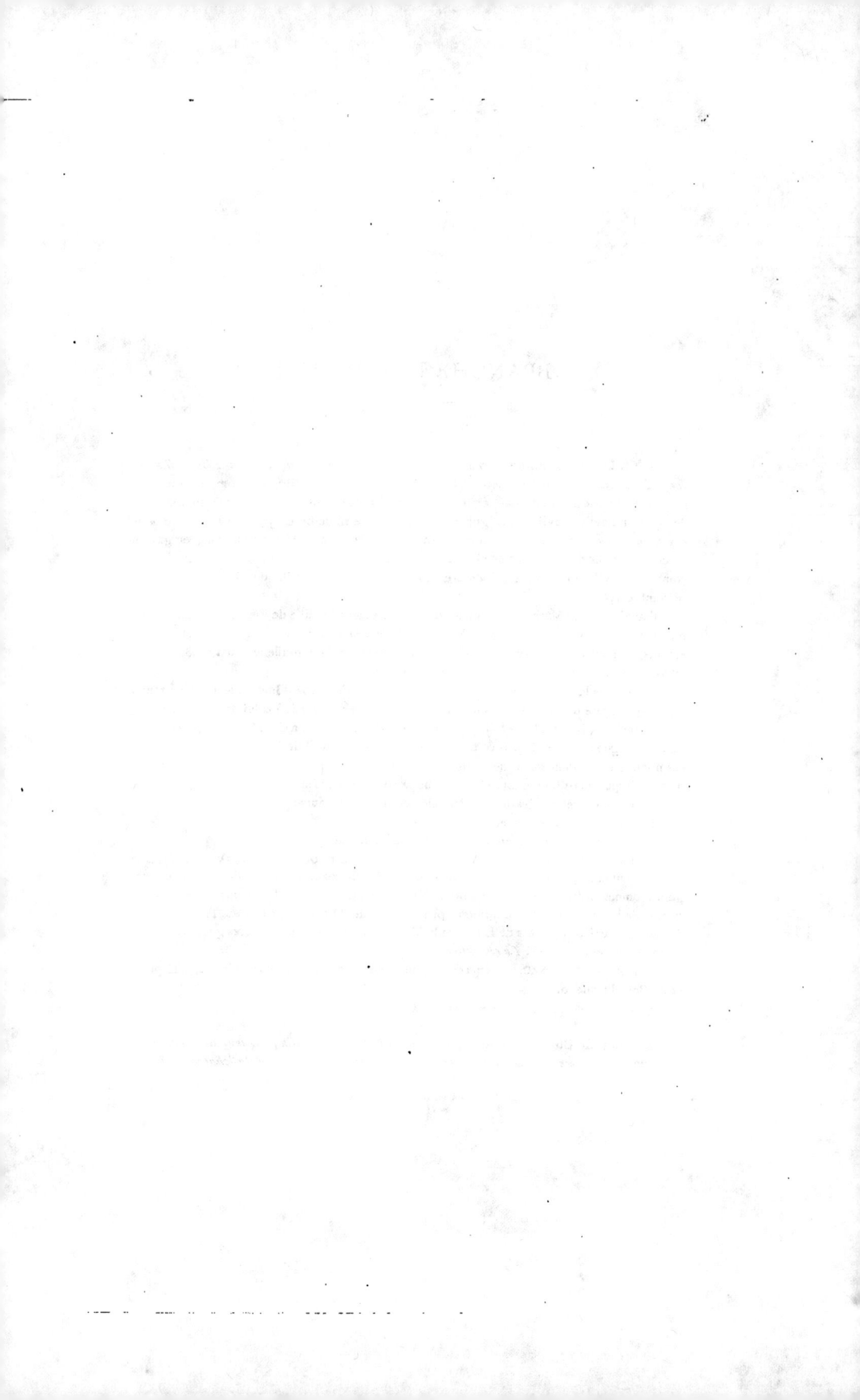

BRANCHE D'IMONVILLE

+ XI. **Louis de Cugnac**, *chevalier, baron d'Imonville, seigneur de Richerville, de Jouy, La Rivière, a'Estréchy*, second fils d'Antoine de Cugnac IIIme du nom, seigneur de Dampierre, et de Marie du Lac, était sous la garde noble de sa mère, l'an 1538, fit hommage de la baronnie d'Imonville au seigneur de Mainville, le 14 octobre 1556. Il est qualifié *haut et puissant seigneur*, chevalier, maître et enquesteur des eaux et forêts d'Orléans, et guidon de cent hommes d'armes sous la charge de M. l'amiral, dans un hommage à lui rendu, comme baron d'Imonville, le 22 octobre 1564, et fut tué à la bataille de Saint-Denis, le 10 novembre 1567.

Il avait épousé Mathie de Prunelé, dame de Richerville, fille de Pierre de Prunelé, seigneur d'Herbaut et d'Antoinette de Nacelles. Étant veuve et ayant la garde noble de ses enfants, elle obtint *souffrance* (ou délai) pour l'hommage d'Imonville le 6 mai 1568, et reçut elle-même un hommage le 19 du mois d'octobre 1576.

✕ D'après le mémoire généalogique déjà cité, Louis, baron d'Imonville, était lieutenant de la compagnie de l'amiral, lorsqu'il fut tué. Ce grade équivalait à celui de mestre de camp dans l'armée. A la bataille de Saint-Denis, l'amiral était-il Gaspard de Coligny qui commandait les huguenots avec le prince de Condé, ou ce titre veut-il désigner un amiral que le roi eût nommé en remplacement de Coligny qui était en état de rébellion, et peut-on conclure que ce Cugnac était huguenot ? C'est ce que je ne saurais affirmer.

Louis de Cugnac et Mathie de Prunelé eurent cinq enfants :

1° PAUL, dont l'article suit ;

2° GÉDÉON DE CUGNAC était âgé de trois ans le 6 mai 1568.

3° JEANNE DE CUGNAC, née en 1556, était mariée, le 12 octobre 1581, avec François de la Trémouille, seigneur de Moulinflou, baron de Bournezeau, chevalier de l'ordre du roi, gentilhomme ordinaire de sa chambre, l'an 1583 (1), fils naturel et ensuite légitimé de Louis de la Trémouille IIIme du nom, premier duc de Thouars, prince de Talmont et de Tarente, et arrière-petit-fils de Louis de la Trémouille, l'un de plus célèbres guerriers de son temps et qu'on a nommé : *Le chevalier sans reproche ;*

4° LOUISE DE CUGNAC, née en 1559, épousa, en 1580, Jean du Bosc, seigneur d'Espinay et du Bois d'Ennebont ;

5° MATHIE DE CUGNAC, née en 1553.

XII **Paul de Cugnac**, *chevalier, seigneur et baron d'Imonville, seigneur de Richerville, de Jouy, de Rouvres et d'Omarville, etc... gentilhomme ordinaire de la chambre du roi*

(1) Du roi Henri III, mort en 1589, monté sur le trône en 1574.

Henri III, dès l'an 1582, était âgé de sept ans le 6 mai 1568 (né par conséquent en 1561) reçut un aveu, comme baron d'Imonville, le 11 octobre 1581 ; et un autre le 12 juin 1608, dans lequel il est qualifié : gentilhomme ordinaire de la chambre du roi. Il mourut à Paris le 31 décembre 1614, pendant la tenue des États où il était député de la noblesse du pays chartrain et fut inhumé dans le chœur de l'Église de Saint-Étienne-du-Mont.

Il avait épousé :

1° Antoinette de Prie, veuve de Jacques Perreau, seigneur de Castillon, qu'elle avait épousé en 1577, et fille d'Edme de Prie, seigneur de Montpoupon et d'Anne de Bérulle, dame de Nancray ;

2° Louise de Berbi (ou Berti, ou d'Erby) (1), fille de N. de Berbi, gentilhomme anglais.

3° Anne Hurault de Boistaillé, fille de Jean Hurault de Boistaillé et de Bonne, conseiller d'État et ambassadeur à Constantinople pour le roi Henri III, et d'Anne Le Clerc-de-Cottier, laquelle, étant veuve et tutrice de ses enfants, fit faire l'inventaire des biens de son mari le 9 février 1615. Elle mourut le 18 septembre 1633, et fut inhumée en l'église d'Imonville.

✕ D'après le *Mémoire* généalogique précédemment cité, Paul a été capitaine de cinquante hommes des ordonnances du roi

✝ Paul ne laissa pas d'enfants de sa seconde femme, mais il en eut quatorze des deux autres, savoir :

Du premier lit :

1° EDME DE CUGNAC, chevalier, seigneur et baron de Jouy, mort jeune.

Du troisième lit :

2° PAUL DE CUGNAC, mineur en 1615, mort à vingt ans.

3° LOUIS DE CUGNAC, *chevalier de Malte*, reçu, le 30 mai 1612, au grand prieuré de France. Ce fut lui, sans doute, qui, sous le nom de *comte de Dampierre*, commandant les officiers réformés des troupes françaises, fut blessé le 15 août 1669, d'un coup de canon, au siège de Candie, et mourut deux jours après (*Gazette de France* du 5 octobre 1669).

✕ Je crois que l'abbé de Lépine s'est trompé et que ce comte de Dampierre était du Val, comte de Dampierre (voyez Pinard, article Dampierre du Val [comte de] lieutenant-général).

✝ 4° FRANÇOIS dont l'article suit ;

5° CHARLES DE CUGNAC tué au siège de Montpellier ;

6° PHILIPPE DE CUGNAC, *chanoine de Chartres et archidiacre de Blois*, en la dite Église en 1657 ;

7° ANDRÉ DE CUGNAC, religieux à Marmoutiers-les-Tours ;

8° GABRIEL DE CUGNAC, *seigneur de Richerville et de Bréau-Saint-Lobin*, en 1636, épousa Marie de Vérail, fille de Guillaume de Vérail, seigneur d'Esseville, en Beauvoisis, lieutenant aux gardes et de Marie de Fortbois dont il eut trois enfants :

a, N. DE CUGNAC DE RICHERVILLE, mort jeune ;

---

(1) ✕ Elle était de l'ancienne et illustre famille de Stanley dont quatre à cinq seigneurs ont été décorés de l'ordre de la Jarretière, Louise était sœur de Jacques Stanley, comte d'Erby sous Charles II lequel était souverain de l'île de Man et fils aîné de Guillaume Stanley, chevalier de l'ordre de la Jarretière. Jacques Stanley épousa Charlotte de la Trimouille, fille de Claude duc de Thouars, pair de France, et de Charlotte de Nassau, et petite-fille de Louis de la Trimouille, duc de Thouars, beau-père de Jeanne de Cugnac (sœur de Paul de Cugnac).

b. MARIE DE CUGNAC, morte jeune.

c. ANNE DE CUGNAC, *dame de Richerville*, mariée, **au** mois de juillet 1664, à François de Cugnac, marquis de Dampierre ;

9° MARIE DE CUGNAC, femme, en 1636, d'Edme de Marvilliers, seigneur de Meninville ;

10° ANNE DE CUGNAC, épouse de Louis de Poiloue, seigneur de Fouville, mariée par contrat du 3 septembre 1631.

╳ La famille de Poiloue existe encore et habite Champigny, par Etréchy, département de Seine-et-Oise. Elle est réprésentée aujourd'hui par le vicomte de Poiloue de Saint-Périer, ancien officier de cavalerie et par son fils élève de l'École Polytechnique et officier d'artillerie.

┼ 11° JEANNE DE CUGNAC épousa Jérôme du Lac, seigneur de Fontenay

12° FRANÇOISE DE CUGNAC, mariée à Alexandre de Forcroy ou Fourcroy, seigneur du Bois-de-Villiers.

13° ÉLISABETH ou ISABELLE DE CUGNAC, religieuse à Glatigny en Berry.

14° LOUISE DE CUGNAC fut mariée par contrat du 25 février 1637 avec Guillaume Fusée, écuyer, seigneur de Charmont et d'Arbouville, capitaine d'infanterie, au régiment de la Tour.

╳ Le contrat de leur mariage est dans les archives d'Épannes. On y voit que messire Fusée était écuyer ordinaire de la grande écurie du roi.

┼ XIII. **François de Cugnac**, *chevalier, seigneur, baron d'Imonville, seigneur de Chénevilliers*, etc... était mineur en 1615 ; il transigea le 6 décembre 1636, avec ses frères et sœurs sur le partage de la succession de son père. Il avait épousé, par contrat du 8 avril 1634, Louise de Paviot, fille de Charles de Paviot, chevalier et seigneur Boissy-le-Sec et de Marie de Rochechouart. De cette alliance sortirent :

1° CHARLES qui suit ;

2° PHILIPPE, *auteur de la branche* ou *rameau de Jouy ;*

3° MARIE DE CUGNAC, connue par des actes de 1662 et 1666, mariée depuis à Gédéon Brosset, seigneur de la Brière ;

4° ANGÉLIQUE DE CUGNAC, femme de Guillaume de Boussigny, seigneur du Parc-Neuf.

XIV. **Charles de Cugnac**, 1er *du nom, seigneur et baron d'Imonville-la-Grand*, fit hommage pour lui et ses frères et sœurs de cette terre au seigneur de Moinville, le 1er septembre 1662, et fit un autre hommage au baron de Saint-Germain pour d'autres héritages, le 10 octobre 1663. Il eut acte de la représentation de ses titres de noblesse de M. de Machaut, intendant à Orléans, le 10 décembre 1667, étant pour lors l'un des deux cents chevau-légers de la garde du roi.

Il avait épousé, par contrat du 17 novembre 1666, Anne Boucher d'Orçay, fille de feu Arnoul Boucher, écuyer, sieur de Piscop, maître d'hôtel ordinaire de la reine et de Marie Rouhault dont il eut :

1° CHARLES II dont l'article suit ;

2° PAUL DE CUGNAC vivant en 1705, mort depuis, sans alliance, dans l'Amérique où il s'était établi ;

3° FRANÇOIS DE CUGNAC, garde marine, mort en 1699, sans alliance ;

4° ARNOUL DE CUGNAC, *capitaine dans le régiment de Conty-infanterie,* né en 1683, vivait encore en février 1720.

5° FRANÇOISE DE CUGNAC, née le 25 décembre 1676, reçue à Saint-Cyr en novembre 1686.

6° MADELEINE DE CUGNAC, reçue à Saint-Cyr, ensuite carmélite à Riom en Auvergne ;

7° MARIE-ANNE DE CUGNAC, religieuse à l'abbaye de Voisins, près Orléans.

8° JEANNE DE CUGNAC

9° LOUISE DE CUGNAC.

XV. **Charles de Cugnac,** *II° du nom, chevalier, seigneur et baron d'Imonville-la-Grand,* etc., donna aveu pour lui et ses frères et sœurs, le 15 novembre de l'an 1705, au seigneur de Moinville de la terre d'Imonville.

Il avait épousé, par contrat du 15 janvier 1699, Marie-Denise Leclerc-de-Fleuvigny, fille de François, chevalier, seigneur de la Forêt d'Ossainville et de Marie de Paviot.

De ce mariage naquirent :

1° CHARLES-ALEXANDRE DE CUGNAC-IMONVILLE, né le 7 avril 1708 ;

2° CHARLOTTE DE CUGNAC, née en novembre 1700, religieuse bernardine dans l'abbaye de Voisins, à trois lieues d'Orléans, en 1720 ;

3° MAGDELAINE DE CUGNAC, née en septembre 1702, religieuse au même lieu ;

4° ANNE DE CUGNAC, née le 22 juillet 1704, n'était pas mariée en 1720 ;

5° LOUISE-FRANÇOISE DE CUGNAC, née le 13 janvier 1706, reçue à Saint-Cyr le 10 janvier 1718 ;

6° THÉRÈSE DE CUGNAC, née le 4 juin 1710.

BRANCHE DE JOUY éteinte

XIV. **Philippe** *(nommé aussi François-Philippe)* de **Cugnac** Vme *du nom, seigneur et baron de Jouy,* près de Pithiviers, en Beauce, né et ondoyé le 7 août 1643, baptisé en la paroisse d'Imonville le 12 septembre 1662, ne vivait plus le 14 juillet 1707.

Il avait épousé, par contrat du 28 août 1668, Mlle Élisabeth de Morainville, fille de Charles de Morainville, chevalier, seigneur du lieu de ce nom, et d'Élisabeth de Morainville, laquelle vivait encore le 22 octobre 1709. Les enfants issus de ce mariage sont :

1° PHILIPPE II, dont l'article suit ;

2° LOUIS DE CUGNAC, de Jouy, épousa en novembre 1711 Marie Van-Mine, sœur aînée de Rose, sa belle-sœur, dont il paraît qu'il n'a pas eu d'enfants ;

3° JOSEPH DE CUGNAC, demeurant à Jouy en 1716.

4° ÉLISABETH DE CUGNAC, mariée, le 11 avril 1692, à Louis de Rochechouart, seigneur de Montigny d'une des plus anciennes et des plus illustres familles du royaume ;

5° LOUISE DE CUGNAC, femme, en 1716, de Jean-Charles de la Motte-Cottainville, écuyer, seigneur des Bordes, dans la paroisse de Jouy, fils de M. du Mazis-du-Tronchet ;

6° MARIE DE CUGNAC.

XV. **Philippe de Cugnac,** IIme *du nom, seigneur et baron de Jouy,* né le 17 février 1674, en la paroisse de Saint-Saturnin de Jouy, *major au régiment de Poyanne,* fit un accord sur le partage de la succession de ses père et mère, avec ses frères et sœurs, le 12 mai 1716 et épousa à Lille en Flandres, par contrat du 14 juillet 1707, Rose Van-Mine, fille de feu Adam Van-Mine et de Marie Lepers, dont provinrent :

1° ROSE DE CUGNAC, née en 1708, épousa messire d'Assigny (✕) chevalier, demeurant à Montigny près Pithiviers, ainsi qu'on le voit par un acte de constitution de rente, passé par lui, le 4 mai 1735 (archives du château d'Épannes).

+ 2° ÉLISABETH-CHARLOTTE DE CUGNAC de Jouy, née le 22 octobre 1709, reçue à Saint-Cyr le 26 novembre 1719.

27

BRANCHE DE VEUILLY (éteinte)

XV. Pierre de Cugnac *deuxième du nom, seigneur et baron de Veuilly, en Galvesse* (généralité de Soissons) *et de Moncouré, capitaine de dragons*, deuxième et selon d'autres, sixième fils de François III, marquis de Dampierre, et d'Anne de Cugnac. S'était d'abord destiné à l'état ecclésiastique ; mais il le quitta bientôt après pour embrasser celui des armes. Il s'établit en Champagne, dans la généralité de Soissons et mourut le 5 novembre 1745, âgé de soixante–six ans. Il avait épousé le 17 mai 1707 demoiselle Marie-Anne de Vassan, fille de François, seigneur de Vassan et d'Anne de Prévost, laquelle mourut à Château-Thierry le 25 novembre 1755, âgée de soixante-et-onze ans, trois mois et vingt-cinq jours.

✕ Je suppose que c'est Pierre de Cugnac dont le ministère de la guerre a conservé deux lettres — dont la copie est aux archives d'Épannes — l'une à la comtesse d'Egmont — qui devait être la fille du maréchal de Richelieu — l'autre au ministre de la guerre pour obtenir une gratification sur les comptes de l'extraordinaire des guerres, pour être indemnisé des pertes qu'il avait faites dans les chevaux de sa compagnie de dragons de la reine, et de plus un rapport sur l'affaire où l'on a ajouté : *la comtesse d'Egmont s'intéresse.*

Il signe Cugnac-Dampierre.

Dans le mémoire généalogique cité déjà plusieurs fois, Pierre est qualifié écuyer de S. A. S. M. le Duc. On a vu, d'après Saint-Simon, que sa femme était dame d'honneur de Mme la duchesse la jeune. On sait que c'est son frère François qui était écuyer du prince de Condé, mais le *Mémoire généalogique* fait bien la distinction. Il dit pour François : S. A. S. le duc de Bourbon ; et pour Pierre : S. A. S. M. le Duc, qui était son fils. On pourrait éclaircir ces doutes probablement, car les tombeaux des seigneurs de Veuilly existent dans l'église de Veuilly. Ils sont en marbre noir (1).

Cette branche s'est éteinte dans la maison de Beauroire et c'est ainsi que Mme de Beauroire avait conservé à Veuilly les portraits de tous les Dampierre.

Pierre de Cugnac et Anne de Vassan eurent pour enfant :

+ XVI. **Anne-Gabriel de Cugnac,** *chevalier, seigneur, comte de Veuilly, La Poterie, Haute-Vesne, et enseigne* puis *sous-lieutenant aux gardes-françaises* en 1727, fils unique, né en février 1708, est mort le 28 novembre 1755, âgé de quarante-sept ans et neuf mois. Il avait

---

(1) La copie des deux épitaphes a été envoyée par M. Berthelé au marquis de Cugnac, elle est dans les archives 'Épannes. Elle ne contient pas l'indication que Pierre fut écuyer de M. le duc.

épousé en 1728, Jeanne-Marie-Josephe Guyon, morte à Paris le 17 mars 1771, dans sa soixante-huitième année. Elle était fille d'Armand-Jacques Guyon, seigneur de Saint-Dizier et de Marie de Beaux, oncle et nièce de la duchesse de Sully qui l'avait faite sa légataire universelle.

✕ Marie-Jeanne Guyon, duchesse de Sully, était fille de la dame Guyon, aimée de Fénelon, femme d'une haute piété et auteur d'ouvrages sur le quiétisme qui ont fait beaucoup de bruit. Cette famille, d'où sont sortis les marquis de Montlivault, existe encore aujourd'hui. La duchesse de Sully, tante de la marquise de Cugnac, est morte à Paris en 1736 sans enfants du duc Maximilien de Sully, mort en 1719.

+ Gabriel de Cugnac et Jeanne Guyon eurent trois filles :

1° ANNE-JEANNE-MADELEINE DE CUGNAC, née le 6 février 1730, mariée le 13 septembre 1756 à Jean comte de Saint-Exupéry, exempt des gardes du corps du roi.

2° MARIE-LOUISE DE CUGNAC, née le 19 avril 1731, épousa Adam-Claude-Édouard de Forget, capitaine général de la fauconnerie du cabinet du roi.

3° HENRIETTE-DIANE DE CUGNAC, née le 4 février 1734, s'allia avec Frédéric-Maurice-Anne de Beauroire, chevalier, seigneur, baron de Vilhac, seigneur de la Peyre, La Chèze, Puy-la-Vaysse, etc., lieutenant-colonel du régiment d'Orléans-cavalerie.

Note de la marquise du Luart. — La rente laissée par la duchesse de Sully à Mme la marquise de Cuguac, sa nièce, fut payée par les Guercheville, héritiers de la duchesse. Robert, comte du Luart, a épousé Berthe de Guercheville, vers 1868.

SEIGNEURS DE CUNHA, DA CUNHA,
OU D'ACUNHA [1].

La maison de Cunha, da Cunha ou d'Acunha (1), l'une des plus anciennes et des plus illustres de l'Espagne et du Portugal, où elle est établie depuis plus de six siècles, porte pour armes : « d'or à neuf cunhas, c'est-à-dire coins de mire d'azur, trois et trois mis en pal. » Ce fut, dit-on, Alfonse-Henriquez 1er, roi de Portugal, qui donna ces armes à Payo, ou Pélage Guttérès qui était parent d'Henri de Bourgogne, comte de Portugal, père d'Alfonse.

Les généalogistes espagnols Imhof et Moreri prétendent que Payo était originaire de Galice, en Espagne, mais d'autres, en plus grand nombre, lui donnent une origine française et le disent issu d'une ancienne famille de Gascogne. Cette dernière opinion n'est pas dénuée de vraisemblance et mériterait d'être approfondie. Les mêmes auteurs racontent que Payo Guttérès et N. Guttérès Pélaës, son père, accompagnèrent le comte de Bourgogne en Portugal, après l'an 1090. Payo s'y distingua et contribua beaucoup aux victoires que ce prince remporta sur les Maures. Il servit ensuite le roi Alfonse 1er et se trouva avec ce monarque à la prise de Coïmbre et acquit la réputation d'un des meilleurs capitaines de son siècle. Il prit les places de Leiria et de Torrès-Novas ; mais le roi Ismar mettant le siège devant la première de ces places, malgré la belle défense qu'elle fit, Payo Guttérès, qui en était le chef, fut pris avec la ville, et s'étant racheté après, il se trouva au siège de Santaren, en 1145, et à celui de Lisbonne en 1147 ou 1148. Ce fut à ce dernier siège qu'il prit le nom de Cunha, après avoir brisé les portes de la ville avec des cunhas ou gras coins de mire (2). Il prenait le titre de comte de Transtamare et sire de Limia, et était riche et puissant et fort pieux,

---

X (1) L'abbé de Lépine a confondu, à tort, les maisons da Cunha et d'Acunha. Ce sont, en Portugal, deux familles distinctes, comme on le voit dans plusieurs historiens.

+ (2) Le marquis de Cugnac du Bourdet se fit reconnaître vers la fin du règne de Louis XV à dom Louis da Cunha, ambassadeur de la cour de Portugal près de la cour de France.

X Ce Louis da Cunha, commandeur de l'ordre du Christ avait été représentant du Portugal au congrès d'Utrecht, et au traité de Cambrai, ministre plénipotentiaire en Angleterre, Espagne et la Haye, enfin, ambassadeur auprès de Louis XV. Son père Alvarez da Cunha avait commandé un corps de cavalerie en 1640 lors de la guerre entre l'Espagne et le Portugal, et tenu la dignité d'écuyer tranchant sous les rois Jean IV, Alphonse VI et Pierre II, son fils avait été élevé par son oncle Rodrigue da Cunha, archevêque de Braga puis de Lisbonne.

X Lorsque l'empereur du Brésil vint en France en 1872, il était accompagné d'un M. da Cunha qui se disait sorti des da Cunha de Portugal et se considérait comme parent de nom et d'armes des Cugnac. Il s'est marié en France.

(2) Je ferai observer ici, qu'il ne me paraît pas résulter de cette histoire que Guttérès était de notre famille, qui était connue en Périgord sous le nom de Cugnac, avant cette époque de 1148.

comme on peut en juger par la fondation des monastères de Saint-Simon de Jonqueira, de Sonto et de Villar–de–Frades de l'ordre de Saint-Benoît. Il avait épousé Ousenda ou Orlenda de Transtamir dont le trisaïeul était Ramire II, roi de Léon. De ce mariage naquirent, entre autres enfants, Ferdinand Paës da Cunha, qui continua la descendance, et Ramire Paës da Cunha.

Cette maison a formé plusieurs branches, dont les plus connues sont celles de Tabva, de Basto et de Montelongo, de Gestaco, de Saint–Vincent de Povolide, de Pontevel, de Payo–Pirès, de Pombeiro, etc.,en Espagne en 1431 ; les ducs d'Escalona et d'Ossone étaient de la maison da Cunha.En 1580, une partie des membres de cette famille suivit le roi Sébas– tien en Afrique ; l'un d'eux fut nommé généralissime et gouverneur de Portugal. Les Espa- gnols le firent prisonnier. En 1808, François da Cunha a été nommé aussi gouverneur, il a péri victime de son zèle.

Le savant Louis de Salazar a laissé d'excellents mémoires, pour l'histoire de la maison da Cunha. Sandoval, Castro, Imhoff, etc., ont traité le même sujet et les derniers éditeurs du *Dictionnaire* de Moréry ont publié une généalogie suivie de cette maison depuis le douzième siècle. (Tome IV, p. 318.)

✕ On lit dans les *Chroniques de Froissard*, livre III, p. 475.

« ... avec lui messire Martin Vas de *Coigne* (1).

« (1) Note de l'auteur : Vasco Martins *da Cunha* avait pour fils Gil Vasques, Lopo Vas- « ques et Vasco Martins. »

Ces da Cunha sont cités très souvent dans ce livre. Froissard appelle Lopo Vasques le pouvasse. Ils étaient de très puissants seigneurs de Portugal, pages : 476 et 477. — Page 508 « Vase Martin *de Coigne* de l'hôtel du roi, des plus prochains de son corps. » Voir aussi pages 509 et 510.

Froissard appelle les da Cunha : de Coigne. C'est la prononciation portugaise de leu nom, qui se trouve ressembler beaucoup au nom de François de Cugnac qui, dans ces temps, se prononçait et s'écrivait aussi Coignac. Il y a là un rapprochement qui, avec la similitude des armes, donne à croire que la famille portugaise da Cunha et la famille française de Cugnac ont la même origine, comme l'ont avancé plusieurs auteurs anciens.

ARMES ET CIMIER

+ *Gironné d'argent et de gueules de huit pièces* (1).
Supports : Deux sauvages au naturel, la main appuyée sur une masse.
Cimier : Un coup d'autruche tenant au bec un fer à cheval.

     Pour devise :   Ingratis servire nefas
                      Comme il nous plaît
                      Il grandit malgré ses blessures.

✕ (1) En pur langage héraldique on ne doit pas dire : de huit pièces, parce que le gironné est par lui-même de huit pièces. On ne doit le signaler que lorsqu'il y en a plus.

+ On peut dire aussi : parti, coupé, taillé, tranché d'argent et de gueules. Ces armes composées de coins ou angles, sont semblables, sauf quelques légères différences, à celles de la maison da Cunha, en Espagne, et semblent devoir êtres mises au nombre des armes parlantes. On croit qu'elles furent accordées anciennement par un de nos rois à un seigneur de Cugnac, pour quelque action d'éclat. On les voit encore sur d'anciens sceaux conservés à la bibliothèque du roi, et elles se voyaient avant la Révolution, gravées en plusieurs endroits de l'église de Saint-Avit-Seigneur au diocèse de Sarlat, où existait une ancienne abbaye, convertie depuis en chapitre. On raconte que, dans les guerres de religion, au seizième siècle, un seigneur de Cugnac (qui était, sans doute, Jean), ayant été appelé au secours du chapitre et des catholiques de ce lieu, qui n'est pas éloigné du château de Cugnac, pour les délivrer de l'oppression des protestants, ce seigneur arriva avec toutes ses forces, et en chassa les protestants qui y avaient déjà commis toutes sortes de profanations et de désordres. Le chapitre de Saint-Avit, en reconnaissance d'un si grand bienfait et pour perpétuer à jamais le souvenir d'un service ainsi signalé, ordonna que les armes de son bienfaiteur fussent gravées sur toute l'église de Saint-Avit et lui accorda plusieurs autres prérogatives.

Lors de l'enregistrement officiel des pièces en 1696, les Cugnac portaient gironné d'argent et de gueules de huit pièces ainsi qu'il appert des inscriptions de Magdeleine de Cugnac, femme de Joseph-Gabriel de Gorrie, seigneur d'Uzech, de Louis de Cugnac, seigneur de Giversac, de Charles de Cugnac, écuyer, sieur du Moutet, et d'Antoine de Cugnac, de Saint-Pompon (*Armorial Général de France*. — Toulouse. — Mautauban. — Vol. XIV, fol. 240. — Guyenne — Vol. XVIII, fol. 381-429. — Montpellier. — Montauban. — Vol. XV, fol. 1103.)

Les Cugnac-Dampierre blasonnaient de même, ainsi qu'il appert d'une déclaration d'Élizabeth de Morainville, veuve de Philippe de Cugnac, chevalier, seigneur de Jouy. Un Cugnac-Dampierre a porté : tiercé en bande d'hermine, de vair et de gueule. — Charles de Cugnac, baron d'Imonville, capitaine dans le régiment d'Hautefort, portait d'azur à un lion d'argent (*Armorial Général de France*. — Orléans. — Vol. xxii fol. 255, 295, 669, 743.)

NOTA

Le chef actuel des noms et armes de la maison de Cugnac ne reconnaît d'autres branches sorties de sa famille que celles qui sont relatées dans ce mémoire.

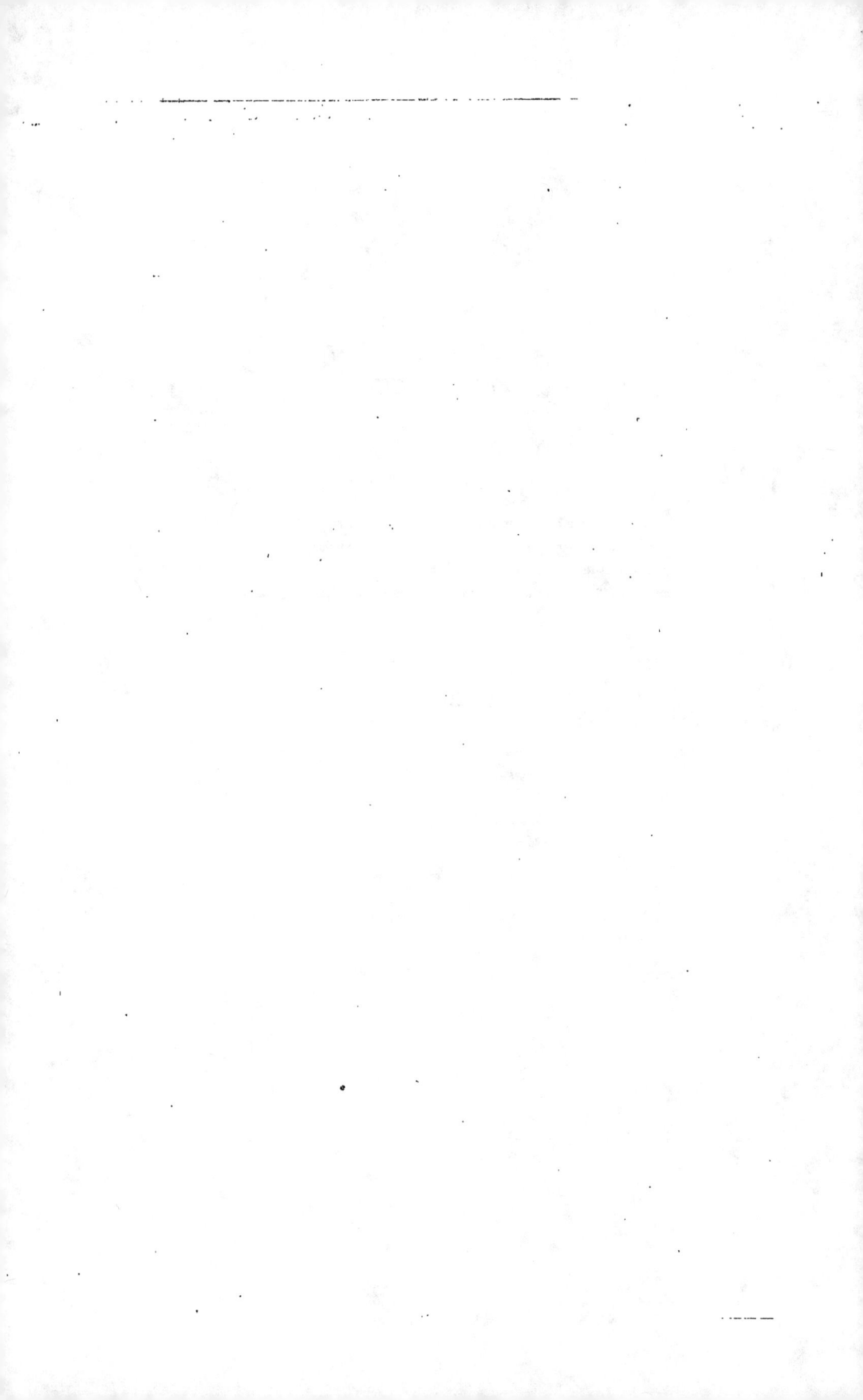

BAUME CUGNAC

D'après les traditions de famille, un vieux chevalier vint, un jour, demander l'hospitalité au château du Bourdet. Il y resta plusieurs années et y mourut. En reconnaissance des bontés du châtelain, il lui laissa la recette d'un excellent baume qui a toujours été conservée dans la famille, et qui a fait des cures merveilleuses pour les coups, contusions, coupures, etc.

RECETTE

Aloès hépathique	90 grammes	
Myrrhe	90	»
Colophane	500	»
Encens	280	»
Naslit	90	»
Essence de Térébenthine	90	»
Alcool à 60°	3 litres	

Faire macérer quarante jours et filtrer.

En imbiber de la ouate de coton et le poser sur la plaie. Le mouiller chaque jour sans enlever la ouate.

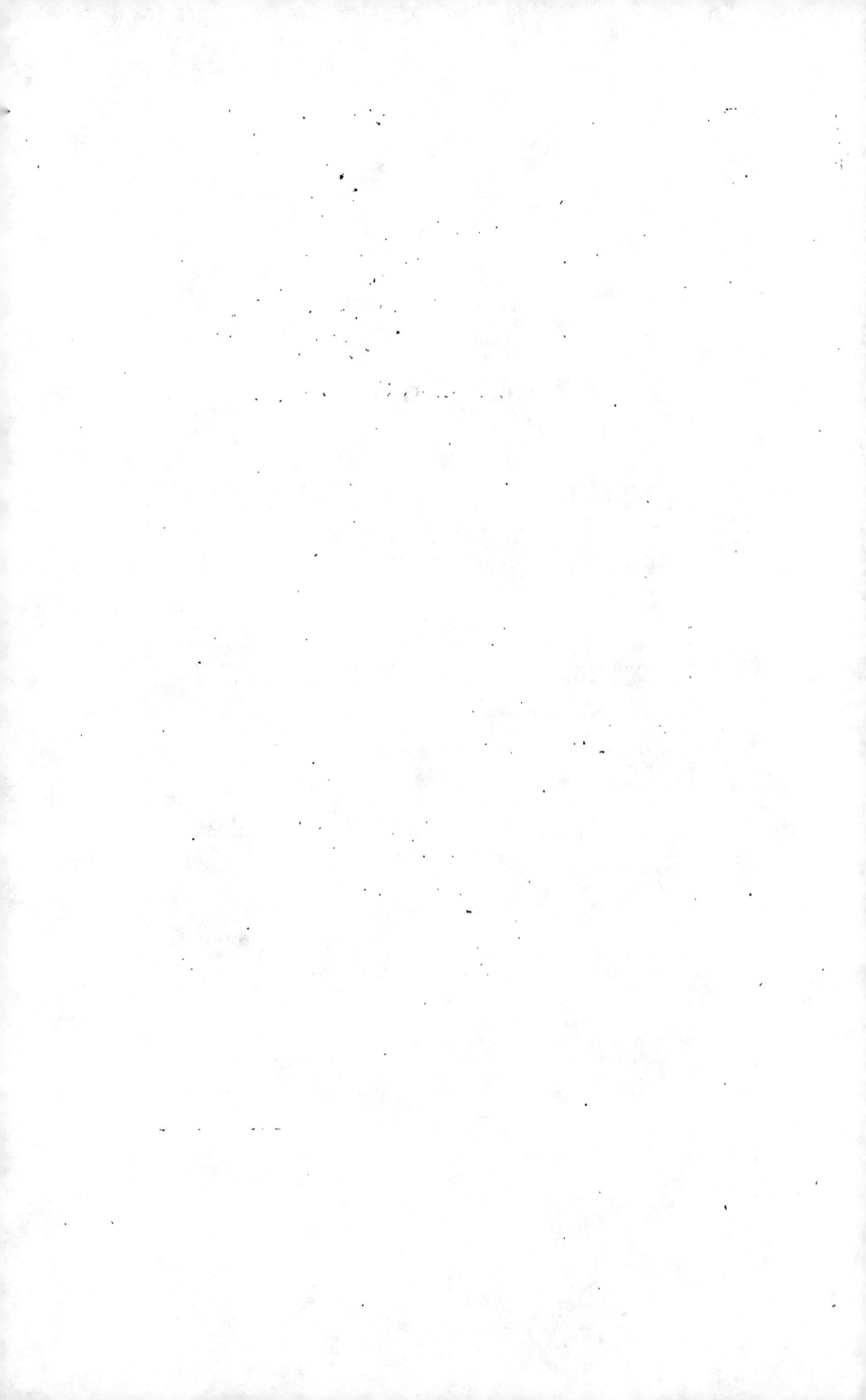

TABLE MÉTHODIQUE

MATIÈRES DE LA GÉNÉALOGIE

TABLE ALPHABÉTIQUE

DES

MATIÈRES DE LA GÉNÉALOGIE

www.ingramcontent.com/pod-product-compliance
Lightning Source LLC
Chambersburg PA
CBHW061012280326
41935CB00009B/938